LE GÉNÉRAL FAIDHERBE

LE
GÉNÉRAL FAIDHERBE

PAR

I.-M. BRUNEL

INSPECTEUR D'ACADÉMIE

DIRECTEUR DÉPARTEMENTAL DE L'ENSEIGNEMENT PRIMAIRE DU NORD

OFFICIER DE LA LÉGION D'HONNEUR

DEUXIÈME ÉDITION

PARIS

LIBRAIRIE CH. DELAGRAVE

15, RUE SOUFFLOT, 15

1897

GÉNÉRAL FAIDHERBE.

COURTE PRÉFACE

———

Nous avons essayé d'écrire l'histoire du général Faidherbe.

Les sources où nous avons puisé sont les ouvrages mêmes du général, un grand nombre de publications plus ou moins connues, des renseignements verbaux, quelques textes inédits, des lettres, conversations, mémoires.

M. Jules Decroix, avocat à Lille, ancien officier d'ordonnance du général, nous a confié ses souvenirs personnels. M. le capitaine Brosselard-Faidherbe a mis à notre disposition une abondante collection d'articles de journaux et de revues concernant son beau-père. M. Malézieux, sénateur de l'Aisne, ancien président de la commission municipale de Saint-Quentin, et M. Testelin, sénateur, commissaire de la Défense nationale dans le Nord en 1870-1871, ont bien voulu nous communiquer quelques documents. Nous les prions d'agréer l'hommage de notre reconnaissance.

Nous voulons offrir à l'admiration des jeunes Français, à qui ce livre est dédié, la vie d'un homme de devoir, qui a placé son idéal dans le dévouement à la famille, à la patrie, à l'humanité.

Nous voudrions, par l'influence de cet exemple, arracher les jeunes âmes à la domination exclusive des intérêts vulgaires ; nous voudrions les enlever aux sommets où fleurissent, dans la lumière du vrai, du beau et du bien, les grands sentiments et les grandes pensées : car

> Ceux qui vivent, ce sont ceux qui luttent, ce sont
> Ceux dont un dessein ferme emplit l'âme et le front,
> Ceux qui d'un haut destin gravissent l'âpre cime,
> Ceux qui marchent pensifs, épris d'un but sublime.
>
> VICTOR HUGO).

LE
GÉNÉRAL FAIDHERBE

CHAPITRE PREMIER

AVANT LE SÉNÉGAL

Naissance de Faidherbe. — Courage de son père. — Éducation
de Faidherbe : son aptitude aux sciences mathématiques. —
Aux écoles. — Lieutenant du génie. — En Afrique. — A la
Guadeloupe : question de l'esclavage. — Retour en Algérie :
construction du fort de Bou-Saïda ; campagnes de 1851 et
1852 ; courage et dévouement de Faidherbe : il contracte une
maladie incurable.

Faidherbe (Louis-Léon-César) est né à Lille le
3 juin 1818.

Son père, modeste commerçant, se trouva mêlé à
la politique de son temps. En 1794, simple volontaire,
il fut blessé dans un combat près de Baisieux. En 1815,
il se distingua par un royalisme ardent. Dans une revue
des gardes nationales de la région du Nord, qui eut
lieu à Lille, les gardes nationaux lillois manifestèrent
bruyamment leurs sentiments royalistes. Faidherbe,
capitaine d'une compagnie, fut arrêté. Conduit au

général Lapoype, il refusa énergiquement de faire connaître les coupables. « On peut me fusiller, dit-il, je ne dénoncerai personne. » C'était la réponse d'un homme de cœur. Il n'en fut pas moins conduit en prison où il resta pendant les Cent-Jours. Au retour de Louis XVIII, ses compagnons d'armes lui décernèrent une épée d'honneur.

Ce brave homme mourut subitement, laissant une nombreuse famille dans une situation embarrassée.

Le jeune Faidherbe suivit les cours du collège de sa ville natale. Il n'y brilla ni par son assiduité ni par son application. Aux exercices de la classe il préférait les excursions sur les glacis de la citadelle, les manœuvres, les revues des troupes de la garnison. L'étude lui prenait peu de temps : il en donnait beaucoup aux distractions de son choix. D'un caractère franc et sûr, d'une bonne humeur constante, gai sans éclat, affectueux et dévoué, il était aimé de ses camarades avec lesquels il a formé des liens durables, de ses professeurs dont il a fini par subir l'autorité. L'un d'eux, M. Delzenne, découvrit son aptitude aux mathématiques. On raconte qu'un jour, montrant une équerre à ses élèves, il leur demanda combien de lignes elle offrait. Les réponses se croisèrent : trois, six, neuf. Faidherbe trouva qu'en ajoutant aux neuf lignes de l'équerre, considérée comme volume, les deux circonférences du trou on obtenait onze lignes. C'était la réponse que le professeur attendait. Elle le charma [1]. Dès lors Faidherbe se voua aux mathématiques, dans lesquelles il ne tarda pas à exceller. On lui obtint une bourse au collège royal de Douai, où l'on préparait aux écoles du gouvernement.

1 *Journal du lycée de Lille*, 1890.

En 1838, Faidherbe entra à l'École polytechnique. Il en sortit en 1840 pour l'école de Metz. Deux ans après il était nommé lieutenant au Ier régiment du génie. Un an plus tard, il s'embarquait pour l'Algérie où il séjourna jusqu'en 1846, remplissant avec zèle et distinction les missions dont on le chargea, prenant part à diverses expéditions, entre autres à celle du Chélif, sans toutefois attacher son nom à des faits dignes de l'histoire.

Le général Charron eut la plus grande influence sur sa destinée. Mis au courant de la situation, des charges de famille, des besoins de Faidherbe, il lui conseilla de se tourner vers le service colonial. Ce conseil s'accordant avec ses aspirations, Faidherbe demanda et obtint au commencement de 1848 un emploi militaire à la Guadeloupe. Il traversa l'Océan au milieu d'une tempête qui mit le vaisseau en perdition. Il touchait terre, quand il apprit que la République venait d'être proclamée en France.

Un des premiers actes du nouveau gouvernement fut l'abolition de l'esclavage dans toutes nos colonies. Cette mesure, si bonne en soi, mais si précipitée, causa un profond ébranlement. La fortune des colons était menacée d'une ruine imminente. L'affranchissement matériel n'entraînait pas l'affranchissement moral. Les nègres usaient leur liberté dans la paresse. De redoutables problèmes surgissaient de leur attitude. L'esclavage était-il la cause première de leur inertie ? ou cette inertie était-elle un effet naturel de la race ? Comment corriger leurs dispositions natives ? Pouvait-on par une éducation rationnelle relever ces opprimés de la civilisation et de la nature ? Au milieu de ses travaux d'ingénieur, — il bâtissait alors le fort Joséphine, aux

Saintes, — Faidherbe se mit à réfléchir à ces questions. Ses goûts le portaient déjà aux études ethnographiques, ses sentiments à la sympathie pour les déshérités. Il semble que, dès lors, il se soit senti la volonté d'aimer cette race maudite, de l'élever en dignité dans la famille humaine. Il entrevit peut-être dans un rêve de patriotisme et d'humanité le rôle qu'il devait remplir avec tant d'éclat au pays des noirs. Il est à croire que ses relations avec Schœlcher, le vénérable apôtre de l'abolition de l'esclavage, contribuèrent à fixer ses résolutions. Il se voua aux études coloniales, examina les divers systèmes de colonisation, arrêta des projets et des plans, se forma, en un mot, à la mission qu'il convoitait. En effet, de retour en Europe, il sollicita une place dans le service du génie au Sénégal. Mais il n'y avait pas de poste vacant : il dut ajourner ses espérances.

On l'envoya en Algérie. On avait décidé l'occupation de Bou-Saïda. L'entreprise paraissait périlleuse : il s'agissait de tout créer sur place, de résister aux attaques, de triompher d'un climat malsain. Ces difficultés mêmes excitèrent Faidherbe à demander la direction des travaux. On connaissait ses talents, sa bravoure. Après son séjour à la Guadeloupe, disait-il lui-même, il pouvait affronter impunément les influences morbides du désert africain. On le désigna. Il mena à bonne fin la construction du fort, sans avoir à combattre, sans perdre un soldat. Le général Dalesme, commandant supérieur du génie en Algérie, lui adressa de sincères et chaleureuses félicitations.

Il prit part en 1851, avec quelques sapeurs du génie, à l'expédition de la Petite-Kabylie provoquée par les agissements de Bou-Baghla, *l'Homme à la mule*, et con duite avec une rare présomption par le général Saint-Arnaud. Saint-Arnaud, déjà désigné pour l'attentat du 2 décembre, a résumé d'un ton de fanfare cette campagne à peu près stérile : « Quatre-vingts jours d'expédition, vingt-six combats, lutte vive et acharnée, mille hommes touchés par l'ennemi, un sur sept, et toujours des succès. Expédition critiquée au début, rude à conduire, aujourd'hui juste sujet d'éloges ! » — « L'expédition s'accomplit avec des succès variés, dit le maréchal Randon dans ses Mémoires ; ses résultats, comme affermissement de notre domination, furent à peu près nuls, et quand, en 1853, nous parûmes dans la même contrée, nous ne trouvâmes ni vestiges ni souvenirs de l'apparition de nos colonnes en 1851. »

Le maréchal Randon, gouverneur de l'Algérie, avait « compris que, pour garantir la permanence des établissements, il fallait leur assurer d'abord des communications permanentes [1] ». Il confia au général Bosquet le soin de construire une route d'Alger à Bougie à travers la Kabylie. Bosquet alla bivouaquer au sommet des montagnes, contre les neiges du Djurjura. Les soldats, comme ceux des légions romaines, posèrent leurs armes pour prendre la pioche, le pic à roc et la barre à mine. Mais la neige tombait : les communications avec Bougie furent bientôt coupées. Le 22 février il fallait lever le camp. On s'égara : la retraite devint un désastre. Ce fut aussi une source d'abnégation. Bosquet pouvait s'écrier : « Quelle journée et quelle nuit ! Et que de traits de dévouement, d'énergie ! Rien n'est beau comme un brave soldat ! »

Faidherbe fut ce brave soldat. Lancé en avant-garde avec sa compagnie de sapeurs, il dut tracer la route

1. La Conquête de l'Algérie, par Camille Rousset.

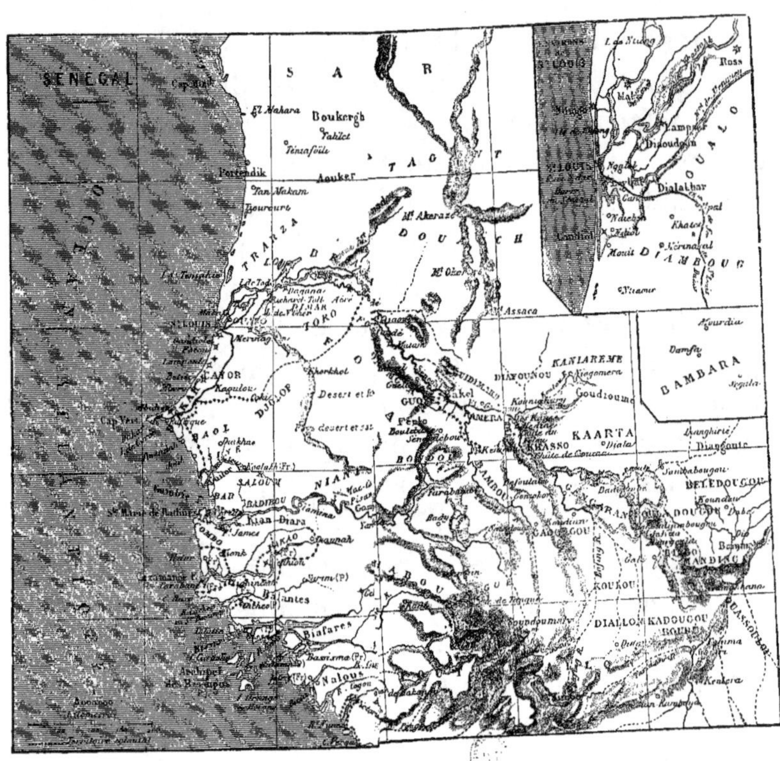

dans quatre ou cinq pieds de neige, par une tourmente
où tout disparaissait, relief du sol, voitures, hommes,
chevaux. Il resta debout pendant vingt heures, travail-
lant, luttant, payant d'exemple. Vers minuit, arrivé à
un torrent, il s'affaisse, il tombe dans l'eau glacée,
épuisé, sans force, les membres perclus, prêt à mourir.
Des soldats, qui le reconnurent, le prirent sur leurs
épaules et le sauvèrent. Cet acte de dévouement renfermait en germe toute sa vie. Faidherbe réalisait déjà
dans sa plénitude cet idéal militaire qu'une plume au-
torisée a ainsi défini : « La grande loi, la pensée constante pour le soldat, c'est le sacrifice, l'amour des privations et du péril, l'habitude de regarder la mort en
face, l'exaltation de la vie morale [1]. »

Faidherbe avait échappé à la mort, mais son orga-
nisme était profondément atteint. Depuis lors il n'a
cessé de souffrir de rhumatismes violents, précurseurs
de l'ataxie locomotrice. Mais il parut dans la suite que
le mal physique, incapable de l'abattre, n'avait d'autre
effet que de stimuler les puissances de son âme, tellement que son gendre, M. le capitaine Brosselard, a pu
dire « qu'il pratiqua jusqu'au dernier moment l'oubli
complet de lui-même. Soutenu par une implacable volonté, il parvint à se raidir contre toute défaillance
jusqu'à l'heure suprême, mettant un soin jaloux à dissimuler les souffrances qu'il endurait presque sans relâche [2] ».

Enfin le gouvernement, donnant satisfaction à ses
désirs, le nomma, en 1852, sous-directeur du génie
au Sénégal. Faidherbe touchait à la Terre promise.

1. Saint-René Taillandier.
2. Brosselard, *Biographie du général Faidherbe* (*Bulletin de
la Société de Géographie de Lille*, 1890, n° 1)

CHAPITRE II

AU SÉNÉGAL

§ I. — Géographie et Historique

Le Soudan français. — Rivages. — Relief du sol. — Les fleuves
le Sénégal et sa barre; opinion de Faidherbe; la Gambie; la
Casamance. — Le climat d'après Faidherbe; acclimatation;
flore. — L'arachide. — Richesses minérales. — Population
et races du Soudan.

Origines de la colonie. — André Bruë et Faidherbe. — Vicissitudes des compagnies de commerce et de la colonie au
XVIIIe siècle, sous la Révolution, l'Empire et la Restauration.
Situation de la colonie en 1854; Bouet, Raffenel. — Le capitaine Faidherbe bâtit le fort de Podor. — Pétitions des habitants de Saint-Louis. — Faidherbe est nommé gouverneur.
— Instructions du ministre. — Conduite héroïque de Faidherbe à Bakel.

Sur la côte occidentale d'Afrique, au nord de l'équateur, occupant près de 12 degrés en latitude, s'étend
une région qu'on désigne sous les noms de Sénégal,
Sénégambie et Soudan occidental. Ce dernier terme
paraît seul exact, parce que le pays n'est que la continuation du Soudan par sa configuration, la nature de
son sol, sa faune, sa flore, ses habitants. Faidherbe un

des premiers l'a reconnu : il a appelé nos possessions
du Sénégal le *Soudan français*. Quand on descend au
sud, c'est la première terre de la véritable Afrique, de
l'Afrique noire. Au nord s'étendent les steppes sahariens, suite de la Berbérie, parcourus par des nomades
blancs, tandis qu'au midi des falaises du grand désert
vivent les populations nègres sédentaires, adonnées à
l'agriculture.

Des rivages de la mer, formés de plages et de dunes
basses, que battent les flots du large et que déchirent
les eaux de l'intérieur, le pays s'avance en immenses
plaines d'alluvions anciennes ou modernes, sables ou
grès ferrugineux, jusqu'aux terrasses de 300 à 400 mètres, premiers gradins du massif du Fouta-Djallon. Ce
massif dont les sommets ne semblent pas dépasser
1600 ou 1800 mètres offre une ossature de roches cris-
tallines dont les pentes tombent à pic du côté de
l'orient, tandis qu'elles s'inclinent lentement vers les
plaines de l'ouest.

Des plateaux peu accidentés et semés de gros blocs,
des crevasses, des vallées d'érosion où s'écoulent les
courants aurifères ; tout autour de la masse centrale
des chaînons secondaires : tel est, à vue d'oiseau, l'aspect de la contrée montagneuse, dont l'importance est
considérable : en effet, elle est le réservoir des grands
fleuves ; elle commande les routes de pénétration vers
l'intérieur du continent.

Le Niger, le Sénégal, la Gambie y prennent naissance. Le Niger dont les flots s'écoulent vers le Soudan
central, à travers des terres fertiles et des populations
serrées, le Niger, c'est l'avenir de la colonie. Le Sénégal c'est sa fortune présente. « Il détermine les caractères physiques et même les conditions sociales du

pays qu'il traverse. C'est lui en effet qui forme les grandes lignes de séparation entre les deux races principales d'indigènes, les Maures sur la rive droite, les Noirs sur la rive gauche. Pour les Européens, il est la seule voie de transport de leurs marchandises, qui courraient de graves risques à circuler par terre. Dans cette admirable alliance des forces de la nature et des besoins de l'homme, tout vient du fleuve, ou s'y rattache : le sol, la culture, le commerce, les mœurs, la misère et la richesse, la paix et la guerre. Cette harmonie doit toujours être présente à l'esprit de quiconque veut comprendre l'histoire du Sénégal. Elle seule en donne la clef [1]. » Dans son cours de 1700 kilomètres le fleuve décrit une grande courbe dont la convexité est tournée vers l'est et le nord. En ligne droite, de la source à la barre de Saint-Louis la distance ne dépasse pas 280 kilomètres. Les deux courants, le Bafing et le Bakoy, que l'on considère comme les sources du Sénégal, après avoir traversé dans des gorges profondes un pays escarpé, se rejoignent à Bafoulabé à une altitude de 143 mètres au-dessus de la mer. Le fleuve roule ensuite ses eaux dans un lit encaissé entre des berges de 30 mètres, et, rencontrant un sol étagé, se précipite en rapides et cataractes dont les plus fameuses sont celle de Gouina, haute de 17 mètres, large de 500, et celle du Félou, remarquable par les deux obélisques de granit où le flot resserré se brise et s'élance en deux énormes cascades par un saut de 18 mètres dans un gouffre hérissé de roches. C'est au-dessous que commence la navigation. Pendant l'hivernage, les bateaux à vapeur peuvent remonter jusqu'aux chutes, près des rochers

---

1. Duval, *Colonies françaises*.

des Kippes et du port de Médine. Le fleuve en cet endroit a encore 1000 kilomètres à parcourir avant d'atteindre la mer.

En amont de Bakel, le Sénégal reçoit, à gauche, son principal affluent, la Falémé, rivière au cours brisé par des biefs successifs, mais dont le lit, quand il est gonflé par les pluies tropicales, s'élargit jusqu'à 300 mètres, et dont la masse, offrant une épaisseur de 8 mètres d'eau, supporte les embarcations jusqu'à 100 kilomètres de l'embouchure.

Le fleuve pénètre ensuite dans la zone médiane, laissant à gauche les plaines unies et sans écoulement du Ferlo, recevant à droite le tribut des *ouadi* du Sahara inclinés au sud.

Suivant les saisons, il contourne ou recouvre en partie les grandes îles Bilbas et à Morfil devient une nappe sans profondeur que traversent de nombreux gués, ou un abondant et rapide courant de 20 à 30 kilomètres de large dont le trop-plein s'épanche par de fausses rivières, des marigots, dans des déversoirs naturels, tels que les lacs de Cayar et de Mérighanem.

Le delta est un labyrinthe d'îles, d'îlots, de marais, de bancs de sable, de 1500 kilomètres carrés. Là rien de fixe, rien de stable. A chaque crue l'aspect se modifie. Des terres s'abaissent, d'autres émergent. Seul le cordon littoral, large de 300 ou 400 mètres, sans cesse entretenu par les apports des eaux douces et des eaux salées, résiste aux assauts du fleuve et de l'Océan : mais les alluvions allongent les rivages, font reculer les grands fonds. La coulée du fleuve change incessamment son ouverture sur la mer. D'ailleurs, quelle que soit l'embouchure, elle est obstruée par une barre de sable, dont la ténacité a nui considérablement à la prospérité du port de Saint-Louis.

Faidherbe s'est plu à dissiper la fâcheuse réputation de la barre. « Aujourd'hui cette mauvaise impression sur la qualité, comme port, du Sénégal n'a plus de raison d'être..... Grâce à la vapeur, la direction du vent est indifférente, et dès que la mer est assez tranquille sur la barre, les bâtiments à vapeur peuvent entrer et sortir, et les bâtiments à voile peuvent se faire remorquer..... Comme preuve que l'embouchure du Sénégal mérite bien aujourd'hui le nom de port, nous pourrons citer les faits suivants : en 1886 et 1887, une seule maison a fait partir de Bordeaux pour le haut fleuve dix navires qui, après avoir accompli leur voyage et passé par conséquent deux fois la barre, ont été de retour à Bordeaux au bout de deux mois à peine [1]. »

La seconde rivière du Soudan occidental est la *Gambie*, dont le nom uni à celui du Sénégal forme celui de la contrée, la *Sénégambie*. Ce fleuve qu'alimentent les eaux du Fouta-Djallon, après avoir parcouru des défilés formidables, s'écoule à travers une vaste plaine légèrement ondulée, fertile, couverte de bouquets de bois : à 200 kilomètres de son embouchure, c'est déjà un bras de mer dont les rives écartées disparaissent sous des forêts de palétuviers. L'estuaire est profond, et la barre, qui se trouve à 20 kilomètres en mer, est recouverte en moyenne de 9 mètres d'eau. La Gambie offre la voie la plus directe vers le Bambouk et le Fouta-Djallon. A ce titre, elle devrait être recherchée de la navigation et du commerce, d'autant plus que la mer avoisinante est moins tempétueuse que celle du

1. Faidherbe, *le Sénégal*, 1889.

Sénégal. Mais le climat meurtrier éloigne l'Européen ; et les populations riveraines, sans ressort, sans énergie, à l'exception des Malinkés du cours supérieur, ne s'adonnent ni à la culture, ni à l'industrie, ni au négoce. Le bassin de la Gambie appartient nominalement à l'Angleterre.

Plus au sud s'étend la vallée de la *Casamance*, dont la France revendique la possession depuis 1828 et où elle a bâti en 1837 le fort important de Sedhiou. L'estuaire de la Casamance, de près de 200 kilomètres de longueur, large de 2 à 10, s'ouvre sur une barre sans profondeur. Bien que la navigation y soit gênée, les corvettes pénètrent jusqu'à Sedhiou. Ce poste par sa position semble appelé à un grand avenir. Le sol ne se refuse à aucune culture tropicale ; les productions spontanées abondent, les forêts couvrent la région côtière. La Casamance est encore une voie de communication excellente entre la côte et le haut pays. En outre, de nombreux marigots facilitent les relations fluviales et maritimes.

Faidherbe, qui a des faiblesses pour le pays de sa gloire, comme un père pour son enfant, n'hésite pas à réhabiliter le climat du Sénégal. « Il est certain, dit-il, qu'avec de la conduite, du travail et une bonne hygiène l'on peut vivre très longtemps au Sénégal. » Mais les exemples de résistance et de longévité qu'il cite ne sont pas assez nombreux pour être concluants. Lui-même a plus d'une fois entretenu ses amis de la nécessité de créer une race intermédiaire entre le blanc et le noir, dont la constitution, s'accommodant aux conditions locales, pourrait échapper aux influences morbides d'un climat dévorant.

On distingue deux saisons : la saison sèche, de

novembre à juin ; l'hivernage, de juin à novembre. La première est supportable sur le littoral où les vents alizés et les courants maritimes entretiennent une fraîcheur relative. Le thermomètre à Saint-Louis marque une moyenne de 20 à 21 degrés. Mais dans l'intérieur, surtout à la fin de la saison, pendant les mois correspondant à notre printemps, la chaleur devient excessive et malsaine ; l'air se remplit de poussière qu'apporte en tourbillons le vent sec du désert.

Le temps de l'hivernage est l'époque de l'humidité, des pluies, des tornades, cyclones de peu de durée, mais quotidiens, de vents violents irréguliers. Il pleut trente jours à Saint-Louis, beaucoup plus longtemps dans le haut fleuve. Toutes les rivières débordent, remplissent les cavités, les lacs, les marais, laissant après elles des détritus organiques qui empoisonnent l'atmosphère. Alors apparaissent les maladies endémiques, fléau non seulement des Européens, mais encore des indigènes, les fièvres paludéennes, les accès pernicieux, l'hépatite, la phtisie, le mal rouge, auxquels viennent s'ajouter parfois des épidémies violentes de choléra ou de fièvre jaune. « Plus terrible pour les étrangers, non acclimatés, la fièvre jaune qui a éclaté six fois depuis 1830, tue en moyenne plus de la moitié des résidents français lorsqu'elle fait à Gorée ou à Saint-Louis sa visite redoutée. Malgré les progrès accomplis dans l'hygiène publique, les dernières épidémies ont été des plus meurtrières : la moyenne des Européens frappés est de 80 p. 100 et la mort emporte plus de la moitié des malades [1]. » « L'expatriation à 30° de latitude dans la direction de l'équateur est une

1. Élisée Reclus, *Nouvelle Géographie universelle*, t. XII.

tentative des plus dangereuses pour les immigrants de
la zone tempérée du Nord. On peut donc répéter avec
Bérenger-Féraud que l'acclimatement du Français au
Sénégal est une chimère [1]. »

La flore du Soudan occidental tient, au nord du fleuve,
du caractère des steppes sahariens, au sud, de la nature
tropicale. A côté des savanes de graminées s'élèvent
des forêts de grands arbres, où domine l'acacia à gomme.
Çà et là, surtout sur le littoral, apparaissent des bos-
quets de baobabs et de benteniers, ces géants de la végétation, fournissant, l'un le pain de singe que l'homme
ne dédaigne pas, l'autre du bois pour les constructions
navales, des réduits pour palabre et pour le culte des
fétiches. Le rônier, sorte de palmier, croît sur les bords
du fleuve. On l'emploie à l'établissement des pilotis,
des quais, aux travaux hydrauliques Il est si précieux
que les Français s'en sont réservé la propriété exclusive.
Parmi les autres productions spontanées il faut citer le
cail-cédrat, acajou du Sénégal, le karité, surnommé
arbre à beurre, à cause de la matière grasse de sa châ-
taigne. Le kola, dont la noix jouit d'une si grande
réputation, forme des forêts entières dans le haut fleuve
et le Fouta-Djallon. Le cotonnier et l'indigofère poussent à peu près partout ; mais leurs produits, bien qu'ils
servent aux indigènes, sont encore peu répandus. Enfin,
aux plantes alimentaires, tels que le mil et le maïs, s'a-
joutent le tabac dont on sème deux espèces, la soie végétale, le sorgho. Aujourd'hui la véritable richesse
agricole se trouve dans la culture de l'arachide et du
béraff, dont on tire par l'exportation des huiles propres
à l'alimentation et à l'industrie. En 1855, la produc-

1. Elisée Réclus, *Nouvelle Géographie universelle*, t. XII.

tion du béraff était à peine de 3 tonneaux ; en 1858, elle s'élevait à 800 ; vingt ans plus tard, à 30 000. En 1859, on exportait 8 à 9 millions de kilogrammes d'arachides ; en 1881 on en a exporté 60 millions représentant une valeur de 15 millions de francs. « Aujourd'hui, a écrit Faidherbe, à la côte occidentale, au-dessous de la Gambie, la culture de cette graine n'est plus rémunératrice et elle est abandonnée. Au contraire, en raison de leur qualité supérieure qui permet de les employer seules à certains usages, les arachides du Cayor et du Sénégal peuvent supporter toute concurrence. »

Le fer semble abonder dans les montagnes du Fouta-Djallon. Le Bambouk renferme des gisements et des sables aurifères. Objet de l'ardente convoitise des Européens, ces richesses, malgré des tentatives nombreuses des Portugais et des Français, n'ont pas réalisé les espérances qu'elles ont fait concevoir. L'or sénégalais a abondé sur les marchés de l'Europe ; mais il n'a cessé d'être produit par les indigènes. Aussi, que de trésors perdus, si l'on songe aux procédés primitifs employés par les noirs, aux déchets d'une manipulation réduite à de grossiers lavages ! Un jour Faidherbe tourna son activité vers les mines du Bambouk : il alla en personne construire un fort à Kénébia. L'événement trompa ses efforts. L'entreprise toutefois, en laissant des regrets, n'a pas ôté toute espérance.

Enfin le sel, dont la lagune de Gandiole produit une grande quantité, tend à devenir l'objet d'un commerce étendu, à mesure que s'ouvrent les routes vers le Soudan central où ce précieux condiment manque tout à fait. Dans un temps plus ou moins éloigné, le sel de Saint-Louis y remplacera le sel du Sahara.

2.

Faidherbe a particulièrement étudié les populations de la Sénégambie au point de vue ethnique et historique. Elles se rapportent à trois races : les noirs, plus ou moins foncés, dispersés sur tout le territoire où ils forment de nombreuses tribus sédentaires, agricoles ; les Fouls ou Foulas ou Peuls, à la peau rougeâtre, d'origine étrangère, pasteurs, mais aptes à la culture du sol, guerriers conquérants ; les Arabo-Berbères, blancs ou bruns, nomades et pillards, oppresseurs des noirs. La plupart de ces populations professent la religion musulmane, qu'elles tiennent de leurs ancêtres, ou qu'elles ont subie de leurs vainqueurs. Mais chez les noirs le fanatisme de l'Islam n'a pu déraciner les pratiques d'un grossier et souvent cruel fétichisme. L'islamisme a été le rempart devant lequel nos efforts ont failli se briser.

Nous compléterons ces indications sommaires dans la suite de cette histoire, à mesure que se dérouleront les événements.

« De toutes nos colonies, celle du Sénégal est la plus ancienne. En 1364, des marins dieppois abordèrent dans la baie de Dakar : séduits par la richesse du pays, par l'abondance des produits, ils revinrent l'année suivante et fondèrent des comptoirs sur les côtes depuis le cap Vert jusqu'au golfe de Benin. Leurs affaires prospérèrent : en échange d'objets de valeur minime ils obtenaient des peuplades sauvages la gomme, le poivre, l'indigo, l'encens, l'or, l'ivoire, toutes marchandises de haut prix[1]. » Après une éclipse de deux siècles pendant lesquels ils furent supplantés par les Portugais et les Hollandais, les Français reparurent

_____

1. Ancelle, *les Français au Sénégal* (*Revue de Géographie*, 1883).

dans ces parages : trois compagnies privilégiés se partagèrent les rivages depuis Arguin jusqu'au cap Lopez. Au
trafic des produits naturels s'ajouta la traite des noirs,
qui devint bientôt presque la seule source des bénéfi-
ces. « Ce commerce, contre nature par lui-même, se
faisait dans des conditions révoltantes... On le supportait à ces époques reculées, parce qu'on n'en connaissait pas les circonstances odieuses ; ceux qui en profi-
taient laissaient croire qu'ils s'y livraient uniquement
par zèle religieux et pour sauver les âmes des malheureux noirs. » (Faidherbe, *le Sénégal.*) La traite
néanmoins ne porta pas bonheur aux compagnies. Ac-
cablées sous les plus lourdes fautes, emportées par
la faillite, elles se succédèrent sept fois jusqu'en 1758,
ne laissant que des ruines, des exemples décourageants,
Seule, l'administration d'André Bruë jeta quelque
éclat sur le passage de ces compagnies. « Le célèbre
directeur de la compagnie du Sénégal, puis de la compagnie des Indes, l'homme le plus remarquable de
tous ceux qui ont dirigé les affaires de ces établissements pendant les xviie et xviiie siècles[1] », Bruë apportait (1697) non seulement de la volonté, mais un
système de colonisation qu'il allait poursuivre avec
résolution. Il ne s'agissait pas, bien entendu, de fixer
au sol des travailleurs. La compagnie qu'il représen-
tait ne pouvait que s'attacher au trafic. Le commerce
avec les indigènes, tel était son objet. Il fallait le régler, l'étendre ; il fallait attirer à nos comptoirs les
produits de l'intérieur, en un mot accaparer les affaires, absorber le mouvement commercial. L'entreprise
n'était pas vulgaire, étant donné le peu de consis-

1. Faidherbe, *le Sénégal*

tance des Français au Sénégal, la concurrence des Maures, des Hollandais et des Anglais, la défiance sinon l'hostilité des chefs indigènes. Bruë entrevit et employa les moyens les plus propres à arriver à ses fins.

Il s'efforce de substituer l'influence française à celle des Hollandais. Il noue des relations avec les chefs noirs ou maures, les visite, les gagne par la politique ou les subjugue par la force, en obtient des traités avantageux; il construit des forts, échelonne des postes armés sur le Sénégal, particulièrement dans le haut fleuve; il soupçonne les voies de pénétration par la vallée du Niger, les immenses débouchés qu'elles offrent; il lance des officiers entreprenants et hardis à travers des contrées inexplorées à la recherche de richesses nouvelles, de renseignements scientifiques. Sa vie active et aventureuse est traversée par les plus rudes épreuves; la maladie, la captivité, les trahisons, rien ne lui est épargné : il quitte la colonie, y revient par trois fois, jamais découragé, toujours persévérant, soutenu par une énergie inébranlable, sans que son robuste génie se puisse lasser. Si les circonstances eussent été plus favorables, il eût réalisé au commencement du XVIIIe siècle l'œuvre que Faidherbe a entreprise, menée si loin, et que le XIXe siècle sans doute verra s'achever. D'ailleurs, il ne serait point suprenant que Faidherbe se soit inspiré des idées de Bruë : leurs conceptions, leurs desseins, leurs procédés, leurs études offrent du moins de singulières analogies.

Quoi qu'il en soit, les résultats de l'administration de Bruë étaient sensibles. Il avait en quelque sorte découvert le pays, révélé l'existence des Foulas, des Mandingues : ses renseignements servirent à d'Anville pour établir la carte du Sénégal. Il avait construit trois forts nouveaux, Arguin, Saint-Joseph, Saint-Pierre, laissé des comptoirs à Portendik, Albreda, Joal, Bintan, Géréges, Bissao. L'autorité de la France s'étendait sur les rives du fleuve jusqu'au Bambouk et au Kaarta ; il est vrai qu'elle ne reposait que sur les traités conclus avec des chefs instables ou de mauvaise foi, traités d'autant plus fragiles qu'on manquait de forces suffisantes pour les faire respecter. Ni la gomme, ni la traite des esclaves, ni la vente de l'eau-de-vie n'enrichirent la compagnie ; elle n'acquit ni territoire ni sujets ; son trafic ne dépassa pas un million de livres, sur lequel elle réalisa un bénéfice de quelques centaines de mille francs. Mais bien dirigée, ayant pour elle les avantages d'une position heureuse, elle aurait pu avec le temps centraliser le commerce de l'Afrique occidentale, fonder une colonie prospère.

Il n'en fut pas ainsi : le XVIIIe siècle vit s'écrouler l'édifice que Bruë avait eu tant de peine à construire. En 1718, la compagnie des Indes ayant acheté, au prix de 16 000 000 livres tournois, tous les comptoirs de la compagnie du Sénégal, le roi déclara en sa faveur le privilège perpétuel, y compris les côtes entre Sierra Leone et le cap de Bonne-Espérance. Privée des services de Bruë, elle ne sut ni administrer ni conquérir. Si elle éleva en 1743 le fort de Podor sur le fleuve, elle se borna ordinairement à exploiter le commerce habituel de la région. D'ailleurs la guerre de Sept ans troubla ses opérations. Les Anglais, en 1758, s'emparèrent même de Gorée et du Sénégal. Le traité de Paris (1763) ne rendit à la France que l'île de Gorée. Il fallut un effort énergique du duc de Lauzun, seize ans plus tard, pour reprendre le Sénégal, dont le traité de Versailles (1783) nous reconnut la possession.

De son côté, le damel ou roi du Cayor céda à la France le cap Vert et les terres voisines, ainsi que le village de Dakar, depuis la pointe des Mamelles jusqu'au cap Bernard. Le privilège de la traite de la gomme passa de la compagnie de la Guyane à la compagnie de la Gomme, dite plus tard compagnie du Sénégal (1784-1786). Le 23 juillet 1791, l'Assemblée constituante prononça la dissolution de la compagnie en même temps qu'elle proclamait la liberté absolue du commerce au Sénégal. Cette mesure ne tira pas la colonie de son engourdissement. Puis les guerres de la République et de l'Empire consommèrent sa ruine. Gorée succomba la première en 1800. Les Anglais, l'ayant prise, la gardèrent en dépit des clauses du traité d'Amiens. Un coup de main de quelques corsaires, auxquels s'étaient jointes les milices de Saint-Louis, la leur enleva en 1804. Ce fut pour peu de temps. En 1807, les Anglais revinrent bloquer Saint-Louis. Le général Blanchot, qui y commandait, résista quatre mois avec de faibles ressources : secondé par le dévouement de la population et des soldats, soutenu par une indomptable énergie, il déjoua toutes les tentatives de l'ennemi, le força même à la retraite. Plus heureux en 1809, les Anglais se rendirent maîtres de la place : le feu et la maladie avaient réduit la garnison à trente hommes.

Le traité de Paris du 30 mai 1814 rendit à la France tous les établissements qu'elle possédait en 1792 sur la côte occidentale d'Afrique. Mais l'Angleterre ne se pressa pas d'exécuter cette clause et ce n'est que le 1ᵉʳ janvier 1817 qu'elle consentit à nous restituer le Sénégal. La prise de possession fut signalée par un désastre sans nom dans les annales coloniales. Les fonctionnaires et les troupes que la métropole envoyait au Sénégal périrent avec *la Méduse* sur les récifs du banc d'Arguin ou sur le radeau, à l'exception du gouverneur, colonel Schmaltz, qui se sauva dans un canot avec sa famille. Tout le monde connaît ce drame maritime que la peinture a popularisé. C'était un sinistre présage pour la colonie. Et, de fait, elle ne retrouva pas de longtemps la prospérité qu'elle avait perdue sous les successeurs d'André Bruë.

De 1815 à 1854, tous les efforts relatifs à l'agriculture et au commerce furent stériles. Pendant cinq ou six ans on essaya d'encourager la culture du coton en appelant des colons auxquels on fournit des terres, des instruments, des semences, des vivres, en accordant une prime pour chaque arbuste de cotonnier. Mais le recensement ne tarda pas à révéler les fraudes les plus éhontées. D'indignes colons fichaient en terre pendant la nuit des branches de cotonnier que les contrôleurs, soit illusion, soit complicité, comptaient pour des arbres. La prime changea d'objet au bout de quelques années ; elle s'appliqua à l'exportation. Mais rien ne remédia à la décadence de la culture en grand : elle fut peu à peu abandonnée. L'autre culture était celle de l'indigo. L'indigofère, comme le cotonnier, pousse spontanément au Sénégal. « Il s'agissait de faire concurrence à l'Inde ; mais une amère déception succéda bientôt à l'espoir qu'on avait fondé sur cette culture. La qualité des produits égalait bien celle des indigos du Bengale, mais une expérience de cinq années démontra que le prix de revient était trop élevé pour lutter sur les marchés d'Europe avec les indigos indiens. » (Faidherbe, *le Sénégal*.)

Alors, renonçant à la colonisation par l'exploitation du sol, on se rejeta sur le commerce de la gomme.

Pour cela, le gouvernement revint au système des compagnies privilégiées, sans toutefois abdiquer sa souveraineté. En 1824, il concéda à la *Société de Galam et Oua'o* le monopole du commerce de la haute Sénégambie. Mais les échecs se succédèrent en même temps que les compagnies jusqu'à 1848, époque où l'émancipation des noirs augmenta la crise dans laquelle la colonie se débattait. « Cette mesure, dit Faidherbe, causa un bouleversement moindre que dans les colonies à grandes cultures. Les habitants du Sénégal ne possédaient que quelques esclaves. Ils louaient par mois ceux dont ils n'avaient pas besoin aux commerçants, aux fonctionnaires, etc. Leur émancipation ruina plusieurs familles, malgré l'indemnité payée par le gouvernement.»

Ce n'est pas tout. L'hostilité, les incursions des Maures, l'apathie des noirs étaient des causes incessantes de luttes. On vivait dans un état de guerre perpétuel. Les traités conclus en 1818 avec le Tanka ou roi des Daouich, en 1819 avec les chefs du Oualo étaient lettre morte ; les nouveaux forts de Richard-Toll, de Dagana construits en 1820 et 1821, de Mérighanem établi en 1843, n'assuraient ni notre liberté ni notre sécurité le long du fleuve. A tout instant, des expéditions partaient pour réprimer l'insolence des Trarzas, des Braknas et autres nomades, dont les dévastations avaient pour effet non seulement de nous fermer les escales, mais encore de détacher de notre alliance les tribus noires, que la haine de leurs continuels oppresseurs rapprochait de nous.

« Si notre situation politique et commerciale au Sénégal fut loin d'être brillante, il faut l'attribuer, en grande partie, au manque de suite dans la direction des affaires ; en effet, pendant ces trente-neuf années,

trente et un gouverneurs ou chefs intérimaires se suc-
cèdent à la tête de la colonie [1]. Tout fut tenté sans être
poursuivi et par conséquent rien ne fut réalisé durant
cette période. Il est bon de rappeler quelle était la situation en 1854, pour se rendre compte des progrès
accomplis depuis cette époque. »

« Le peu d'Européens qui l'habitaient (la colonie),
une centaine au plus y vivaient ramassés sur un îlot
de sable sans terre végétale, sans gazon, sans verdure,
mal protégés contre les ardeurs d'un soleil brûlant par
de petites habitations mal construites. » (Faidherbe.)

« Nous ne possédions au Sénégal comme points
principaux que Saint-Louis, Bakel sur le haut fleuve,
Sénoudébou sur la Falémé, et l'île de Gorée ; encore
cette possession était-elle fort précaire : car, en dehors
du sol sur lequel étaient construits les postes fortifiés,
pas un pouce de terrain ne nous appartenait ; nous de-
vions même payer une redevance annuelle pour l'occupation de l'îlot de Saint-Louis dont le chef du petit
village de Sor se disait propriétaire !

« Pour avoir le droit de commercer nous étions soumis à des mesures vexatoires, humiliantes et surtout
très onéreuses. Sous le nom de *coutumes*, le gouvernement de la colonie payait aux chefs maures de la rive
droite, à la reine du Oualo, aux chefs du Fouta, du
Guoy, du Kamera, du Guidimakha, à leurs parents, à
leurs ministres, à leurs esclaves, des impôts exorbi-
tants, bizarres, qui, loin de les satisfaire, ne faisaient
qu'augmenter leur cupidité. La faiblesse avec laquelle
nous nous soumettions à leurs exigences, à leurs de-

----

1. Nous empruntons ce passage au remarquable travail de
M. le capitaine Ancelle publié dans la *Revue géographique*, année 1873 : *les Français au Sénégal*, Notice historique.

mandes de cadeaux sans cesse renouvelées, les encourageait à persévérer dans cette voie.

« Les commerçants, les *traitants* qui se rendaient dans le fleuve devaient acquitter à leur tour la *coutume individuelle*, sous forme de cadeaux, dont la quantité et la nature étaient fixées par le bon plaisir des principicules, des chefs de village devant lesquels ils étaient forcés de passer.

« De plus, le commerce n'était pas libre, en ce sens que les traitants ne pouvaient opérer leurs échanges que pendant certains mois de l'année, en des endroits fixés par les roitelets maures, endroits nommés *escales*. Les marchandises, les gommes entre autres, achetées en dehors de ces points étaient saisies par les agents des Maures sur les bateaux portant le pavillon français.

« Enfin, toutes ces formalités accomplies, toutes ces exigences satisfaites, le commerçant n'était pas encore assuré de pouvoir transporter à Saint-Louis les marchandises qui lui avaient coûté si cher à acquérir. Il courait risque, pendant son trajet de retour, d'être de nouveau imposé, d'être pillé et, s'il résistait, assassiné.

« Humiliations, outrages pour les fonctionnaires ; vexations, entraves, dangers de toute sorte pour les trafiquants, telle était la situation des Français au Sénégal jusqu'en 1854[1]. »

« La population indigène était plus malheureuse encore, depuis le jour où les Maures Trarza s'étaient rendus maîtres de la rive gauche du Sénégal. Il n'est sorte d'exactions, de meurtres auxquels les nègres qui habitaient ces contrées ne fussent soumis ; cent cin-

---

1 Ancelle, ouvrage cité.

quante bourgs qu'habitait une nombreuse population nègre, dans le Oualo, avaient disparu en moins d'un siècle. » (Faidherbe.)

Enfin l'heure de la régénération du Sénégal allait sonner. Faidherbe en fut l'instrument intelligent et énergique. Mais avant d'exposer ses plans et son œuvre, il convient de rendre un juste hommage à deux hommes dont les idées ont été une clarté et une direction. Le capitaine de vaisseau Bouët, gouverneur de la colonie (1844-1847), s'étant rendu un compte exact de la situation, insista dès 1844 sur la nécessité de rompre avec les errements du passé : il traça au gouvernement de la métropole les lignes d'une politique nouvelle, méthodique, ferme, bienveillante. Il éveilla ainsi l'attention sur la question du Sénégal. Le ministre de la marine, M. de Mackau, chargea alors (1845) un explorateur déjà connu, Anne Raffenel, d'une mission dans le Sénégal et le haut Niger. Raffenel, qui se proposait de traverser l'Afrique du Sénégal au Nil, ne réussit qu'à moitié dans son entreprise. Arrêté, retenu prisonnier pendant huit mois dans le Kaarta, il dut revenir sur ses pas. Heureusement il avait réuni les matériaux d'où il devait tirer son important ouvrage : *Nouveau Voyage dans le pays des Nègres, suivi d'études sur la colonie du Sénégal.* Cette relation non seulement ouvre des vues nouvelles sur l'état moral et politique du Sénégal, mais encore indique les réformes à accomplir pour sauver la colonie. Que faut-il pour la relever de son abaissement ? Suivre une politique ferme, loyale et juste ; protéger les noirs contre les Maures et les Peuls musulmans, entretenir une armée spéciale, petite mais solide ; supprimer les escales, coutumes, traitants, toutes les entraves commerciales. Puis élargissant l'horizon, Raffenel voit le Soudan central s'ouvrir à l'expansion française, le drapeau tricolore flotter en maître sur les rives du Niger et du lac Tchad. Illusions audacieuses, elles semblaient pressentir, sinon dépasser les réalités actuelles ! Mais ces réformes, d'où le salut du Sénégal devait sortir, ne furent précisées et appliquées que quelques années plus tard.

En 1851, les négociants du Sénégal adressèrent leurs doléances au gouverneur, le suppliant de mettre fin aux exactions des Ouolofs, des Maures et des Toucouleurs. Ils insistèrent particulièrement sur la nécessité de remplacer les escales par des établissements permanents et fortifiés à Dagana, à Podor. Cette fois le ministre donna l'ordre d'agir, envoya des renforts, des bâtiments, des approvisionnements. Le gouverneur Protet put occuper sans coup férir le village de Podor. En quarante jours, le capitaine du génie Faidherbe y bâtit un fort destiné à protéger la contrée contre le brigandage, à assurer notre autorité sur le bas fleuve.

On se trouvait ainsi engagé dans une série d'expéditions militaires. Le Sénégal allait être le théâtre d'une longue lutte. Pour commencer, les habitants du Dimar et particulièrement de Dialmath payèrent cher leurs attaques incessantes contre Podor. Assaillis par une colonne de 600 hommes pourvus d'artillerie, le village et le *tata*, fortification en terre, furent enlevés après un brillant combat où nous fîmes des pertes sérieuses.

Ce fait d'armes toutefois ne rassurait pas la population. Une nouvelle pétition des notables de Saint-Louis demanda que la charge de gouverneur fût moins temporaire. « Les gouverneurs, disaient-ils, ne restent pas en moyenne plus d'un an et demi à deux ans à la tête de l'administration : comment peut-il être possible de gouverner avec des changements aussi fréquents dans la direction administrative et politique?... Tout souffre de l'indécision apportée dans la direction des affaires,... qu'on nous donne des gouverneurs qui puissent rester au moins sept ans à la colonie. »

« En même temps que cette pétition était remise au gouverneur du Sénégal, des démarches étaient faites par quelques négociants auprès de M. Ducos, alors ministre de la marine, pour que M. Faidherbe fût nommé chef de bataillon et gouverneur de la colonie. Le ministre de la guerre, le maréchal Vaillant, ayant consenti à sa nomination au grade de chef de bataillon, le ministre de la marine nomma le commandant Faidherbe gouverneur du Sénégal.

« Le nouveau gouverneur présentait l'avantage d'avoir étudié le monde musulman pendant six ans en Algérie, d'avoir été en contact avec les noirs pendant deux ans à la Guadeloupe, où il avait assisté à la proclamation de la liberté, et, depuis deux ans qu'il était au Sénégal, d'avoir parcouru toute la colonie, d'avoir fait partie de l'expédition du commandant Baudin à Grand-Bassam, et enfin de s'être tenu au courant des questions alors pendantes. » (Faidherbe, *le Sénégal*.)

Faidherbe, chef de bataillon, puis lieutenant-colonel et colonel du génie, est resté à la tête du gouvernement du Sénégal depuis le 16 décembre 1854 jusqu'au 4 décembre 1861. Après une absence de deux ans et demi, il y est revenu le 14 juillet 1863 avec le grade de général de brigade. Il n'a quitté définitivement la colonie que le 11 juillet 1865. Ainsi son séjour au Sénégal a été de onze ans.

L'œuvre du gouverneur Faidherbe se divise en trois

parties : 1° la conquête ; 2° l'administration ; 3° la pénétration. Cette dernière partie comprend les explorations et toutes les tentatives pour ouvrir le Sénégal sur les pays voisins, le Sahara, le Soudan.

« Pour changer les choses de fond en comble, » le ministre donna des ordres précis dans le courant de l'année 1854. « Nous devons, disait-il, dicter nos volontés aux chefs maures pour le commerce des gommes. Il faut supprimer les escales en 1854, employer la force si l'on ne peut rien obtenir par la persuasion. Il faut supprimer tout tribut payé par nous aux États du fleuve, sauf à donner, quand il nous plaira, quelques preuves de notre munificence aux chefs dont nous serons contents. Nous devons être les suzerains du fleuve. Il faut émanciper complètement le Oualo en l'arrachant aux Trarzas et protéger en général les populations agricoles de la rive gauche contre les Maures. Enfin il faut entreprendre l'exécution de ce programme avec conviction et résolution. » (Faidherbe.)

Personne n'en était plus capable que Faidherbe. Il avait la foi, le courage, le dévouement. Il inspirait la plus entière confiance. Dernièrement encore il avait accompli une action héroïque. C'était à Bakel. Le poste était menacé par les hordes de El-Hadj-Omar. Tout était dans le plus grand désordre, les retranchements étaient dégradés, les approvisionnements manquaient, le moral des indigènes était abattu. Aussi bien, « El-Hadj-Omar venait de massacrer les habitants du village de Makkana ; les corps sans tête étaient charriés par le fleuve devant Bakel, et les bandes de Talibés parcouraient les rues du village sous le poste, la figure voilée du litham, le fusil sur l'épaule, psalmodiant les versets du Coran d'une voix sinistre. » (Faidherbe.)

L'eau du fleuve baissant rapidement, le capitaine du bateau *le Basilic* annonça que, sous peine de ne pouvoir franchir les passes, il était obligé de partir immédiatement.

« Partir d'ici en ce moment, répondit Faidherbe, serait, pour moi, quitter un champ de bataille lorsque la lutte va s'engager ; nous ne serons pas partis de vingt-quatre heures que le poste sera enlevé et notre domination au Sénégal fortement compromise. Je vais vous donner une lettre pour le gouverneur et je reste. Si vous pouvez remonter jusqu'ici et amener les renforts que je demande, je redescendrai avec vous à Saint-Louis ; sinon je partagerai le sort de la garnison. »

La détermination était grave, périlleuse. Défendre le poste sans rompre ouvertement avec Omar, cette mission il se la donnait lui-même. Un accident pouvait engager la responsabilité du gouverneur, un échec mettre en danger la colonie. Le sentiment du devoir, que nul n'a porté plus haut, lui inspira la fermeté et la diplomatie que réclamaient les circonstances. D'abord il s'occupa du poste, fortifia les remparts, les arma d'artillerie, mit les poudres et les munitions à l'abri, construisit des ouvrages avancés, forma une milice avec des indigènes de bonne volonté. Puis il s'efforça de tenir à distance par des mesures comminatoires, plutôt que par l'emploi des armes, les Talibés d'Omar. Le fanatisme exaltait leur insolence. Ils en vinrent jusqu'à enlever des habitants du village. Un jour deux femmes, deux fugitives de race royale, poursuivies par des bandes, se réfugient dans le fort, implorant un asile. Faidherbe répondit de leur sûreté. Elles étaient sous la protection du drapeau français, l'honneur défendait de les livrer. Il ne les livra point, et son attitude découragea l'insistance des Toucouleurs.

Cependant le vapeur revenait de Saint-Louis avec des approvisionnements et des renforts. A la vue de son panache de fumée, l'ennemi perdit ses dernières illusions, puis battit en retraite dans la direction du haut fleuve.

§ II. — Guerres du Oualo et des Trarzas

Les Ouolofs. — Le Oualo en 1854. — Expédition du gouverneur dans le Oualo contre les tribus trarzas. — Tentatives de paix avec le Oualo. — Les captifs de la couronne. — Campagne contre le Oualo ; prise de N'der, de Dagana. — Seconde campagne du Oualo. — Politique de Faidherbe. — Le Oualo déclaré pays français.

Guerre contre les Maures. — Les Berbères Zénagas ; les Arabes. — État social et politique des Maures ; leur manière de combattre d'après Faidherbe. — Rupture avec le roi des Trarzas Mohammed. — Héroïsme du sergent Brunier à Leybar. — Campagne dans le Oualo. — Coalition des Maures. — Première expédition de Faidherbe au lac Cayar ; trait de bravoure. — Paix des marabouts. — La guerre recommence ; échec de nos alliés. — Deuxième expédition au lac Cayar. — Excursion des Maures dans le Oualo ; le sergent Valette. — Faidherbe frappe des coups répétés. — Paix avec les Trarzas ; le traité de paix.

Le gouverneur Faidherbe s'occupa d'abord du Oualo. L'espace compris entre le Sénégal, la Falémé et la Gambie est le domaine d'une race de nègres appelés Ouolofs.

De haute stature, fortement charpentés, de physionomie agréable, ces noirs sont les plus noirs du continent. Au moral, on les a qualifiés de grands enfants, à cause de leur vanité puérile, de leur crédulité naïve

Imprévoyants, ils vivent au jour le jour de mil ou de poisson, car ils s'adonnent à l'agriculture ou à la pêche ; mais le lendemain les trouve souvent sans ressources, leurs provisions étant épuisées ou vendues. On vante leur bravoure, mais on l'attribue à l'insouciance du danger. La vie de famille développe chez eux des qualités touchantes. Nulle femme n'a plus d'attachement pour ses enfants que la femme ouolove. Et c'est non seulement la mère qui les entoure de soins et d'affection, mais encore l'aïeule, la tante, la fille aînée. On honore les morts en recouvrant leur tombe du toit de la cabane qu'ils ont habitée pendant la vie. Puis, la nourriture que le défunt aurait consommée dans une année, on la remet jour par jour à un pauvre ou à un esclave.

Ce peuple est nettement séparé en castes dont le mélange est interdit. Dans ce système, les grands gouvernent, les petits obéissent ; mais il y a de mépris que pour les griots, sorte de poètes à gages, sorciers, médecins, dont on redoute les sortilèges et les vengeances. La polygamie est une coutume générale : elle produit ici comme ailleurs l'avilissement des droits de la femme.

Comme tous les nègres, le Ouolof traduit son sens religieux par l'adoration des forces de la nature ou bien des objets qui l'étonnent ou l'épouvantent. Mais, pris entre les Maures, les Peuls et les Européens, il a subi l'influence des religions musulmane et chrétienne dont il mêle les pratiques à ses superstitions séculaires. Le lézard, génie domestique, a son culte à côté des cérémonies du culte nouveau. Les marabouts jouissent d'une autorité d'autant plus grande que la majorité de la population au Sénégal est musulmane ; ils connaissent la langue arabe et tiennent les écoles. Les missions

catholiques n'ont obtenu qu'une prospérité relative, la
prédication chrétienne se heurtant tantôt à la résistance irréductible de l'Islam, tantôt à un fétichisme
privé du sentiment religieux.

« On ne sera pas étonné, dit Faidherbe, que les habitants du Sénégal aient eu leurs idées un peu brouillées
par les diverses propagandes religieuses qui cherchaient
à se les attirer.

« Il y avait dans ce pays, il y a une quarantaine
d'années, un traitant considéré, père de famille, qui
était bien singulier à cet égard. N'ayant pas une certitude entière sur la question de savoir quelle était la
bonne parmi les trois religions, ils les avait adoptées
toutes, et disait d'un air malin que de la sorte il était
sûr de son affaire quand viendrait le grand jour du jugement. C'était un des plus fervents catholiques du pays,
mais il achetait aux marabouts maures des gris-gris,
qu'on lui assurait être très efficaces, et en même temps
il s'affiliait aussi aux fétiches dans leurs pratiques.

« Il avait eu l'idée de demander à son confesseur la
permission de tromper les Maures à la traite des gommes, attendu que les Maures le volaient autant qu'ils
le pouvaient, et qu'il ne ferait ainsi que rentrer dans
son bien. »

D'une grande sobriété naturelle, les Ouolofs s'adonnent de la manière la plus déplorable à l'ivrognerie
quand ils sont en relation avec les comptoirs européens
et qu'ils ne sont pas musulmans. Leurs rois, reines et
chefs sont ivres du jour où ils entrent en fonction jusqu'au jour où ils meurent, ce qui, grâce à l'eau-de-vie
de traite, ne se fait pas attendre longtemps.

L'idiome ouolof, type de langue agglutinante, mo-
nosyllabique, distinct de tous ceux qu'on parle en

Afrique, est devenu le langage usuel du commerce dans toute la Sénégambie, prenant ainsi une importance considérable. Quant au peuple lui-même, il a toujours montré du penchant pour les Européens, si bien « qu'une race mélangée assez nombreuse a été le résultat de ce contact prolongé ». On peut reprocher aux Ouolofs le manque de ressort, d'énergie, d'activité : on ne saurait nier les progrès matériels et moraux qu'ils ont accomplis dans le courant de ce siècle. « Les Ouolofs de Saint-Louis, dit M. Élisée Reclus, il n'est pas de travail qu'ils n'accomplissent avec joie quand on fait appel à leur sentiment de l'honneur, pas d'œuvre de dévouement à laquelle ils ne se sacrifient quand on leur en fait un devoir. Pour franchir la barre et se hasarder au milieu des brisants, tous les piroguiers ouolofs sont des héros. et l'on ne cite point d'exemple d'un blanc qui ait été abandonné par les noirs dans un naufrage. Tandis que les autres nègres du Sénégal ne sont que les sujets ou les douteux alliés de l'étranger d'Europe, les Ouolofs de Saint-Louis sont associés aux Français et se disent *les enfants de la ville :* ce sont eux qui constituent la nation franco-sénégalaise, et c'est par milliers qu'on a trouvé les volontaires parmi eux, toutes les fois qu'il s'est agi de défendre un point menacé du fleuve, à Médine, à Bakel ou aux escales des Maures [1]. »

En 1854, le Oualo ne comprenait plus qu'un territoire de 400 lieues de surface sur la rive gauche du Sénegal. Saint-Louis était englobé dans cet État. Les Ouolofs de la rive droite chassés par les Maures se sont réfugiés avant cette époque dans une province du Cayor appelée

[1] Élisée Reclus, *Géographie univreselle*, t. I, xii.

le Diambour. Les chefs des Diambours ou hommes libres élisaient le roi ou Brak. En vertu des lois d'hérédité, le fils de la sœur du roi décédé devenait le successeur désigné d'avance au choix des électeurs. Or, le Oualo, dont l'alliance ne nous avait jamais fait défaut contre les Trarzas, était en quelque sorte tombé en leur pouvoir par le mariage de la princesse ouolove Guimbotte avec le roi des Trarzas, Mohammed-el-Habib. Leur fils Ely fut, dès sa naissance, au mépris des conventions, reconnu comme héritier présomptif du Oualo. Il en était le maître réel sous sa tante Ndété-Yallah en 1854, lorsque la guerre commença. Il s'agissait de châtier le Oualo de sa défection et de l'appui qu'il prêtait aux Maures. Mettant le comble à son impudence, la reine du Oualo, esclave de Mohammed-el-Habib et d'Ely, venait de sommer le gouverneur d'évacuer les îles autour de Saint-Louis. D'ailleurs les chefs des Trarzas se plaisaient à dire qu'ils viendraient faire leur salam dans l'église de Saint-Louis. A cause de l'impression produite par ces paroles dans la population de Saint-Louis il convenait de démontrer la vanité de leurs insolentes menaces.

Dès le commencement de janvier 1855, une expédition fut dirigée contre le village de Bokol, dont les habitants excitaient nos soldats noirs à la désertion. On brûla le village. Le dimar épouvanté de cette exécution rapide se soumit à nos exigences.

Selon leur coutume, les Maures Trarzas, ayant passé sur la rive gauche du fleuve, commettaient dans le Oualo leurs exactions habituelles. Faidherbe résolut de les surprendre.

Pour cela il ordonne au lieutenant de vaisseau Desmarais d'amener par eau à Tiaggar une partie des troupes de la garnison de Podor et ses compagnies de débarquement, au capitaine Bilhau de le rejoindre avec ses spahis. La position qu'on leur assigne leur permettra de couper la retraite à l'ennemi. D'un autre côté, le gouverneur Faidherbe remonte le fleuve avec les troupes de Saint-Louis, débarque près de Diekten. Malheureusement un chef maure, venu à Saint-Louis pour s'assurer des dispositions du gouverneur, a surpris le secret de l'expédition. Il s'échappe, répand l'alarme parmi les tribus. Tout le Oualo retentit des cris de guerre : le tam-tam résonne dans tous les villages. Des tribus trarzas, les unes repassent le fleuve, les autres s'enfoncent dans l'intérieur. Seuls les Azouna, forts de la terreur qu'ils inspirent, habitués à l'impunité, ne s'effrayent ni ne bougent.

Au point du jour, le 15 janvier, Faidherbe surprend leur camp. Les Maures, avertis par leurs femmes qui pilaient le mil, ont le temps de s'enfuir, mais ils tombent dans la colonne qui gardait le fleuve. Le capitaine Bilhau avec ses spahis les charge, leur tue quelques hommes, leur enlève 69 prisonniers et 700 bœufs. D'autre part, les volontaires de Saint-Louis pillent le camp des Azouna, dont les tentes sont livrées aux flammes.

La colonne reprit le chemin de Richard-Toll. « Les hommes, quoique fatigués, étaient gais et bien portants. Les spahis étaient restés vingt-deux heures à cheval. » En même temps une razzia opérée par le lieutenant de vaisseau Butel ramena à Saint-Louis les troupeaux des Tendras, de sorte que les habitants n'eurent plus la crainte de manquer de lait et de beurre pendant la guerre.

C'est ainsi que Faidherbe inaugurait son gouvernement, en mettant à la raison la tribu la plus redoutée des Trarzas. Il semblait que cet exemple dût inspirer une crainte salutaire aux chefs du Oualo. A défaut d'autre sentiment, l'intérêt devait les rapprocher de nous. Notre victoire ne profitait-elle pas à leur indépendance aussi bien qu'à notre sécurité? Il n'en fut rien. La reine du Ouala, Ndété-Yalla, subissait l'ascendant des Maures. Faidherbe épuisa les négociations pour la fléchir. Promesses, cadeaux, menaces, elle résista à tout ; elle prit nettement parti pour les oppresseurs de son pays. D'ailleurs nous avions pour adversaires inconciliables, dans le Oualo, les *captifs* de la couronne. L'esclavage entre noirs ne ressemble en rien à l'esclavage entre peuples de couleurs différentes. Cette condition prend même un autre nom en Afrique. Les esclaves sont des *captifs*. Ils sont tenus dans une espèce de domesticité où chacun garde le rang que lui donne sa caste. Si on les emploie aux travaux de la case ou des champs, leur servitude n'est jamais bien lourde. Les chefs en forment leurs armées. Ce sont alors les captifs de la couronne. Quelquefois leur influence grandit tellement que, élevés aux plus hautes fonctions, ils gouvernent en réalité l'État. C'était le cas dans le Oualo. On les appelait *Diam-Gallo*.

Faidherbe n'hésita pas. Il résolut d'aller chercher la paix dans N'der, capitale du Oualo. Comme dans l'expédition contre les Trarzas, les garnisons de Podor, de Richard-Toll devaient prendre l'ennemi à revers. Mais la colonne Bilhau, trompée par l'attitude pacifique et les promesses des indigènes, tomba dans un guet-apens. Acculée à un marigot, assaillie par une nuée de Ouolofs, elle n'échappa à un désastre certain que par une résistance désespérée et le secours des compagnies de débarquement du vapeur *le Grand-Bassam*. A la nouvelle de cette trahison, Faidherbe prit 400 hommes, dont il s'assura la fidélité en imposant aux volontaires l'obligation de servir pendant toute la durée de la guerre. Avec un convoi de vivres composé d'ânes et de bœufs, il franchit le port de Leybar, remonta au nord, atteignit Lampsar, où il se décida à laisser le convoi pour alléger sa marche.

« La colonne eut à traverser de nombreux marigots, où les hommes avaient de l'eau au-dessus de la ceinture, et où les obusiers de montagne traînés disparaissaient complètement sous l'eau ; on se tira gaiement de ces difficultés qui avaient étonné les troupes au premier abord. » (Faidherbe.)

Le 25 février au matin on rencontra l'armée des Ouolofs et des Maures près du village de Dioubouldou. Elle avait pris position à l'entrée d'un bois. Une nuée de fantassins se dissimulaient dans les hautes herbes dont la plaine était couverte. Une brillante charge de nos tirailleurs et spahis, conduite par le gouverneur lui-même, dispersa cette multitude. « Ce ne sont pas des hommes que nous avons eu à combattre, disaient les guerriers du Oualo, ce sont des démons. »

La conséquence de cette glorieuse journée fut la prise de N'der. Les volontaires la pillèrent et la brûlèrent. Les captifs de la couronne, les Diam-Gallo, avec leurs longs fusils, les cordes dont ils devaient lier les Français, se dispersèrent de tous côtés. C'étaient d'ailleurs des soldats peu redoutables ; abrutis par l'ivresse, ils n'avaient qu'une fureur passagère, ils manquaient de solidité. La reine du Oualo se réfugia dans le Cayor, d'où elle continua ses intrigues. Le résultat de cette première expédition fut, outre un immense butin consistant en chevaux, ânes et bœufs, la soumission de quelques peuplades, en particulier du village de Dagana.

Cependant l'armée du Oualo ne tarda pas à se reformer à Diagan, près de la localité plus connue de Merighanem. Les chefs avaient juré sur le *nez de leur mère* de vaincre ou de mourir sur place. Faidherbe accourut de Saint-Louis par Richard-Toll, affectant de ménager les villages dont les habitants se montraient inoffensifs, tandis qu'il brûlait au contraire sans pitié tous ceux qui témoignaient des sentiments hostiles. A la vue de la colonne française, qu'accompagnait une petite flottille sur le lac Guier, l'ennemi prit la fuite sans coup férir. Cette seconde campagne consista en une course rapide, où Faidherbe s'appliqua à frapper les peuples à la fois par ses coups et par sa bienveillance. Politique habile destinée à substituer un jour à la force les moyens purement moraux !

« En vingt jours nous avions donc parcouru deux fois le Oualo, passé trois fois par la capitale de cet État et fait cent lieues de marche à terre ; l'état sanitaire était excellent : les noirs déclaraient qu'ils ne reconnaissaient plus les *toubas* (les blancs) et qu'ils pouvaient à peine les suivre. » (Faidherbe.)

C'est alors que Faidherbe mit en pratique un de ses meilleurs principes de politique coloniale, celui de gouverner les noirs par des hommes de leur race, de manière à conquérir ainsi le pays par les habitants eux-mêmes, en dissimulant leur soumission sous une apparence d'autonomie.

Un chef ouolof, Fara-Penda, ami de la France, qu'il avait servie autrefois, réfugié depuis longtemps dans le Cayor, accepta de se charger de ce soin. Il montra dans la suite une fidélité, un dévouement à toute épreuve. Il contribua puissamment à la guerre contre les Maures, puis à la pacification du Oualo. Il sut habilement profiter de la haine qu'inspirait la reine à la caste des Diambours et de la peur que causaient les Maures aux petites gens, pour opérer dans les esprits une sorte de révolution morale, qui les inclina à rechercher notre protection.

Néanmoins on dut, en présence de l'hostilité et des manœuvres des anciens chefs, renoncer à rétablir le Oualo dans ses anciennes institutions. Au mois de décembre 1855, il fut déclaré pays français, divisé en cinq cercles, sous des chefs nommés par le gouvernement de la colonie. Sidia, un des fils de la reine Ndeté-Yalla, laquelle venait mourir au Cayor, élevé à l'école des otages à Saint-Louis, devint chef du cercle de N'der, simple agent du gouvernement français dans un pays dont sa naissance l'avait fait roi.

Faidherbe dépeint ainsi le noir : « Naturellement bon, d'une intelligence comparable à celle de bien des races blanches, mais qui, manquant de caractère, c'est-à-dire de force, de volonté, de prévoyance et de persévérance, sera toujours à la merci des races mieux douées que lui sous ce rapport, avec lesquelles il se trouvera en contact . » On s'explique dès lors la facilité avec laquelle le Oualo subit sa nouvelle condition. Les Ouolofs, sauf quelques insoumis, renonçant à la lutte, portèrent leurs efforts vers la culture du sol et le commerce : ils se montrèrent les sujets les plus soumis de la France.

A une époque lointaine, indéterminée, des tribus du nord de l'Afrique s'étaient avancées à travers le Sahara jusqu'aux bords du grand fleuve qui sépare le pays des blancs du pays des noirs. C'étaient des Berbères Zénagas : ils donnèrent leur nom au fleuve et à la contrée. C'est de cette tribu que Faidherbe fait sortir les Almoravides (Marabouts) conquérants des Maures et de l'Espagne au xi° siècle. Quoi qu'il en soit, les Zénagas, pasteurs, guerriers, marchands, ne tardèrent pas à opprimer les nègres, tout en nouant avec eux des relations commerciales dont l'objet était l'échange des chevaux et du sel gemme des oasis contre l'or et les esclaves noirs. A leur passion de guerre, de pillage, se joignait leur fanatisme religieux : ils convertirent à l'Islam, de gré ou de force, les populations riveraines du Sénégal. Les Arabes vinrent à leur tour ; par une suite d'invasions successives ils subjuguèrent ou absorbèrent les Zénagas. Du long conflit de ces races diverses sortit un état social où, dans le mélange des types, l'élément arabe a pris la prépondérance.

Les Maures du Sénégal se divisent en trois classes. La première comprend les *Hassan* ou hommes de religion, tous gens de proie, de couleur plus ou moins claire, pouvant passer pour des blancs, de religion musulmane, oppresseurs impitoyables des vaincus. Un mot peint leur tyrannie : « Il faut, disait un marabout au voyageur Caillé, il faut fouler le peuple et l'appauvrir afin qu'il soit soumis et respectueux ». Les débris des Zénagas forment la classe des *asservis*, les noirs celle des *esclaves*.

Sous le rapport politique, on partage actuellement les Maures en trois nations : les Trarzas à l'ouest, les Bracknas au centre, les Douaïch à l'est. Ces nations elles-mêmes comprennent de nombreuses tribus dont les rivalités entretiennent un état permanent d'anarchie.

Comme le type, la langue berbère ne s'est conservée que dans quelques fractions isolées, particulièrement chez les Douaïch. L'arabe plus ou moins corrompu, dit *beïdan*, est la langue dominante sur la rive droite du Sénégal : « les gens instruits, les Tolbas, la connaissent et l'écrivent correctement. »

Si les Maures ont fondé le mouvement commercial sur les bords du Sénégal et du haut Niger, ils l'ont démoralisé par leurs violences et leur mauvaise foi. « Une tente n'abrite rien d'honnête si ce n'est le cheval qui la porte. » — « Si tu rencontres sur ton chemin un Maure et une vipère, tue le Maure. » Ces dictons des nègres montrent à la fois l'estime et la confiance que les Maures leur inspirent. Faidherbe a décrit d'une façon saisissante la manière de combattre de ces peuples :

« Les Maures guerriers, dit-il, qui forment à peu près la moitié de la population des Trarzas (les autres étant marabouts et sans armes), sont armés de fusils à deux coups et à pierre, qu'ils achètent à nos comptoirs. Beaucoup d'entre eux sont estropiés aux mains et aux bras par suite de l'explosion de quelqu'une de ces armes ; en effet ces fusils ne sont pas très solides et ils sont souvent beaucoup trop chargés, avec deux, trois et quatre balles ; ils sont du reste parfaitement entretenus, et leur poignée est généralement renforcée par les forgerons du pays au moyen d'une gaine ou d'une simple bande de fer poli. Enfin, ils sont toujours renfermés avec soin dans un étui en cuir, d'où on ne les sort qu'au moment de s'en servir pour combattre.

« Les Maures ne sont vêtus que d'une culotte courte et d'une espèce de gandoura qu'ils relèvent latéralement au-dessus de leurs épaules, de manière à laisser

les bras entièrement libres, et qu'ils serrent à la taille
par une ceinture ; avec ces vêtements noirs, la tête nue
et leurs longs cheveux bouclés et flottant au vent, ils
ont un air excessivement sauvage.

« Leurs selles sont petites et ne pèsent, toutes gar-
nies, que quatre kilogrammes au plus, de sorte que,
comme les cavaliers eux-mêmes sont généralement
maigres, leurs petits chevaux n'ont pas une grande
charge à porter et sont susceptibles de fournir de longues courses.

« ..... Les Maures n'attaquent que pour enlever du
butin ou des captifs ; s'il n'y a rien à gagner, ils refusent
généralement le combat ; ils montrent même moins de
vigueur pour défendre leur propre bien que pour enlever celui des autres.

« S'ils veulent attaquer une caravane en route, ils
s'embusquent dans l'herbe, et, au moment où la caravane arrive sur eux, ils tuent à bout portant quelques
hommes, se lèvent en poussant des cris, et, si les con-
ducteurs fuient, ils s'emparent du butin ; si les conduc-
teurs se défendent, les agresseurs se sauvent généralement eux-mêmes.

« Pour enlever un troupeau, ils le font observer au
pâturage pendant quelques jours par des espions ;
puis, à un moment propice, ils assassinent les bergers,
qui sont souvent des enfants, et se sauvent avec le troupeau. S'ils ont à craindre d'être poursuivis, ce sont des
cavaliers qui enlèvent le troupeau et le font courir à
toute vitesse, et, dans ce cas, une bande de fantassins
s'embusque dans l'herbe, sur le chemin que doit suivre
la razzia ; les maîtres du troupeau, en cherchant à rat-
traper leur bien, tombent dans l'embuscade, perdent
quelques hommes et cessent généralement la poursuite.

« S'agit-il d'enlever un village de noirs, les Maures
l'entourent pendant la nuit; à un signal donné, ils
tirent des coups de fusil et poussent des cris qui pour
les habitants sont plus effrayants que les rugissements
du lion; les hommes du village se sauvent presque
tous et les Maures emmènent femmes, enfants et
bestiaux.

« Les seuls cas où les Maures se battent avec acharnement, c'est dans leurs querelles intestines, suscitées
par des haines de famille et de tribus ; alors ils se livrent des combats sérieux, des luttes à mort; mais
contre les blancs et contre les noirs, que leurs chefs
méprisaient presque également, le point d'honneur
consistait pour eux à faire du mal à l'ennemi sans
en éprouver. Si un noble Trarza était tué par les
blancs ou par les noirs, c'était un déshonneur pour sa
famille.

« Du reste, ces espèces d'hommes de proie sont infa-
tigables et pleins d'énergie pour supporter les souffrances et les privations ; ils montrent en outre une
grande cruauté envers les vaincus et les prisonniers.

« Le Maure a certainement du courage, mais c'est
le courage de l'homme qui vit de rapine à main armée.
La première condition est qu'il rapporte du butin sans
être tué ni blessé, aussi fuit-il devant la résistance.....
Mais ne faut-il pas à une bande de ces brigands un
grand courage pour traverser le fleuve à la nage, malgré les croisières et les crocodiles, pour s'engager dans
un pays où ils sont détestés, pour passer entre les villages populeux, se cacher pendant des jours et des
nuits en pays ennemi, attaquer hardiment un village
qui a quelquefois plus de fusils qu'eux, faire des prises
considérables et les ramener, malgré la poursuite des

populations, à travers les forêts, les marigots, les bras de fleuve, où ils peuvent à chaque pas tomber dans des embuscades [1] ? »

Mohammed-el-Habib régnait sur les Trarzas au moment où Faidherbe prit la direction de la colonie. Son autorité s'étendait sur le Oualo, le Dimor, les Braknas. les Douaïch et les tribus d'Adrar, au nord, dans le désert. Faidherbe l'avait sans cesse trouvé devant lui pendant la guerre du Oualo. « Pas de guerre avec les blancs! s'écriait hypocritement le roi maure ; ils tueraient mon fils aîné Seidi, que je ne leur ferais pas la guerre ! » Le gouverneur, qui n'était pas dupe de ces protestations, l'ayant sommé de supprimer les escales, les coutumes, de cesser ses pillages, de renoncer au Oualo, Mohammed-el-Habib, jetant le masque, rompit ouvertement les traités.

« J'ai reçu tes conditions, écrivit-il à Faidherbe, voici les miennes : Augmentation des coutumes des Trarzas, des Braknas et des Oualo ; — destruction immédiate de tous les forts bâtis dans le pays par les Français ; — défense à tout bâtiment de guerre d'entrer dans le fleuve ; — établissement de coutumes nouvelles pour prendre de l'eau et du bois à Guet-N'dar et à Bop-Nkior ; enfin, préalablement à tout pourparler, le gouverneur Faidherbe sera renvoyé ignominieusement en France. »

On ne pouvait répondre à de telles insolences que par des victoires. Faidherbe résolut d'aller chercher le roi des Trarzas sur son propre territoire (avril 1855). Il transporta 1500 hommes à Dagana, les laissa sur la rive droite, chassa devant lui les tribus, enleva d'un

1. Faidherbe, *le Sénégal.*

seul coup un butin de 3000 bœufs. Mais, pendant ce temps, Mohammed-el-Habib tentait un coup de main contre le pont de Leybar. La tour que Faidherbe avait construite pour défendre le pont, n'avait pour défenseurs que 13 hommes sous le commandement du sergent d'infanterie Brunier. Brunier accomplit un de ces actes d'héroïsme qui sauvent un homme de l'oubli. Pendant cinq heures, le 21 avril, il résista à l'attaque de plus de 1000 ennemis. Les assauts furieux et répétés, l'incendie, la fumée, le danger de sauter avec les poudres, rien n'ébranla son courage. Il eut l'honneur de sauver son pavillon, la joie de voir fuir le roi des Trarzas avec ses troupes décimées. Faidherbe, revenu à Saint-Louis, accourut trop tard. Mohammed-el-Habib ne l'attendit pas. Il se hâta d'évacuer le Oualo, malgré les instances de ses partisans et du prétendant Ely: il parvint ensuite à regagner, à travers le blocus incomplet, la rive droite du fleuve.

Comprenant alors qu'il fallait en finir avec le parti hostile au Oualo, le gouverneur franchit au mois de juin 1855 le pont de Leybar avec 1100 hommes, parmi lesquels se trouvaient 600 volontaires peuls ou ouolofs. Pendant cinq jours il parcourut le Oualo. Il refoula sur la rive droite Ely, fils de Mohammed, avec ses partisans ; dans le Cayor, la reine avec ses guerriers. Tandis qu'il brûlait les villages insoumis, il relevait et repeuplait les villages fidèles des bords du fleuve. Une croisière active défendait les passages. Des expéditions courtes et rapides portaient l'effroi chez les Trarzas. Ainsi, par des coups énergiques et répétés, Faidherbe abattait la révolte, brisait la résistance, encourageait la confiance, la fidélité. Les noirs reprirent courage : bientôt même leur ardeur, stimulée par nos succès, les

porta à un soulèvement général contre leurs oppresseurs, tellement que les débris des Azouna, réfugiés
au Cayor, n'osèrent s'engager dans le Oualo pour rentrer dans leur pays. Pendant plusieurs mois les Maures, ayant suspendu leurs attaques, restèrent dans le
désert.

Mais là, vaincus, non domptés, ils réparaient leurs
pertes pour revenir plus ardents à l'assaut de nos positions. La guerre avec les nomades ne porte ses fruits
qu'à la longue. Les épuiser n'est pas facile ; or, ils ne
cèdent qu'à l'épuisement. Mohammed rêva d'une grande
confédération entre les rois maures, facile à former,
semblait-il, sur la communauté des intérêts religieux.
Pour cela on convoqua les chefs de tribus auprès de
Cheik Sidia, grand marabout des Braknas, dont tous
les Maures vénéraient la sainteté. Les instincts de race,
le fanatisme, le souvenir des défaites, l'espoir de les
venger exaltèrent toutes les âmes, qu'on n'eut pas de
peine à entraîner aux résolutions extrêmes. La guerre
contre les Français, la guerre implacable, au nom de
la loi sainte, fut décidée d'une voix unanime. Moham-
med-el-Hahib lui-même, abdiquant ses haines personnelles dans un intérêt supérieur, se réconcilia avec ses
rivaux et ses ennemis. Il ramena par des concessions
habiles les membres de sa famille réfugiés au nord,
dans l'Adrar. La moitié de la nation des Braknas,
sous le commandement de Mohammed-Sidi, embrassa
son parti, tandis que l'autre moitié avec Sidi-Eli se
renfermait dans une neutralité soupçonneuse. Dès lors,
le roi des Trarzas, perdant toute retenue, renouvela
ses provocations. S'il ne se vantait plus d'aller dicter
la paix aux Français à Saint-Louis, il proclamait l'ex-
termination prochaine des colonnes qui se hasarde-

raient sur son territoire. Malheureusement ses fanfaronnades ne laissèrent pas de troubler quelque peu les noirs. Aussi bien, la mémoire des maux que l'oppression des Maures avait fait peser sur eux était trop récente, pour qu'il ne leur restât pas la crainte de la subir encore. Il fallait une bonne fois calmer leur appréhension par une campagne hardie et heureuse en plein pays trarza. C'est alors qu'eut lieu la première expédition de Faidherbe au lac Cayar.

Le gouverneur emmena avec lui 1000 hommes de troupe ou de marine, 1500 volontaires, 200 chevaux et 4 obusiers : ses moyens de transport se réduisaient à 6 chameaux et 40 chevaux. Une partie de la colonne fut transportée à Naolé par la flottille, l'autre arriva de Podor au même point par la rive gauche. Le 16 février 1856, tous les corps réunis bivouaquaient sur la rive droite. Faidherbe se proposait de se jeter dans le Ganar, sur les communications des Trarzas avec les Braknas du parti de Mohammed-Sidi. La marche fut très pénible. On eut à traverser une forêt de gonaké (gommiers), où les sentiers avaient été défoncés pendant les pluies par le passage des hippopotames. On parcourut ensuite une belle plaine sablonneuse, parsemée de bouquets de bois, de collines et de petits lacs d'eau douce. C'était le désert : on en déchirait le mystère. Le pays, loin d'offrir l'aspect des étendues désolées sous lequel le Sahara se présente à l'imagination, charmait les yeux par des sites gracieux ou pittoresques. La surprise du soldat égalait sa joie. Malheureusement, plus loin, dans d'autres forêts de gommiers, l'eau venant à manquer, les troupes souffrirent de la soif. Le lac Cayar, vainement cherché, semblait reculer comme un mirage. On était égaré dans le désert et, avec les cartes imparfaites qu'on possédait, il était impossible de rectifier la route. Les guides eux-mêmes ne se retrouvaient plus. Le découragemeut envahissait l'armée ; des hommes accablés de chaleur et de fatigue, mourant de soif, tombaient sur le sol et, soit faiblesse, soit mécontentement, refusaient de se relever. La situation était grave. Faidherbe n'était pas sans inquiétude.

Bientôt quelques cavaliers envoyés en reconnaissance à l'ouest revinrent en poussant des cris de joie : « De l'eau ! de l'eau ! » Ils n'avaient pas découvert le lac, mais étaient parvenus jusqu'à un marigot d'eau douce qui l'alimentait. On se précipita vers le lieu sauveur, et on y savoura toute une journée le bonheur de se désaltérer.

Le gouverneur profita de cette journée pour aller visiter le lac avec les laptots (matelots sénégalais), l'escadron des spahis et les volontaires. En route ils reconnurent les traces de tribus que notre présence avait mises en fuite. Il eût été d'un excellent effet de poursuivre l'expédition autour de ce lac, sorte d'asile jusqu'alors inviolable, où les Trarzas campaient quand ils s'éloignaient du fleuve, mais les troupes étaient harassées de fatigue, les transports étaient insuffisants ; on s'exposait à laisser en arrière, exposés à la vengeance des Maures, des soldats éclopés. Malgré la peine qu'il en éprouva, Faidherbe dut renoncer à l'entreprise. Il donna l'ordre de revenir vers le fleuve. Après un repos d'un jour, la colonne suivant la rive droite redescendit de Dagana à Richard-Toll. En même temps de petits détachements couraient le pays sur le flanc de la colonne razziant des hommes et du bétail.

Un jour, Faidherbe, soit qu'il fût emporté par sa

bravoure naturelle, soit qu'il voulût par son exemple fortifier le moral des troupes, part en avant avec 100 laptots et 80 spahis, et se dirige sur Dara, village du Ganar, à 5 lieues du fleuve. Il dit lui-même « que c'était donner la partie belle aux Maures, s'ils eussent voulu se mesurer avec nous ». Bientôt les laptots dont le pas est trop lent, le gênent : il enlève ses cavaliers et, après une course de trois heures, les précipite sur une bande de nomades. Les Maures, blottis dans les broussailles, vendent chèrement leur vie. On les tue, on les disperse. Enfin on arrive à Dara. Le village est brûlé, et la population d'environ 500 hommes est transportée dans le Oualo.

Quand la petite armée rentra à Saint-Louis, elle traînait à sa suite 600 prisonniers, 1600 moutons, 600 bœufs et 20 chameaux. Malgré une marche de 100 lieues, elle n'avait pas fait de pertes sérieuses.

L'effet moral de cette expédition fut immense. Mohammed-el-Habib n'avait osé affronter les Français. L'abandon des tribus, qu'il livra sans secours à nos coups, sa fuite dans les pays les plus reculés de son territoire portèrent une atteinte à son autorité. D'un autre côté, le prestige de Faidherbe grandissait parmi les noirs, enclins, comme les peuples primitifs, à attribuer un caractère surnaturel aux hommes héroïques.

Débarrassé momentanément de Mohammed-el-Habib, le gouverneur s'appliqua à détacher les Braknas de son alliance. Avec le concours de Sidi-Eli, chef d'une fraction de cette nation, de Fara-Penda et d'autres chefs du Oualo, il entretint une guerre continuelle sur la rive droite du fleuve. Les Maures, en proie à la famine, éprouvèrent de tels désastres qu'ils supplièrent leur roi de demander la paix. Mohammed ne voulut ɾas y consentir, mais permit aux marabouts d'entamer des négociations pour leur propre compte. On leur accorda une trêve, dite *paix des Marabouts*, au mois de janvier 1857.

Cette trêve, loin de hâter la pacification générale, ranima l'hostilité des Maures. Les guerriers, qui n'y avaient pas participé, tournèrent leur fureur contre les marabouts. Les marchés où se vendait la gomme devinrent le théâtre de rixes sanglantes. De son côté, Mohammed-el-Habib, dont les intrigues pour soulever le Fouta venaient d'échouer, réussit à déchaîner contre nous les El-Guebla, tribus méridionales. A cette agitation, symptôme d'un suprême effort, Faidherbe opposa un camp d'observation sur les bords de la Taouey. Au mois d'avril 1857, tout le pays des Maures fut en ébullition. Des bandes, traversant le fleuve, venaient piller le pays ami. De leur côté, nos alliés noirs, sous le commandement de Fara-Penda, tentèrent un coup hardi au nord du lac Cayar. Malgré leur petit nombre, ils s'emparèrent d'un camp et d'un riche butin. Mais enhardis par ce succès, ils tombèrent sans précaution et affaiblis sur le gros des forces ennemies. On élève à 2000 hommes les troupes trarzas, que Sidi, fils de Mohammed-el-Habib, conduisait en personne. Les volontaires toucouleurs de Saint-Louis périrent presque tous dans cette rencontre. Les Ouolofs purent regagner le fleuve, qu'ils traversèrent à la nage. Cet échec pouvait avoir des conséquences fâcheuses. Faidherbe se hâta de le réparer.

Un mois après, le 7 mai 1857, il quitta Saint-Louis à la tête de 700 hommes de troupes régulières et 1250 volontaires ou auxiliaires ouolofs. Cette fois, des chariots servaient de moyens de transport. La réunion eut lieu à Dagana. De là on partit pour la seconde expédition du lac Cayar. L'ordre était de cheminer lentement, moins par mesure de prudence que pour permettre aux Trarzas de se rassembler. Faidherbe désirait une rencontre sérieuse où il pût d'un coup écraser les forces ennemies. Comme la première fois, la marche s'accomplit à travers des plaines de sable, des marigots au fond mouvant, de hautes herbes infestées de bêtes sauvages et de serpents venimeux, sous un soleil de feu plus terrible que tous les autres fléaux. Enfin, le 13, on découvrit le camp des trarzas, qu'on atteignit au milieu de la journée par une chaleur dévorante. Les Maures s'étaient retranchés dans un bois épais sur le bord du lac. Notre avant-garde, conduite par le lieutenant de spahis indigène Alioun, était déjà aux prises avec l'ennemi. Spahis et laptots s'efforçaient en vain de pénétrer dans le fourré : ils en étaient écartés par une vive fusillade. Tout à coup Faidherbe déboucha avec le gros de la colonne. Tandis qu'un escadron exécutait un mouvement tournant pour couper la fuite à l'ennemi, deux obusiers placés de front ouvrirent leur feu sur le bois. Quand l'effet qu'on attendait se fut produit, l'infanterie, au pas de charge, la baïonnette au canon, se rua impétueusement sur l'adversaire et le mit en déroute. Les Maures laissèrent sur le terrain 20 à 30 morts et de nombreux blessés. Notre butin consista en une cinquantaine de prisonniers et quelques têtes de bétail. Nos pertes étaient insignifiantes. Cependant nous avions eu affaire à plus de 2000 Maures. On revoyait le lac Cayar, ce sanctuaire jadis inviolable de la nationalité trarza. On en parcourut les bords. Un capitaine du génie leva la carte du pays. La colonne reprit ensuite le chemin de

Saint-Louis, où elle rentra dix jours après en être sortie.

Mais, au même instant, Mohammed-el-Habib confiait à des chefs hardis, de sa propre famille, le soin de conduire une bande au pillage du Oualo. Composée de 300 à 400 hommes, de 50 chevaux et autant de chameaux, elle traverse le fleuve à Mékinak. Courant à toute vitesse par le Oualo, elle parvient jusqu'au port de Saint-Louis où elle brûle le village de Gaudon, tue une dizaine d'hommes, enlève 80 femmes ou enfants. Elle échappe à la poursuite du gouverneur. Bientôt l'on apprend qu'elle a paru sur les bords du lac Guier, puis, qu'elle a, sous la direction d'Eli, atteint le village de Nyder en plein pays ouolof. Là se trouvait un blockaus mal construit, mal armé, contenant une garnison de huit hommes. Mais ces hommes étaient commandés par un soldat de cœur, le caporal Valette. Indifférent au danger, tout entier au devoir, ce héros obscur communique son ardeur à ses compagnons. Les madriers du fort s'écroulent, ces braves gens les relèvent sous le feu de l'ennemi : l'incendie les menace, ils le détournent ou l'éteignent. Ils blessent, tuent, ou lassent les ennemis, les forcent à fuir. Les défenseurs du blockaus perdirent un homme ; les Maures laissèrent 10 cadavres aux pieds des remparts.

Cependant les Maures glissaient à travers les détachements français qui cherchaient à les suivre. De nouvelles bandes s'ajoutaient aux anciennes. Le pays était rançonné, pillé, saccagé chaque jour. Quelques coups heureux mirent fin à cette situation. Le capitaine Bilhau extermina une de ces bandes à Langobé près de Dialmatch, et lui enleva ses chevaux, ses méharis, ses troupeaux, ses captifs. Ce glorieux fait d'armes eut un grand retentissement ; il ne contribua pas peu à dégoûter les Trarzas de leurs incursions sur la rive gauche. Une tentative de Mohammed-el-Habib sur l'île de Thiong qu'habitaient les Tendras, noirs adonnés à l'élevage du bétail, n'aboutit qu'à une retraite précipitée devant l'apparition des troupes françaises. Enfin, dans une heureuse razzia, un chef nègre enleva le troupeau royal, 800 chamelles, perte cruelle. dont les princes trarzas ne se consolèrent pas.

Les échecs, les dissensions, les défections de toutes sortes décidèrent enfin Mohammed à déposer les armes. Le 15 mai 1858, Moktar-Sidi, son envoyé, arriva à Saint-Louis, muni de pleins pouvoirs. Le 20 du même mois fut signée la paix avec les Trarzas. Elle avait été précédée, trois ans auparavant, d'une convention avec les Douaïch. Elle fut suivie de près d'un traité avec les Braknas (10 juin 1858).

Ainsi finissait, après trois ans de guerre atroce, la longue lutte entre les Français et les Maures. A force de volonté énergique, par une activité incessante, un dévouement incomparable, en suivant une politique aussi habile que ferme, Faidherbe avait dompté, sinon soumis, les peuples arabo-berbères, que semblaient rendre intraitables leur instinct d'indépendance, leur état social, leur fanatisme religieux. Il avait obtenu les résultats vainement cherchés pendant des siècles.

A titre de curiosité, pour donner une idée de la forme de ces conventions, mettre en lumière toutes les conditions de cette paix libératrice, nous reproduisons le texte même du traité avec le roi des Trarzas, bien que les documents de ce genre figurent plus habituel-lement aux annexes d'un livre. Ce traité est d'ailleurs le modèle sur lequel ont été calqués tous les traités signés avec les rois maures : il dispensera de parler des autres. Puis il mettra un peu de couleur locale dans notre récit :

TRAITÉ DE PAIX AVEC LE ROI DES TRARZAS
(20 mai 1858.)

Gloire à Dieu, maître des mondes, créateur de tout ce qui existe dans les cieux et sur la terre !

Au nom de Sa Majesté Napoléon III, empereur des Français, Louis Faidherbe, lieutenant-colonel du génie, officier de la Légion d'honneur, gouverneur du Sénégal et dépendances, d'une part, et Mohammed-El-Habib, roi des Trarzas, d'autre part,

Pour mettre fin à la guerre qui dure depuis trois ans entre les Français et les Trarzas, ont conclu le traité de paix suivant :

ARTICLE PREMIER. — Le roi des Trarzas reconnaît, en son nom et au nom de ses successeurs, que les territoires du Oualo, de Gaé, de Bokol, du Toubé, de Dialakhar, de Gandiole, de Thiong, de Djiaos et de N'diago appartiennent à la France et que tous ceux qui les habitent ou les habiteront plus tard sont soumis au gouvernement français, et, par suite, ne peuvent être astreints à aucune espèce de redevances ni de dépendances quelconques envers d'autres chefs que ceux que leur donnera le gouverneur du Sénégal.

ART. II. — Le roi des Trarzas reconnaît, en son nom et au nom de ses successeurs, que le gouverneur du Sénégal est le protecteur des États ouolof, du Dimar, du Djolof, du Ndiambour, et du Cayor. Comme quelques-uns de ces États sont tributaires des Trarzas, c'est par l'intermédiaire du gouverneur que les tributs seront perçus et livrés au roi des Trarzas, et c'est par lui que seront levées les difficultés qui pourraient s'élever entre le roi des Trarzas et ces États.

En conséquence, aucun Maure armé ne traversera le fleuve pour aller dans ces pays, sans le consentement préalable du gouverneur.

Art. III. — Le roi des Trarzas s'engage, en son nom et au nom de ses successeurs, à exercer la plus grande surveillance pour empêcher les courses et pillages de quelques-unes de ses tribus sur la rive gauche du fleuve. Le gouverneur du Sénégal s'engage à aider de tout son pouvoir le roi des Trarzas dans ce but, et à soutenir son autorité contre ceux de ses sujets qui voudraient, malgré lui, revenir à leurs anciennes habitudes.

Art. IV. — Les relations commerciales seront immédiatement rétablies entre les Français et les Trarzas. Les Français ne veulent, pour le moment, acheter la gomme que dans leurs établissements de Saint-Louis, Dagana, Podor, Saldé, Matam, Bakel et Médine, et veulent l'acheter toute l'année. Le roi des Trarzas ne veut, pour le moment, laisser venir les gommes des Trarzas qu'à Dagana; il en est le maître. Le roi des Trarzas et le gouverneur prendront, chacun de leur côté et dans la limite de leurs droits, les mesures nécessaires pour faire exécuter leur volonté par leurs sujets et administrés respectifs. Le commerce de tous les autres produits du pays des Trarzas se fera librement et partout, soit à terre, soit à bord des embarcations.

Art. V. — Comme le commerce d'un pays doit rapporter des revenus au gouvernement de ce pays, il est juste que le roi des Trarzas tire un profit du commerce des gommes. La perception de cet impôt sur le commerce de ses sujets offrant pour lui des difficultés de plus d'un genre, le gouvernement français, comme preuve de bienveillance envers son allié, veut bien se charger de cette perception. En conséquence, les commerçants qui achèteront la gomme des Trarzas à Dagana, ou peut-être plus tard sur d'autres points, sauront que ce produit est grevé, à sa sortie du pays des Trarzas, d'un droit d'une pièce de guinée par 500 kilogrammes de gomme, soit environ 3 p. 100 au profit du roi des Trarzas, et qu'ils auront à verser ce droit entre les mains du commandant ou de telle autre personne désignée, qui le livrera au roi des Trarzas quand celui-ci le désirera. La pièce de guinée par 1000 livres de gomme sera également perçue à Saint-Louis, au profit du roi des Trarzas, quand les caravanes trarzas en apporteront sur ce point avec son autorisation.

ART. VI. — Le roi des Trarzas s'engage à protéger, par tous les moyens en son pouvoir, le commerce des gommes et autres produits contre tous ceux qui voudraient l'empêcher ou le gêner, et à ne jamais intervenir entre les vendeurs et les acheteurs, pas plus que le gouverneur ne le fait: si l'on apprenait que, moyennant payement ou gratuitement, il influençât ses sujets pour leur faire vendre de préférence à tel ou tel particulier, on cesserait aussitôt la perception du droit d'une pièce.

ART. VII. — Le gouverneur permettra, en temps de paix avec les Trarzas, à leurs caravanes, de traverser les territoires français pour aller faire du commerce sur la rive gauche, mais aucun Maure armé n'accompagnera ces caravanes, sans une permission spéciale du gouverneur ou de ses agents autorisés. De leur côté, et en observant les mêmes conditions, les sujets français pourront circuler librement et en toute sécurité sur le territoire du roi des Trarzas.

ART. VIII. — Les sujets français ne pourront, sans en avoir préalablement obtenu l'autorisation du roi des Trarzas, cultiver ou pêcher, ou en un mot faire aucun acte de propriété sur son territoire. De leur côté, les Trarzas sont soumis aux mêmes conditions vis-à-vis des Français.

Par exception, les roniers situés sur la rive droite, entre Richard-Toll et Dagana, restent à l'entière disposition du gouvernement français.

Art. IX. — Les gommes des Aïdou-el-Hadj (Darman-kour) iront, comme les autres, à Dagana et rapporteront le même droit de sortie que les autres au roi des Trarzas, à moins que celui-ci ne les laisse venir à Saint-Louis, auquel cas le gouverneur consentirait à percevoir la pièce pour 1000 livres, au profit de Cheins, chef de cette tribu.

Art. X. — Le présent traité servira seul, à l'avenir, de base aux relations politiques et commerciales des Français avec les Trarzas. Tous les traités et conventions antérieurs sont annulés de plein droit et du consentement des parties contractantes.

Fait et signé en triple expédition, à Saint-Louis, le 20 mai 1858.

Signé: L. Faidherbe.

Celui qui ces présentes lira, saura que Mohammed-el-Habib donne son assentiment à ce traité de paix entre lui et les Français, traité qui lui a été apporté par Kffiaroum, de la part de son père Mokhtar-Sidi, le dimanche 10e jour du mois de Choual de l'année 1274 de l'hégire.

Mohammed-el-Habib, roi des Trarzas, à ses successeurs et à ses peuples.

Malgré le désordre auquel les royaumes maures étaient exposés, malgré les troubles qui renversèrent l'ordre des successions, les traités avec les Français furent respectés en tout temps: la paix ne subit plus aucune atteinte. Après la mort violente de Mohammed-el-Habib, assassiné par ses neveux, le royaume des Trarzas fut en proie à une longue anarchie. Mais, en 1871, Ely, fils de Mohammed, s'empara du pouvoir. Cet ancien prétendant au trône du Oualo, loin de rompre avec les Français, affermit ses bonnes relations par un nouveau traité conclu en 1877.

§ III. — Guerre contre El-Hadj-Omar et les musulmans

Populations du haut fleuve : les Malinkés, Soninkés ; les Foulas
ou Peuls ; les Toucouleurs. — El-Hadj-Omar : il attaque nos
postes ; sa lettre aux musulmans de Saint-Louis. — Gravité
de cette guerre. — Soulèvement général. — Les Français détruisent le village de Bakel. — Faidherbe ravitaille le fort de
Bakel. — Prise du camp de Maunaël. — Succès et insolence
d'Omar. — Faidherbe fonde le poste de Médine ; alliances.
— Siège et délivrance de Médine : Paul Holl et Faidherbe.
— Faidherbe poursuit les débris de l'armée d'Omar. — Prise
de Somson-Tata. — Prise et destruction de Khana-Makounou.
— Retour offensif d'Omar. — Expédition de Faidherbe dans le
Bambouk où il fonde le poste de Kénébia. — Traités de paix
avec le Bambouk et le Bondou. — Dernière campagne de Faid-
herbe. — Omar abandonne le Sénégal et fait la paix avec la
France. — Traités avec les chefs du Fouta.

Pour plus de clarté nous avons raconté séparément
les guerres du Oualo et des Maures. En réalité, les événements n'offrent pas tant de simplicité. On a pu voir
qu'ils se déroulèrent dans une mêlée confuse de toutes
les races du bas fleuve. C'est au prix de mille peines que
Faidherbe parvint à pacifier le bas Sénégal, à inaugu-
rer une ère de tranquillité et d'ordre là où avait toujours régné l'agitation anarchique. Cette œuvre semblait donner une occupation suffisante au gouverneur.

6

Cependant il avait à soutenir dans le haut fleuve une autre guerre pleine de dangers. Un prophète musulman, *El-Hadj-Omar*, méditait de fonder un grand État avec les tribus du Sénégal et du Niger ; mais pour cela il fallait jeter les chrétiens à la côte. « Dans cette formidable lutte, il devait avoir un gouverneur du Sénégal pour adversaire et pour vainqueur. » (Faidherbe.)

Au moment où cet aventurier de génie entre en scène, le pays arrosé par le Sénégal et le Niger supérieur était occupé par deux races distinctes. Les Malinkés ou Mandingues forment le fond de la population. Ils sont noirs, ont les cheveux crépus, le corps bien proportionné, robuste. Les uns s'adonnent à la guerre, les autres à la culture du sol. Quelques tribus excellent dans le commerce. A cette branche se rattachent les Soninkés ou Sarrakolés, disséminés dans tout le Sénégal. On a dit d'eux qu'ils étaient les futurs Français de la haute Sénégambie, comme les Ouolofs le sont de la basse. La langue mandingue est la source commune de leurs idiomes. Les Malinkés et les Soninkés peuplent plus de vingt États à titres de maîtres ou de sujets.

Aux populations primitives s'est superposée une race étrangère, les Foulas, Pouls ou Peuls. D'origine lointaine, venus par étapes des bords du Nil ou de l'océan Indien, les Foulas, après avoir traversé, en y semant des colonies ou des empires, le Soudan central, débordèrent au commencement du XVIIIe siècle sur le Niger et le Sénégal. Leur peau a une teinte bronzée un peu rougeâtre ; leurs traits rappellent ceux de l'Européen. Ils étonnent par leur intelligence, quelquefois par la noblesse de leurs idées. On trouve parmi eux des savants, des lettrés, des poètes. Beaucoup se livrent à l'industrie, travaillent les métaux, fabriquent des tis-

sus d'une exquise délicatesse ; d'autres, fixés au sol, se
sont adonnés avec succès à l'agriculture. Mais les aptitudes primitives de la race les portent à la vie nomade,
à l'élève du bétail. C'est à la suite de leurs immenses
troupeaux de zébus que les Foulas pasteurs ont parcouru l'Afrique de l'orient à l'occident. C'est comme
bergers qu'ils se sont présentés dans les tribus mandingues ; mais ils n'ont pas tardé à les assujettir. Au point
de vue religieux les Foulas se sont divisés : les uns sont
restés fidèles aux croyances et aux pratiques des ancêtres, tout en adoptant une sorte de fétichisme où la
boolatrie tient la plus grande place ; les autres, plus
nombreux, ont subi l'ascendant de l'Islam. Si l'on
trouve parmi ces derniers des gens simplement pieux
et tolérants, il n'est pas moins vrai que la masse emportée par le fanatisme se livre par tous les moyens,
par la guerre, le fer et le feu, à une propagande effré-
née. Le résultat en a été la conversion forcée d'une
partie des peuplades noires.

Les Foulas se sont répandus un peu partout. On les
trouve spécialement dans le Fouta sénégalais, le Fouta-
Djallon, le Bondou, le Khasso, le Kaarta, le Ségou, le
Macina. Ils allaient constituer une des forces du prophète Omar, moins pourtant par esprit politique que
par sentiment religieux. Car, non seulement des Peuls
isolés servirent dans les troupes françaises, mais encore
des tribus entières se rangèrent sous notre drapeau
pour faire au conquérant une guerre acharnée.

Du mélange des Foulas et des noirs est sortie une race
métisse, bien digne de fixer l'attention par son caractère et le rôle qu'elle a joué dans l'histoire du haut
fleuve. C'est celle des Toucouleurs, dont le nom semble
indiquer la double origine. Passionnés pour la guerre,

d'une bravoure intrépide, jamais l'islamisme n'eut de zélateurs plus ardents. On n'a pas d'idée de la terreur qu'ils inspiraient. Ils furent les meilleurs soldats d'Omar, les plus enthousiastes, les plus envieux de la mort, qui ouvre aux croyants les portes du paradis. Omar était Toucouleur. C'est, pour ainsi dire, porté sur les épaules de ses compatriotes qu'il a parcouru en vainqueur tant de contrées : c'est avec leurs armes qu'il a fondé finalement un grand empire sur le haut Niger. On a pu dire avec quelque raison que, sans leurs divisions, les Toucouleurs auraient barré la route aux Français. Ils étaient prépondérants dans le Fouta sénégalais, le Damga, le Toro et le Dimar.

Omar, nègre toucouleur d'Aloar, près de Podor, né d'une famille obscure, était revenu de la Mecque, où il avait séjourné plusieurs années, avec un grand renom de sainteté et le titre d'Hadj, pèlerin, qu'il associa à son nom. Établi, dès 1848, à Dinguiray sur la frontière septentrionale du Fouta-Djallon, sa parole véhémente, sa prédication religieuse, le mystère de sa vie, le surnaturel qu'on prêtait à sa personne, quelques jongleries destinées à frapper l'imagination attirèrent autour de lui une foule de disciples ou *talibés* sur lesquels il exerça bientôt l'empire le plus absolu. On lui attribuait le don des miracles ; les foules s'enflammaient d'enthousiasme pour le nouveau prophète. Quand il proclama la guerre sainte, en 1858, toutes les populations musulmanes du haut fleuve accoururent sous ses étendards sacrés. El-Hadj-Omar feignit d'abord de respecter les Français : il manifesta même à diverses reprises le désir de vivre en paix avec eux. Il leur demanda des munitions et des armes en échange de son amitié. Mais ses incursions dans les États idolâtres, tels que Kaarta,

le Bambouk, le Cayor, devaient fatalement le mettre
en contact avec nos postes avancés. D'ailleurs l'islamisme étant inconciliable avec toute autre religion, il
était évident qu'Omar n'attendait que l'occasion de nous
déclarer la guerre.

Tandis qu'avec une armée de 12 000 hommes il envahissait le Bambouk, où il mettait tout à feu et à sang,
des bandes de talibés apparurent menaçantes autour de
Bakel. On sait comment le capitaine du génie Faidherbe fortifia et sauva le poste.

A la fin de 1854, El-Hadj-Omar, laissant derrière lui
« les populations du Foula, du Bondou et du Guay fanatisées et soulevées par ses émissaires et disposées à
tout entreprendre à son premier ordre », franchit le
Sénégal pour s'établir dans le Kaarta. Ses premiers
succès l'enhardirent. Il jeta enfin le masque. Ses hordes
pillèrent nos traitants sur le haut fleuve ; ses alliés
commirent les plus affreux ravages autour de Bakel
et de Sénoudébou. Tous les habitants qu'on soupçon-
nait de fidélité à notre égard et qui n'avaient pu rallier
à temps nos postes fortifiés, furent massacrés ou réduit
en servitude. Sur les pas des Hadjstes le territoire se
changeait en désert. Omar voulut même nous frapper
au cœur de notre domination. Comme il savait par ses
agents que la population musulmane de Saint-Louis
était troublée par la proclamation de la guerre sainte et
déguisait mal son antipathie contre les chrétiens, il lui
adressa une lettre pleine de menaces, de promesses
fallacieuses, afin de l'exciter et de la soulever contre
notre domination.

« Maintenant, disait-il, je me sers de la force, et je
ne cesserai que lorsque la paix me sera demandée par
votre tyran, qui devra se soumettre à moi, suivant ces

paroles de notre maître : « Fais la guerre aux gens qui
« ne croient ni en Dieu, ni au jugement dernier, ou
« qui ne se conforment pas aux ordres de Dieu et de
« son prophète, au sujet des choses défendues, ou qui,
« ayant reçu une révélation, ne suivent pas la vraie
« religion (les juifs et les chrétiens) jusqu'à ce qu'ils
« payent la Djezia (tribut religieux) par la force et
« qu'ils soient humiliés. »

« Quant à vous, enfants de Ndar (Saint-Louis), Dieu
vous défend de vous réunir à eux : il vous a déclaré que
celui qui se réunira à eux est un infidèle, comme eux,
en disant : « Vous ne vivrez pas pêle-mêle avec les juifs
« et les chrétiens ; celui qui le fera est lui-même un
« juif et un chrétien, Salut ! »

Faidherbe, nommé gouverneur sur ces entrefaites,
prit ses mesures : les musulmans de Saint-Louis ne
bougèrent pas.

« Le nouveau gouverneur allait donc avoir une guerre
sainte sur les bras, en même temps que la guerre avec
les Maures : c'était trop à la fois, et ceux qui, pendant
six ans, avec des moyens bien bornés, ont fait face à
ces deux besognes, passant la saison sèche à batailler
contre les Maures, et la saison des hautes eaux à faire
des expéditions dans le haut du fleuve, et qui ont, malgré cela, établi notre domination sur le Sénégal, peuvent avoir la conscience d'avoir rendu un grand service
à leur pays. » (Faidherbe, *le Sénégal*.)

Les bandes d'El-Hadj-Omar étaient composées des
Toucouleurs et des Foulas du Fouta-Djallon, du Bon-
dou, du Damga, du Fouta sénégalais, du Toro, du
Dimar. Il y avait aussi des Sarakholés du Gadiaga et du
Guidimakha, et plus tard du Bambara, du Kaarta, et
des Khassonkés, nègres du Khasso.

Du mois de mars au mois de juillet 1855, les villages de la Falémé devinrent le théâtre d'un soulèvement général, auquel nous n'avions à opposer que la faible garnison de Bakel fortifiée de quelques cavaliers auxiliaires douaïch. Un jour, Ali, que son frère Bakar, roi des Douaïch, avait mis à notre disposition, ayant enlevé un troupeau à l'ennemi, le ramenait sur les bords du fleuve : il fut assailli par des gens hostiles de Bakel qui l'auraient accablé, s'il n'eût été secouru à temps par le lieutenant Bargone avec les troupes du fort. Bargone, sentant le danger de laisser subsister à deux pas du poste un foyer de trahison, prit une résolution énergique : il canonna et brûla le village en ayant soin d'épargner le quartier où logeaient les habitants fidèles. D'ailleurs, les dégâts furent surtout matériels, car les femmes et les enfants s'étaient réfugiés dans les villages voisins. Faidherbe approuva, quand il le connut, cet acte de vigueur. Non seulement les attaques des gens de Bakel étaient à craindre ; mais encore leurs rapports avec les soldats noirs et les laptots de la garnison, musulmans zélés, pouvaient entraîner des défections.

Au milieu de juillet, Faidherbe partit pour Bakel. Le *Serpent*, bateau qui le portait, remonta tranquillement le fleuve. Mais arrivé dans les eaux ennemies, il fut assailli des deux rives par des bandes furieuses. C'est au milieu d'une fusillade incessante, plus dangereuse pour l'ennemi que pour l'équipage, qu'il atteignit Bakel. Fidèle à ses principes, Faidherbe s'était appliqué pendant tout le trajet à montrer qu'il n'en voulait qu'aux agresseurs, mais qu'il respectait les populations paisibles. Sa présence ranima le courage de la garnison. Sous ses yeux on brûla le grand village de Tuabo, capitale du pays. Le gouverneur prit les meilleures dispositions, confia le commandement du poste au capitaine Parent, puis redescendit à Saint-Louis pour préparer les mesures que nécessitaient les circonstances. Son retour fut signalé par les mêmes incidents. Les Toucouleurs eurent beaucoup à souffrir du tir du bateau.

Bientôt rejoint par 250 hommes venus de Saint-Louis sur le vapeur *l'Épervier*, le commandant de Bakel tenta d'enlever à Maunaël un vaste camp de Sarrakholés. L'entreprise ne réussit qu'en partie. Le camp bien fortifié et défendu par un millier d'hommes résista à toutes les attaques. Nous dûmes battre en retraite avec des pertes sérieuses. Mais quelques jours après, les Sarrakholés, ébranlés dans leur confiance, abandonnèrent d'eux-mêmes leur position.

Cependant les affaires d'Omar prospéraient dans le Kaarta. Il ruinait entièrement notre commerce dans le haut fleuve. « Les blancs, disait-il, ne sont que des marchands; qu'ils apportent des marchandises dans leurs bateaux, qu'ils me payent un fort tribut quand je serai maître des noirs, et je vivrai en paix avec eux. Mais je ne veux pas qu'ils forment des établissements à terre, ni qu'ils envoient des bâtiments de guerre dans le fleuve. « Faidherbe ne l'entendait pas ainsi. Mieux valait se perdre soi-même que de perdre la colonie. Et la colonie était perdue si l'on ne brisait la puissance d'Omar. Avec une témérité que justifiait la situation, mais à laquelle on ne ménagea pas les critiques, Faidherbe, après avoir parcouru en quinze jours de pénible navigation 250 lieues, parut subitement à Médine dans le Khasso. Ses forces, relativement considérables, consistaient en 1200 ou 1300 hommes. C'étaient presque toutes les troupes de la colonie accourues, pour la première fois, toutes ensemble, à la guerre dans le haut fleuve. Et quelle guerre! Il fallait vaincre non seulement des races féroces, une religion irréductible, mais encore une nature implacable, le sol, les eaux, le climat torride, les tempêtes de l'hivernage, les maladies pernicieuses. La résolution de Faidherbe fut à la hauteur des difficultés. Une campagne rapide, plus ou moins décisive contre les Hadjstes, ce n'est point assez. Il prendra pied dans le pays, en pleine terre ennemie; il fera acte de possession, il bâtira un fort, suprême défense du haut fleuve, gage de notre expansion future.

Le 13 septembre, Faidherbe avec sa petite armée arrivait devant Médine. « La veille, un détachement de l'armée d'El-Hadj-Omar occupait encore la ville, mais il avait fui dans la nuit, et le roi Sambala, allié douteux, nous attendait paisiblement à la tête de ses gens, au bas de la ville.

« Le gouverneur lui dit :

— Je viens te demander compte du pillage de nos traitants.

— Ce pillage, c'est le marabout El-Hadj-Omar qui l'a fait. Moi, qui ai toujours été l'ami des Français, j'ai cherché à l'empêcher. J'ai offert cent esclaves au marabout pour qu'il respectât vos biens; il a répondu qu'il allait me couper le cou, si je disais un mot de plus en votre faveur.

— Je te crois; mais alors tu avoues que tu n'es plus le maître chez toi et que tu es incapable de protéger toi-même et tes hôtes contre les Toucouleurs.

— C'est vrai.

— Eh bien, je vais me charger de le faire. Tu vas me vendre un terrain où je bâtirai un fort.

— Tu peux le prendre pour rien puisque tu es le maître ici.

— Non ; je n'agis pas comme les marabouts et je ne dépouille pas les gens parce que je suis plus fort qu'eux : voici le prix du terrain que je vais te désigner : 5000 francs une fois payés et 1200 francs de cadeaux par an.

— J'accepte tes conditions. »

« Le terrain concédé comprenait non seulement un vaste emplacement de 4 hectares pour le fort, dans la situation la plus favorable, mais encore toute la rive gauche du fleuve, depuis Médine jusqu'aux cataractes du Félou, c'est-à-dire, sur 3 kilomètres de longueur. » (Faidherbe, *le Sénégal*.)

Le 15 septembre, malgré les conditions climatériques les plus défavorables, commencèrent les travaux du fort. 600 hommes y travaillèrent neuf heures par jour. Le 5 octobre ils étaient terminés. « Le fort, quadrilatère bastionné de 30 mètres de côté, avait une pièce de canon dans chaque bastion ; la garnison se composait, outre le commandant, en fait de blancs, de 2 artilleurs, de 1 sergent et de 5 hommes d'infanterie de marine. Avec cela une vingtaine de soldats noirs et une vingtaine de matelots noirs. » Le gouverneur en confia le commandement à un vieux traitant mulâtre, Paul Holl, homme énergique et intelligent, connaissant bien le haut pays. Il ne pouvait mieux placer sa confiance, comme les événements ne devaient pas tarder à le montrer. Ensuite, sur ses instances, les chefs du Khasso, oubliant leurs haines et rancunes réciproques, embrassèrent notre cause en échange de quelques faveurs.

D'un autre côté, appliquant au haut fleuve la politique qui lui avait si bien réussi dans le Oualo, il s'attacha par l'espérance d'une prochaine restauration Boubakar, le fils détrôné de l'ancien almamy du Bondou. Boubakar s'entoura de bandes dévouées, poursuivit les partisans d'Omar, nous rendit enfin les plus grands services. Devenu maître du Bondou, notre influence lui valut la dignité d'almamy ; sa fidélité ne s'est jamais démentie.

L'année 1856 est remplie d'événements sans importance, bien que la guerre n'ait pas cessé dans le haut fleuve.

Au mois de mars de l'année suivante, Omar, de retour de sa campagne du Kaarta, reparut dans le Khasso, dont la lâcheté et la trahison des chefs noirs lui facilitèrent la conquête. Mais son œuvre était incomplète et fragile tant que le fort de Médine restait debout. Il fallait à tout prix détruire ce repaire d'infidèles. Il y employa toute son énergie, toutes ses forces. Sous ses yeux, 15 000 hommes pendant plus de trois mois épuisèrent leur rage sur les murs inébranlables de Médine. La place, qui comprenait le tata du roi Sumbala et le fort bâti par Faidherbe, n'était défendue que par quelques blancs ayant pour auxiliaires un millier d'hommes de couleur. Mais un excellent esprit régnait dans la garnison et le chef était un héros.

Le 20 avril, à 5 heures du matin, l'armée ennemie, divisée en trois corps, s'avança sous la mitraille jusqu'au pied des murs. Tandis que les plus hardis tentaient l'escalade, d'autres plus prudents ou moins téméraires, cachés dans les herbes, entretenaient une fusillade nourrie contre le fort. La défense n'était pas moins vive que l'attaque ; les assaillants étaient précipités des remparts ; les obus et les balles trouaient leurs rangs. Après cinq ou six heures d'assaut impuissant, les hordes d'Omar ébranlées battaient en retraite, laissant les fossés et la plaine couverts de leurs morts. On dit que leurs pertes s'élevèrent à 600 hommes. Quand « les assiégés purent sortir à portée de canon, ils trouvèrent partout des morts, des mourants et de nombreuses traces de sang ».

Cet échec n'abattit pas l'orgueil d'Omar. Il rassemble ses fidèles, les enflamme de ses paroles. Un de ses meilleurs généraux, Tierno-Guibi, les conduira à la victoire. Elle est certaine ; le prophète parle au nom de Dieu !

A une centaine de mètres de Médine se trouve un îlot hérisé de rochers. Paul Holl, qui en comprenait l'importance, y avait envoyé une garde de 30 hommes. C'est sur cet îlot que se porta l'effort de l'ennemi Le 11 mai, au milieu de la nuit, 200 Toucouleurs s'y établirent : le détachement surpris se sauva à la nage. Aussitôt le fort braqua ses canons contre l'îlot, mais son tir resta sans effet, l'ennemi s'abritant derrière les rochers. Ce fut alors qu'un sergent de marine, nommé Desplats, avec 3 laptots et quelques noirs, se jeta dans un canot, et, protégé par des bastingages en peau de bœuf, tourna l'île pour prendre à revers les Toucouleurs. La manœuvre réussit complètement. Les Toucouleurs se jetèrent à l'eau sous les feux croisés du canot, du village et du fort : ils perdirent 100 hommes tués. Pendant plusieurs jours, de nombreux caïmans, réunis sur ce point du fleuve, dévorèrent les cadavres. — A la faveur de cette diversion, l'armée d'Omar, embusquée dans les plis de terrain ou dans les herbes, n'avait cessé de tirer sur la ville. Quand elle vit le désastre des défenseurs de l'îlot, elle quitta ses positions.

Ce nouveau revers ébranlait sa foi et son assurance ; des cris retentissaient contre le prophète ; on doutait de sa mission. Qu'attendait-il pour accomplir les miracles que chaque jour il annonçait ?

Le découragement ne fut pas de longue durée ; Omar reprit bientôt son ascendant sur ces âmes fanatisées. Avec une habileté perfide il rejetait ses défaites sur ses lieutenants. Quant à lui, il était toujours invincible. Et leurs frères morts ! qui les vengerait ? Le prophète versait des pleurs sur la perte de ses chefs et de ses soldats. « Tenez, dit-il, prenez ces pioches, ouvrez la brèche au tata de Sumbala. Le fort tombera de lui-même, vaincu par la famine. Courez à la victoire ou à la mort, une autre victoire, car elle mène au paradis ! »

Une troisième fois, grossis par de nouvelles bandes, les Toucoleurs se ruèrent sur le tata. Quoique l'attaque eût lieu de nuit, les gens de Sumbala étaient sur leurs gardes. Pendant plusieurs heures on les vit tirer sur l'ennemi, boucher les brèches avec des cadavres, rétablir leurs murs, se porter un mutuel secours, refouler, écraser l'assaillant au pied du rempart L'artillerie du fort les soutenait de tous ses feux. Le jour se leva sur la déroute des Toucouleurs. Il permit de compter leurs morts ; près de 100 cadavres étaient étendus autour du tata.

Dès lors l'ennemi renonça à des entreprises de vive force, changea le siège en blocus, attendit des souffrances de la population et de la garnison la fin de la résistance. La place se trouvait, en effet, dans un état presque désespéré. Les munitions et les vivres étaient à peu près épuisés. Six mille personnes entassées dans Médine, parmi lesquelles se trouvaient des enfants et des femmes, offraient une proie fatale à la famine, à la maladie. La faim, on la trompa quelque temps en mangeant des arachides crues ou pilées : mais on pouvait prévoir le moment, où, malgré le rationnement, cette dernière ressource viendrait à manquer. La misère, la décomposition des corps, qui restaient sans sépulture, engendraient des maladies pestilentielles, auxquelles on n'avait plus à opposer aucun remède. La mortalité en s'accroissant augmentait encore le danger. La garnison, elle aussi, était à bout de forces. Abattue par les privations, elle n'avait même plus de poudre. Cette disette était, pour ces braves gens, plus poignante que l'autre. Et on était réduit à cette extrémité quand les auxiliaires de Sumbala prêtaient l'oreille aux insinuations de l'ennemi, quand le désespoir entamait de toutes parts la fidélité ! Paul Holl, bien qu'il souffrît de ses propres peines et de celles des autres, s'efforçait de dissimuler sous un front serein ses cruelles inquiétudes. Pour l'ennemi, il se montrait indomptable ; pour ses compagnons d'armes, plein d'assurance. Les assiégeant, lui criaient : « Vous n'avez plus de vivres, vous n'avez plus de poudre ; le *Borom N'dar* ne peut venir à votre secours parce qu'il n'y a pas d'eau dans le fleuve : d'ici à quelques jours nous vous aurons coupé le cou à tous. » Paul Holl répondit du haut des murs : « Jamais un noir n'entrera de force dans la maison d'un blanc. » Quand Sumbala lui demandait des munitions : « J'ai là, disait-il, dans ce magasin beaucoup de poudre, mais n'avons-nous pas tué assez d'ennemis ! L'air en est empesté. Attends le jour du combat et n'aie peur : la délivrance approche. » La délivrance, y croyait-il ? Eh bien, si elle ne venait pas, on mettrait le feu aux dernières munitions et on sauterait avec le fort !

Cependant Faidherbe n'oubliait pas les héroïques défenseurs de Médine. En 1856, un premier navire, le *Guet N'dar*, commandé par l'enseigne de vaisseau des Essarts, remonta le fleuve avec des munitions et des troupes. Malheureusement, échoué sur une roche, il ne put atteindre sa destination. Le commandant, au milieu d'attaques incessantes des populations riveraines, mit sept mois à le réparer. Aussitôt qu'il le put, il reprit le chemin de Médine dont il connaissait la détresse. Un nouveau malheur l'arrêta. Arrivé aux petites cataractes, assailli par une fusillade qui partait des deux rives, le bateau pris en travers par un courant de foudre fut jeté sur les rochers. Tous les efforts pour le tirer de cette position furent inutiles. Des Essarts défendit intrépidement son épave jusqu'au jour où, rejoint par le *Podor*, il vint mourir d'un accès pernicieux à bord de ce navire, dans les bras du gouverneur.

En effet, Faidherbe arrivait. Il était parti au commencement de juillet avec deux bateaux, le *Basilic* et le *Podor*. A Bakel il apprit les nouvelles les plus graves. On prit des renforts à Matam dont on bâtissait alors la tour; ensuite, le *Podor* que montait Faidherbe s'avança à toute vapeur vers Médine. Les eaux étaient basses ; le navire meurtri dut mouiller aux petites cataractes près du *Guet N'dar*. Faidherbe débarqua son monde sur la rive droite, 80 hommes de troupes et 140 noirs. Il brûla le village de Soutoukhollé, espérant que la flamme et la fumée annonceraient à Médine l'arrivée des secours.

Puis, passant sur le *Basilic*, il donne l'ordre du départ. Le bateau, chauffé, atteint les petites cataractes, talonne, hésite, tremble de toute sa membrure sur l'écume bouillonnante et s'arrête. Sur la dunette, où il se tenait avec l'état-major, Faidherbe frémit d'impatience. « Le devoir est de périr ou de sauver Médine ! » s'écrie-t-il. On surcharge les soupapes de sûreté, on pousse les feux, le navire avance, mugissant, craquant sous l'effort ; il monte lentement, il franchit l'obstacle.

Aux Kippes nouvel arrêt. Les roches de ce nom dominent les deux côtés du fleuve de leurs escarpements abrupts. L'ennemi en nombre les occupe. Sans hésitation Faidherbe descend à terre, enlève ses troupes, les lance à l'assaut. Cette manœuvre, protégée par les canons du *Basilic* dont le feu bat les deux rives, frappe d'effroi les Toucouleurs. Le navire passe : la colonne le suit.

Bientôt on aperçoit Médine. Le fort est debout, mais silencieux : il ne donne aucun signe de vie. Est-il trop tard ? Non. Les Toucouleurs errent dans la plaine, ou se tiennent en embuscade ; le drapeau tricolore flotte sur le fort. Faidherbe rassemble ses gens sur la rive gauche, met en position son infanterie sur un mamelon pour y attendre l'artillerie, « se lance enfin avec ses irréguliers, au pas de course, vers Médine à travers les cases du village brûlé de Komentara ».

Au moyen d'une lunette Paul Holl avait distingué, à l'horizon, vers les Kippes, les uniformes français ! Il attendait, inquiet, impatient. « Il hésite..... cependant il redouble d'attention, et bientôt, aperçoit distinctement des combattants portant des bottes et coiffés de chapeaux de paille..... Plus de doute ! ce sont les libérateurs... le gouverneur est là ! Paul Holl court à la cloche, l'agite, appelle son monde..... Voilà les blancs !

voilà les hommes du Sénégal ! voilà le gouverneur !
Courons aux Al-Aghistes [1]. »

Un dernier combat acharné, meurtrier, explosion de
haines, de fureurs accumulées, termina le sublime drame
de Médine. Sur les débris de l'armée d'Omar les assiégés et leurs sauveurs se rencontrèrent. Paul Holl tomba
dans les bras de Faidherbe en pleurant d'émotion.

Est il rien de plus beau que cette scène où ces deux
hommes de cœur échangeaient leur reconnaissance
pour avoir, l'un par l'autre, sauvé le poste de Médine,
et avec Médine, l'honneur et la fortune de la France en-
gagés dans une lutte à mort aux confins du Soudan ?

La puissance d'Omar, affaiblie, n'était point brisée.
La guerre dura trois ans encore, acharnée, impitoyable,
pleine de surprises, de combats, d'horreurs. Si elle n'offre plus de fait comparable au siège de Médine, elle ne
laisse pas d'honorer les armes françaises. Du tourbillon d'innombrables événements plus ou moins dignes
de mémoire, on peut dégager quelques épisodes intéressants.

Médine avait été délivrée le 18 juillet 1857. Cinq jours
après, la garnison dispersait dans un brillant combat
les débris d'El-Hadj-Omar réunis à une armée de secours
qui arrivait du Fouta. Le gouverneur avait pris le commandement. Il rencontra l'ennemi dans un ravin aux
environs de Médine. Faidherbe n'avait avec lui qu'une
poignée d'hommes. Cette infériorité n'était pas pour
l'arrêter. A force de succès sa témérité devenait une
vertu. Il coupe en deux, d'un premier choc, la ligne
ennemie et tandis que son aile gauche culbute, rejette
dans la montagne des bandes qui résistent intrépide-

1. F. Carrère, *Siège, par Al-Aghi, du fort de Médine au pays
de Khasso*, Saint-Louis, 1857.

ment, lui-même se heurte au corps principal avec 50 soldats blancs. « L'ennemi était excessivement nombreux et son feu très vif. » Nous perdîmes du monde, des officiers et des soldats ; mais une partie du convoi resta entre nos mains. « Quant au reste, il s'enfonça dans les gorges de la montagne avec toute l'émigration en désordre. » (Faidherbe.)

Ensuite, le gouverneur ayant appris qu'Omar abandonnait sa résidence de Sabourciré dans le Khasso pour remonter la rive gauche du Sénégal, et ayant reçu des renforts de Saint-Louis, décida de s'emparer de Somson-Tata, dans le Bondou, la ville la plus forte de tout le haut pays, qu'assiégeait en ce moment le commandant de Sonoudebou avec l'aide de l'almamy Boubakar. « La forteresse de Somson avait 300 mètres de tour. Le mur avait 5 mètres de hauteur et une épaisseur de plus d'un mètre. Il était construit en pierres, terre glaise et paille hachée : dix-huit tours à étage, faisant office de bastions, garnissaient l'enceinte. Dans certains endroits, il y avait double et triple enceinte. Dans l'intérieur se trouvait un réduit dont l'enceinte était garnie de quatre autres tours. » (Faidherbe.) L'expédition eut encore à vaincre des difficultés naturelles avant d'arriver devant la place. C'était le temps de l'hivernage, c'est-à-dire l'été par la chaleur, l'hiver par l'abondance de pluies. On cheminait dans des marécages, sous la pluie, à travers des nuées de moustiques. Les hommes et les mulets s'enlisaient dans la vase. On fléchissait sous une température accablante. La vue de la forteresse n'était pas pour raffermir les courages. Comment prendre cet amas de pierres et de terre défendu par un millier d'hommes ? On mit en position deux obusiers ; on prépara une mine sous le rempart. Heureusement les assiégés, effrayés de notre présence, au lieu de résister, ne songèrent qu'à fuir. A minuit les portes s'ouvrirent aux flots pressés de la population. Nos soldats, tenus en éveil, reçurent les fuyards sur leurs baïonnettes, en tuèrent quelques-uns, en prirent 400. Le tata mis au pillage fournit un immense butin. Le lendemain on ouvrit une large tranchée dans la muraille, on fit sauter les tours, on brûla toutes les cases. Cette exécution produisit un grand effet dans le pays, où elle fortifia l'autorité de notre allié Boubakar.

Pour débarrasser Médine d'un voisinage gênant, Faidherbe résolut d'attaquer Kartoum-Sambala, redoutable partisan d'Omar, établi avec les Khassonkés au village de Khana-Makounou. Il réunit les troupes régulières, au nombre de 900 hommes, à 1500 hommes des contingents alliés, Bambaras et Malinkés. Comme on le voit, l'affaire était d'importance. L'armée, ayant franchi le Sénégal, s'avança contre l'ennemi sur deux colonnes. « A peine en marche, nous reçûmes une énorme averse qui eut bientôt converti toute la forêt en vrai lac. Les volontaires avaient sur nous un énorme avantage : ils se mettaient complètement nus et renfermaient leurs vêtements dans leurs peaux de bouc : ils les tiraient secs après la pluie. » Arrivé à portée de fusil du village, sur le bord du marigot, Faidherbe mit ses obusiers en batterie. Après quelques jours, il donne l'ordre de l'assaut. « Tout le monde se jette à l'eau... C'était un spectacle extrêmement curieux que de voir près de 2000 hommes passant, serrés les uns contre les autres, le torrent grossi par les pluies et écumant au milieu des roches. » (Faidherbe.) L'ennemi ne songea pas à résister. Ce fut tout de suite une fuite générale dans tous les sens. Nos soldats poursuivirent les fuyards à la course, en ramenèrent un grand nombre avec du bétail et du butin, bijoux, provisions, effets, ustensiles de ménage. On démolit le tata ; on livra le village aux flammes, Médine était bien vengée !

« En somme, nous avions débarrassé le Bondou et le Khasso des bandes d'El-Hadj-Omar, nos postes étaient dégagés, respiraient à l'aise, et le prophète était en pleine retraite, à la grande mortification de ceux qui lui croyaient un pouvoir surnaturel. La colonne ramenait beaucoup de malades. Nous n'avions eu que quelques morts à déplorer. » (Faidherbe.)

Après la rentrée de Faidherbe à Saint-Louis ses lieutenants et les chefs alliés, continuant les opérations sur les bords du Sénégal et de la Falémé, obtinrent de nouveaux résultats. Le gouverneur pouvait dire à la fin de 1857 : « Les États du haut fleuve se reconstituaient grâce à l'absence d'El-Hadj-Omar, retiré au fond du Bambouk et réduit, en apparence du moins, à un état d'impuissance complet à la suite de son affront de Médine ; le Danga avait été sérieusement rappelé à l'ordre et châtié par nous ; le fort de Matam était construit et les Maures du haut pays attaquaient vigoureusement les tribus qui cherchaient à mettre des entraves au commerce de Bakel. Enfin tout était en voie de pacification. »

Faidherbe cette fois se trompait. Dès le mois d'avril 1858, les partisans d'Omar reprennent partout l'offensive. Le prophète même pénètre dans le Bondou, où il s'établit à Boulébané considérée comme la capitale du pays. Désespérant de prendre le fort de Sénoudébou, il brûle les villages environnants, dont il enlève les habitants en masse, pour en repeupler le Kaaarta. Maître du Bondou presque entier, il se tourne vers le Fouta. On le voit le long du fleuve, notamment à Bakel, qu'il n'ose attaquer, suivi de 2000 ou 3000 hommes, bandits déterminés. Ses émissaires répandent partout d'ardentes proclamations.

Le gouverneur est prêt. Depuis longtemps il organise une expédition pour aller fonder un établissement à Kénébia, dans le Bambouk, au pays de l'or. Il y a là des richesses à exploiter qui pourront un jour attirer l'émigration. La position de Médine en recevra une force nouvelle. Faidherbe entrevoit aussi la conquête prochaine du bassin de la Falémé. Il pense que devant une action vigoureuse El-Hadj s'empressera, comme d'habitude, de fuir devant lui, vers l'orient. Une flottille transporte la colonne expéditionnaire à Bakel. Mais que de peines, que d'efforts ! Sur les eaux basses du fleuve les bateaux avancent péniblement ; les accidents se multiplient : échouages, orages, tornades, chaleur insupportable, tout concourt à ralentir la marche. Par l'ordre d'Omar et sous sa surveillance les Toucouleurs ont construit un barrage à Garly. « Il se composait de massifs de 16 mètres de largeur sur 35 mètres de longueur dans le sens du courant, séparés les uns des autres par un intervalle de 1 à 2 mètres. 1500 hommes y avaient travaillé du 25 février au 25 avril, et ils y avaient accumulé au moins 20000 mètres cubes de bois, de pierres, de terre et de broussailles. » Heureusement la première crue bouleversa cette construction peu solide, qui fut emportée par les grosses eaux. Les bateaux passèrent.

Mais on apprit aussitôt qu'Omar, quittant les bords du fleuve, au lieu de se retirer dans la région haute, avait, par un détour, gagné le centre du Fouta. L'annexion de ce pays turbulent et divisé entrait-elle dans ses plans? ou combinait-il quelque opération contre nos établissement du bas Sénégal? Dans ces conjonctures, Faidherbe crut devoir partager ses forces. Il envoya à Saint-Louis quelques compagnies, avec ordre de déjouer les tentatives de l'ennemi partout où elles se produiraient. Quant à lui, sans se laisser troubler par l'imprévu des événements, certain qu'Omar échouerait dans son dessein d'asservir les tribus indépendantes du Fouta, confiant dans la fidélité du Oualo et des autres territoires de la colonie, il s'embarqua avec une poignée d'hommes sur la Falémé qu'il traversa à Senoudébou et arriva à Kénébia, « but de ses efforts, de ses espérances et de ses préoccupations depuis plusieurs années ».

Pendant que le fort s'élevait avec rapidité, le gouverneur signa deux traités de paix avec le Bondou et le Bambouk. Par le premier, Boubakar-Saada, almamy du Bondou, reconnaissait les droits de la France sur tout le cours de la Falémé, nous cédait en toute propriété le territoire de Sénoudébou et différentes routes de 20 mètres de large pour mettre en communication nos postes du haut fleuve. Il s'engageait à ne percevoir aucun impôt sur les caravanes venant de l'est à Senoudébou, à ne mettre aucun obstacle à l'émigration des gens de Bondou sur nos territoires. Nous obtenions encore la faculté de fonder un établissement selon nos convenances et moyennant indemnité sur la haute Falémé, quand nous le jugerions à propos. Les Français étaient complètement maîtres et indépendants dans leurs établissements. Par le second, conclu avec Bougoul, chef de Farabana et Niagala, descendant des anciens rois de Bambouk, traitant au nom de tous les chefs de Bambouk, les Français obtiennent le droit de s'établir partout dans le Bambouk, à l'exclusion de toute autre nation. Ils seront maîtres et indépendants dans leurs établissements, mais ils laisseront le gouvernement du pays à ses chefs naturels. Ils accorderont protection sous leurs forts aux populations du pays contre les ennemis extérieurs. Ils exploiteront les mines d'or, concurremment avec les indigènes, cultiveront les terres, élèveront des troupeaux, bâtiront des habitations sans rien payer à personne (18 août 1858).

Ces résultats admirables sont l'œuvre non seulement d'une rare vigueur militaire, mais aussi d'une politique supérieurement habile. Tandis qu'il prenait pied sur le territoire et s'y fixait d'une façon inébranlable, Faidherbe s'attachait — ce qui est encore plus sûr — le cœur des indigènes en honorant leurs chefs, en respectant leur indépendance, leurs coutumes, leur religion, en leur offrant, sous une protection efficace, les précieux avantages de la paix. Quel exemple pour les chefs de colonies ! Que n'a-t-il toujours été suivi !

Tant de fatigues et de souffrances obligèrent Faidherbe à quitter momentanément le Sénégal. Mais son séjour en France, dans son pays natal, où il goûta quelques jours de repos et rétablit sa santé, fut de courte durée. Le 12 février 1859 il était de retour à Saint-Louis.

Il trouva les choses à peu près dans le même état qu'avant son départ, si ce n'est qu'Omar, désespérant de soumettre les Fouta ou d'entraîner les populations à sa suite, s'était rapproché du fleuve sur les bords duquel la guerre sévissait toujours. Aussitôt Faidherbe se remit en campagne. Sa présence détermina la retraite du prophète. Omar s'achemina lentement vers le haut pays, suivi d'une longue colonne de soldats et d'émigrants, laissant derrière lui, comme marques de son passage, une longue traînée de ruines. C'en était fait de ses projets sur le Sénégal, il renonçait à la lutte avec les Français. C'est sur le Niger, à Ségou, qu'il allait enfin fonder son empire, dont il n'avait pas dépendu de lui d'étendre les limites jusqu'à la mer. La perte de *Guémou*, sa dernière forteresse sur le Sénégal en aval de Bakel, enlevée et détruite par les Français, malgré la résistance la plus acharnée, dissipa ses dernières illusions. Au mois d'août 1860, sur l'avis que des ouvertures de paix avaient été faites par Tierno-Moussa, lieutenant d'Omar, au commandant de Bakel, le gouverneur se transporta à Médine pour suivre de près les événements. Il y trouva des agents de Tierno-Moussa qui l'informèrent des dispositions pacifiques d'El-Hadj-Omar et lui présentèrent un projet de traité. Faidherbe énonça les conditions suivantes: « La limite entre les États d'El-Hadj-Omar et les pays placés sous la protection de la France sera marquée par le Sénégal, de Médine à Bafoulabé, puis par le Bafing. Les hostilités cesseront des deux côtés. Le commerce se fera librement entre les deux pays, qui garderont leurs sujets et leurs captifs comme ils l'entendront. On ne rendra ni sujets ni captifs qui se sauveraient d'un pays dans l'autre. » Omar se résigna, accepta tout, conclut la paix avec le gouverneur du Sénégal. De bonnes relations s'établirent entre le conquérant noir et les Français. Quand Faidherbe lui déclara son intention de lui envoyer un de ses officiers à titre d'ambassadeur, Omar donna partout l'ordre de recevoir cet officier avec les plus grands égards. Ce projet ne se réalisa que trois ans plus tard.

Le Fouta sénégalais, berceau de la puissance d'El-Hadj, dont les populations farouches et indépendantes étaient très attachées à leurs mœurs, à leur religion, un moment dompté, changea bientôt son opposition latente en révolte ouverte. Le nouveau gouverneur, capitaine de vaisseau Jauréguibéry, imitant les procédés de Faidherbe, ne laissa pas à l'insurrection le temps de s'étendre. Écrasés dans plusieurs rencontres sanglantes, les Toucouleurs déposaient les armes quand Faidherbe rentra dans la colonie. Il n'eut qu'à profiter des résultats acquis, qu'à compléter les traités antérieurs. Les chefs du Toro reconnaissaient solennellement l'annexion de leur pays à la colonie et s'engageaient à obéir aux ordres du gouverneur du Sénégal. Le Fouta, décidé à vivre désormais en paix avec les Français, renonçait à toute prétention sur le Damga et le Toro. Chaque pays devait continuer à s'administrer d'après ses lois, usages et coutumes, sous des chefs nationaux responsables de la sécurité publique. D'autres clauses garantissaient la liberté religieuse individuelle, commerciale (1863, août et septembre).

§ IV. — Expéditions diverses.

Ouolofs et Sérères. — Les Tiédos. — Etat de guerre permanent. — Expéditions de *Nguik*; trait de bravoure de Faidherbe. — Expéditions de *Niomré* et de *Sine*, contre les *Djobas*; fort de Thiès construit. — Expédition de la Casamance; populations. — Brillante attaque et prise de Caronne et de Thioncq; défaite des Balantes; traité de paix.
Guerre du Cayor. — État du Cayor. — Grande expédition contre le damel Macodou; traité de paix. — Seconde expédition de Faidherbe. — Troisième expédition; Macodou remplacé par Madiodio; celui-ci est renversé par Lat-Dior. — Plan de Faidherbe; nouvelle campagne; la guerre s'éternise; deux faits d'armes; mort du capitaine Lornas; combat de Liro. — Réorganisation du Cayor. — Conditions de durée des œuvres coloniales.
Guerre contre Maba. — Défense héroïque de Kaolak par le sergent Burg. — Traité avec Maba.
Résultats comparés aux forces.

Pendant la guerre contre les Maures et Omar une vive agitation ne cessa de régner dans les pays ouolofs et sérères, voisins de Saint-Louis, dans le Cayor, le Djiolof, le Baol, le Sine, le Saloum. Les noirs de ces contrées, portés par leur barbarie et leur intempérance aux violences et aux déprédations, redoutaient encore notre protection, parce que, impuissante jusqu'alors à les défendre, elle les exposait aux vengeances des musulmans. D'autre part, la caste militaire des *Tiédos* entretenait un état de guerre permanent, d'autant plus qu'ils savaient bien que notre victoire serait la ruine de leur domination. « Ces gens-là, dit Faidherbe, ne sont pas en général très redoutables..... Ils ont le physique, le caractère, les vices, le costume et la manière de combattre des Tiédos du Oualo. Les chefs et leurs affidés combattent sur de petits chevaux qui ont à peine la force de les porter, mais sont quelquefois pleins d'ardeur. La foule combat à pied ; leurs armes sont de grands et lourds fusils chargés d'un grand nombre de balles, des lances et des poignards. Capables par moments d'un courage brutal, ils se démoralisent facilement. Les populations ouolofs[1] musulmanes, quoique ayant un caractère différent parce qu'elles ne sont pas abruties par l'eau-de-vie, font la guerre à peu près de la même façon que les Tiédos. »

Le Ndiambour est une province du Cayor. Au mois de décembre 1856 on apprit que le village de Nguik donnait asile aux fugitifs du Oualo et à leur chef Ely. Une démonstration énergique pouvait seule étouffer ce foyer de trahisons.

Faidherbe partit de Bouëtville le 17 décembre avec 600 hommes et 1200 volontaires. Le second jour, prenant les devants avec les spahis et les volontaires à cheval, il arriva à l'improviste devant le village. Mais prévenu par des espions, Ely avait eu le temps de s'échapper. On ne put l'atteindre. Sans attendre le gros de ses forces, le gouverneur pénétra dans Nguik avec une poignée d'hommes, 3 officiers, 3 ou 4 soldats d'es-

---

1. Faidherbe écrit *wolof.*

corte. S'il est vrai que cette audace imposait aux noirs, elle ne laissait pas d'être imprudente. Un moment la petite troupe fut entourée de toute la population noire armée. Sans hésiter, Faidherbe, abaissant son pistolet, somme les guerriers de déposer leurs armes. Intimidés, tous obéissent et se dispersent. Quand les volontaires, en retard peut-être par mauvaise volonté, rejoignirent l'intrépide avant-garde, on leur abandonna le village qu'ils brûlèrent après l'avoir pillé.

Cette exécution calma les velléités de révolte du Ndiambour. Les chefs de province « vinrent assurer le gouverneur qu'ils se conformeraient à l'avenir à tous les ordres qu'il leur donnerait ».

Promesse fragile, comme celle de tous les peuples sauvages que la force ne tient pas en respect. Après le départ des Français, les bandes d'Ely reparurent. Les noirs, loin de les arrêter, leur donnèrent asile. Faidherbe, voulant d'abord essayer des négociations, envoya en mission à *Niomré*, centre de l'agitation, le sous-lieutenant indigène Alioun avec une faible escorte. Alioun tomba dans un guet-apens où il faillit être massacré. Échappé aux coups de fusil, il ne dut son salut qu'à la vitesse de son cheval. Faidherbe se disposa aussitôt à venger cet outrage.

Les gens de Niomré, bien que pasteurs et cultivateurs, passent pour être très braves. Ce sont des musulmans fanatiques. Le pays est peuplé : la seule localité de Niomré renferme 5000 habitants. Il était nécessaire de prendre de grandes précautions. Faidherbe réunit 2500 hommes qu'il conduisit lui-même, et auxquels se joignirent bientôt d'autres troupes, ce qui porta nos forces à 3200 hommes avec accompagnement de chameaux pour porter les bagages et les munitions. Cette petite armée comprenait des soldats de toutes armes suivis de quelques obusiers. On se dirigea par une chaleur meurtrière qui fut fatale à beaucoup d'hommes vers le village de Nguik menacé par l'ennemi, où se trouvaient des puits. Malgré des craintes sérieuses, la colonne n'eut à subir aucune attaque pendant la route. Mais dans la nuit le camp fut assailli : les volontaires, réveillés en sursaut de leur sommeil de plomb, combattirent au hasard. Faidherbe, plein d'inquiétude, accourut pour rétablir l'ordre. Au jour seulement l'ennemi se retira, ayant causé plus de trouble que de mal ; mais s'il avait su profiter de la circonstance, il pouvait nous infliger un désastre.

Le lendemain, le gouverneur se porta en avant avec les tirailleurs sénégalais, les laptots, les spahis, les volontaires de Saint-Louis. Tandis qu'il brûlait les villages hostiles autour de Nguik, un escadron envoyé à Nbirama était mis en déroute. A cette nouvelle, Faidherbe accourut. « Ralliant aussitôt les spahis et sachant qu'il pouvait compter sur l'appui des renforts qui le suivaient de près, il reprit immédiatement l'offensive en dirigeant lui-même une charge à fond sur les Ndiambours, qui montrèrent un acharnement et un courage remarquables : 21 des leurs furent tués sur place et le reste battit en retraite sous le feu des tirailleurs qui arrivaient successivement pendant la charge et en tuèrent encore plusieurs [1]. »

Le 7 mars on poussa jusqu'à Niomré. L'ennemi occupait une forte position en avant de ce grand village. Comme d'habitude, il se proposait « de nous attaquer de tous côtés à la fois, surtout par derrière ». Des haies

____

1. Faidherbe, *le Sénégal.*

et des champs de mil, dans lesquels il pouvait se dissimuler, favorisaient ses opérations. Faidherbe répondit à cette manœuvre en marchant vivement vers le village. On repoussait les tirailleurs noirs de haie en haie, tandis qu'un feu nourri éloignait de nos flancs les cavaliers. Le village fut traversé au pas de course et, de l'autre côté, on eut le plaisir de voir disparaître les bandes ennemies en déroute. Niomré devint la proie des flammes. « Grâce à la vivacité de notre attaque et à la rapidité de notre marche en avant, nos pertes furent très peu considérables. Avec le peu de moyens de transport pour les blessés, dont on dispose, en général, au Sénégal, on est obligé ainsi de brusquer les affaires pour qu'elles durent moins longtemps, et on ne peut généralement pas se permettre d'agir plus méthodiquement et de combiner des mouvements qui pourraient nous faire obtenir des résultats plus complets, mais augmenteraient aussi le nombre de nos blessés et seraient un grand embarras pour nous. » (Faidherbe.)

La colonne rentra à Saint-Louis. Quant à Faidherbe, toujours infatigable, après avoir reçu la soumission de quelques chefs, il alla faire une tournée à Richard-Toll en passant par Mérighanem.

Le pays des *Sérères* comprend la vallée du Saloun et la côte jusqu'au cap Vert. Cette population, proche parente des Ouolofs, métissée de Mandingues, se partage en deux grandes fractions, les None et les Sine. Leur langue offre beaucoup d'analogie avec l'idiome ouolof, dont les chefs ont conservé l'usage. Ce sont les plus grands des nègres du littoral ; moins noirs que les ouolofs, ils ont le nez plus épaté, la figure plus aplatie, les lèvres plus grosses. La masse, malgré la propagande des marabouts musulmans, a conservé les cérémonies païennes, parce qu'elle ne veut pas renoncer à l'usage de l'eau-de-vie (Sangara). Si les Sérères supprimaient l'esclavage pour s'appliquer à l'agriculture, ils se régénéreraient rapidement.

En 1859, à la suite de la réunion au gouvernement du Sénégal de l'île de Gorée et de la côte jusqu'à Sierra-Leone, le gouverneur réclama l'exécution des traités passés en 1679 avec le lieutenant général des armées navales Ducasse. Il avait, en outre, à se plaindre de violences commises par des indigènes de marque, agents ou parents des rois, de contributions extorquées à nos marchands, de pillages exercés habituellement par les habitants de la côte sur les navires naufragés. Tantôt par mer, tantôt par terre, il s'avance le long du rivage jusqu'au fleuve Saloum. De là, pénétrant dans l'intérieur des terres, il se mesure avec les tiédos du roi de Sine. Par son attitude énergique, autant que par ses coups rapides, il imprime à toutes les peuplades de cette région une crainte respectueuse. Il signe des traités avec les rois de Baol, de Sine et de Saloum. « Ces traités reconnaissaient notre droit exclusif d'établissement sur la rive droite de la rivière Saloum. Ils nous autorisaient à y construire un poste fortifié — on choisit à cet effet Koalakh — et réglementaient, à la sortie de Saloum, des droits, au profit du roi, sur les produits du pays. »

Les deux rois, une fois la colonne partie, oublièrent bien vite leurs engagements. Ils se mirent à vexer nos traitants, à voler notre bétail; ils interdirent à leurs sujets d'entretenir des relations commerciales avec nos nationaux. Faidherbe chargea le chef de bataillon Laprade de les rappeler au devoir... Celui-ci partit de Gorée le 21 février 1861; ses troupes, partagées en deux corps, soutenues par la flottille, fondirent à la fois sur la Sine et le Saloum. Aux premiers coups, rudement portés, les deux rois se soumirent à toutes nos exigences. Ouverture immédiate de la traite, reconnaissance et exécution scrupuleuse des traités de 1859, cession de territoire à Joal et à Koalakh, contribution de guerre d'un millier de bœufs : tel fut le prix dont ils payèrent leur trahison. La leçon était bonne : ils ne recommencèrent plus.

A cette guerre se rattache une expédition isolée, qui eut lieu plus tard contre les Sérères. Les habitants du village de Thiès, les pires bandits parmi les Sérères, ayant en 1862 commis des vols de troupeaux dans la province de Diandor placée sous notre protection, le colonel Laprade brûla ce village. On établit ensuite un blockhaus fortifié à Pout, « afin de placer à une étape de Rufisque un centre de ravitaillement dans ces pays abrupts ». Les Djobas, « tribu vivant dans des fourrés où personne n'osait pénétrer, habitués au pillage des caravanes », n'attendirent pas la fin des travaux pour l'attaquer. La garnison, composée de 13 hommes, s'étant laissé surprendre, périt égorgée. Sur ces entrefaites, Faidherbe revint au Sénégal. Il poursuivit aussitôt la campagne entreprise de ce côté « afin de venger l'agression du blockhaus, d'ouvrir une route à travers le défilé de Thiès et de mettre un terme aux brigandages commis journellement sur l'immense voie de communication existant entre le Baol et notre comptoir de Rufisque ». Le plus sûr moyen d'atteindre ce but était de construire à Thiès un poste fortifié. Laprade fut chargé de ce soin : il s'en acquitta heureusement avec sa décision habituelle. Parti de Gorée en avril 1864 à la tête d'une colonne d'un millier d'hommes auxquels se joignirent 1500 volontaires de Dakar et de Rufisque, il franchit sans mésaventure le redoutable défilé de Thiès. Les travaux du fort furent menés avec une rapidité telle qu'au bout de peu de jours il put offrir un abri suffisant. On se porta ensuite contre les villages dont on avait à se plaindre ; nous y rencontrâmes peu de résistance. » Les Sérères, en général, ont pour habitude, lorsqu'ils redoutent quelque attaque, de se réfugier dans les bois fourrés qui entourent leurs cultures avec leurs troupeaux et leurs biens ; ils ne laissent à la merci de leurs ennemis que de mauvaises cases en paille qu'ils peuvent rétablir en peu de temps. Les villages hostiles furent livrés aux flammes. » (Faidherbe.) Dans cette expédition, « nous avions porté à une étape plus en avant le drapeau de la France[1] ».

Les populations de la Casamance offrent différents types. A la base, on trouve les *Bagnoum*, de taille moyenne, à la tête volumineuse, à la bouche largement fendue, au nez épaté, aux oreilles artificiellement pendantes. Ils sont puérilement vaniteux, se couvrent d'ornements, anneaux, bracelets, boutons de cuivre, verroterie. Sous les migrations de peuples voisins, ils se sont généralement fondus avec les nouveaux venus. Cependant quelques tribus ont gardé leur pureté de race. Du reste ils n'ont pas perdu les habitudes des ancêtres. Attachés au sol, ils le cultivent avec quelque art : leurs produits ne sont pas sans valeur. Fidèles à leur culte grossier, ils ont résisté pour la plupart au prosélytisme musulman.

On appelle *Feloups* les nègres de la côte. De même

1. *Annales sénégalaises.*

origine, l'instinct, la guerre, l'intérêt, le contact avec les Européens les ont divisés en tribus innombrables, dont il faut citer celles des Djolas, des Wacas, des Fouloups, à cause de leurs relations avec les Français. Ils sont timides, soupçonneux, prévoyants. C'est une race déprimée, sans ressort, mais d'une domination facile.

A une époque indéterminée, bien qu'assez récente, un flot de *Malinkés* ou Mandingues, venus de l'est, se précipita dans les vallées de la Gambie et de la Casamance, chassant devant lui ou engloutissant les races autochtones. Les Mandingues entraînaient à leur suite des pasteurs foulas et des agriculteurs sarrakholés qui se sont fixés dans le pays, où ils forment encore aujourd'hui des communautés distinctes. L'expansion mandingue, contenue à l'est par le grand mouvement des peuples foulas, s'est arrêtée devant les Français de la côte. Les conquérants, refoulés de toutes parts, occupent la région de la haute Casamance, où leurs tribus organisées en petites républiques oligarchiques partagent leur temps entre la guerre et les soins de l'agriculture et du commerce. Les Mandingues professent la région musulmane. Leurs instincts sauvages trouvent un excitant dans le fanatisme ; mais s'ils ont impunément opprimé les noirs, leur insolence envers nous leur attire un châtiment terrible.

Les *Balantes*, autre population de pillards hardis, féroces, originaires des bords de la Geba, ont, à différentes époques, porté la dévastation sur les deux rives de la Casamance et provoqué de notre part une énergique intervention.

Les habitants des villages de Caronne et de Thioncq, de la tribu des Djolas, commirent dans l'année 1859 d'affreuses exactions sur nos nationaux et nos alliés. « Les indigènes de la basse Casamance, plus sauvages encore que tous ceux à qui nous avions eu affaire auparavant, ne sont qu'en partie armés de fusils ; un grand nombre de leurs guerriers combattent encore avec des javelots et des boucliers en peau de buffle. Cependant ceux de Caronne sont tous bien armés et ont une grande réputation de bravoure dans le pays. » (Faidherbe.) Ils se flattaient d'être à l'abri de nos atteintes parce qu'ils sont perdus dans un lacis de marigots presque inabordables ; ils nous bravaient parce qu'une expédition française n'avait pu pénétrer jusqu'à leurs repaires.

Faidherbe leur envoya Pinet-Laprade, commandant particulier de Gorée, avec une colonne de 800 hommes. Cet intrépide officier, bien digne de son chef, s'embarqua sur la flottille, et, après une navigation d'autant plus difficile qu'on parcourait des eaux inconnues et peu profondes, apparut subitement devant Hilor, poste avancé du village de Caronne. Marais, rivières, touffes de palétuviers, massifs de benténiers, obstacles naturels presque insurmontables, favorisaient une défense que soutenaient des milliers d'indigènes résolus et bien armés. Sous la protection de l'artillerie des bateaux, une colonne, lancée à l'assaut de la position, l'enleva au pas de course, malgré une résistance désespérée. L'ennemi perdit beaucoup de monde, entre autres un fils du roi de Hilor : il laissa en outre entre nos mains un butin considérable. Sans perdre de temps, l'expédition, secondée par la tribu amie des Djougouttes, se porta sur le village de Thioncq. « Bientôt des cris sauvages annonçaient la présence de l'ennemi... Ce fut un singulier spectacle pour nos troupes que cette nuée de

noirs armés quelques-uns de fusils, mais le plus grand
nombre de lances et d'immenses boucliers ronds en
peau de buffle venant nous défier à vingt-cinq pas.
Accueillis par un feu de mousqueterie bien dirigé et
par quelques fusées de guerre habilement lancées par
l'artillerie, ils s'arrêtèrent frappés d'étonnement. »
Une charge vigoureuse « changea en déroute une attaque faite avec la plus grande confiance[1] ».

Cette répression porta aussitôt ses fruits. Désormais
aucune agression ne troubla plus nos établissements
de la basse Casamance.

Mais la domination de la haute rivière nous échappait. Les Balantes et les Mandingues méprisaient nos
exhortations, nos menaces. Nous subissions depuis dix
ans les plus indignes outrages. Pillage des embarcations, massacre des équipages, enlèvement d'officiers,
vols effrontés, incendie des comptoirs : on ne pouvait
tolérer plus longtemps cette odieuse violation des
traités. Une poignée d'hommes écrasa les Balantes.
Pinet-Laprade sévit contre les Mandingues des grands
villages du Souna. Une course de quelques jours lui
suffit à briser la résistance. Les chefs se jetèrent à ses
pieds « en implorant la paix, protestant de la plus
entière soumission » (1860, nov.).

Par différents traités passés avec les chefs de la
basse Casamance, la France obtint la reconnaissance
de la suzeraineté ou d'importantes cessions de territoires. — D'autre part, le Souna reconnaissait la souveraineté de la France. Tout sujet français pouvait
s'établir dans le Souna en achetant aux habitants le
terrain qui lui serait nécessaire, avec le droit d'y cou-

1. Faidherbe, *le Sénégal.*

per sans redevances le bois utile à ses besoins. Au contraire, aucun étranger ne pouvait se fixer dans le Souna sans notre autorisation. Toute redevance imposée aux Français et aux étrangers devait être consentie par l'autorité française, à laquelle était soumise toute contestation entre le Souna et ses voisins. Enfin le Souna restituait tous les pillages et payait une contribution de guerre de 5000 francs. Quatre fils de rois nous étaient remis à titre d'otages.

Le *Cayor* s'étend le long de la côte depuis Saint-Louis jusqu'à Gorée sur un espace de 150 kilomètres carrés. C'est un pays ouolof. Le sol en est plat, sablonneux, dépourvu d'eaux potables. Cependant les habitants le cultivent. Ce sont ceux qui approvisionnent Saint-Louis de légumes, lait et beurre. Une partie du Cayor a adopté l'islamisme : c'est le Ndiambour, province qui s'est montrée très favorable à El-Hadj-Omar. L'autre partie, le Cayor proprement dit, quoique imprégnée de mahométisme, est restée fidèle aux traditions païennes. Bien que ravagé souvent par les Maures, dont l'établissement de Ouadan a subsisté longtemps, le Cayor a observé une neutralité douteuse dans notre guerre avec les Trarzas. Le souverain du Cayor est absolu : il porte le titre de *damel*. Il est élu dans la famille royale par les chefs héréditaires des Ndiambours (hommes libres). Le damel est ordinairement un personnage abruti par l'ivrognerie, esclave de ses tiédos, « sicaires qui vont piller les villages, dévaster les récoltes, tuer les hommes, suivant les ordres de leurs maîtres ».

Ce régime sauvage, funeste au pays qu'il dépeuplait et à notre commerce qu'il ruinait, avait attiré de bonne heure l'attention de Faidherbe. Mais, soit qu'il fût occupé ailleurs, soit qu'il jugeât ses ressources insuffisantes pour agir contre un État réputé redoutable, le gouverneur dut ajourner ses projets. Il avoue lui-même que, « au commencement de 1861, le Cayor était le seul État du Sénégal avec lequel nous n'eussions pas de traité de paix ». Enfin une convention passée en 1859 avec le damel Biraïma pour l'établissement d'une ligne télégraphique de Saint-Louis à Gorée, ayant été violée par le nouveau damel, Macadou, on décida d'obtenir une réparation éclatante. Les préparatifs furent relativement considérables, car on exagérait volontiers les forces du Cayor ; puis on savait que le pays, manquant de rivières, offrirait de graves difficultés pour les transports. Le gouverneur, après avoir reçu des renforts d'Algérie, se mit immédiatement en campagne. La colonne du Sénégal partit de Gandiole le 2 janvier 1861. Elle traversa la région des Nayes, « bas-fonds formant des lacs doux et saumâtres et des marais entourés de charmantes oasis de verdure, où les palmiers dominent et sont exploités pour leur vin de palme par des gardiens placés là par les chefs du pays. Cette zone, à 2 ou 3 lieues de la côte, ne renferme pas de villages, mais seulement quelques groupes de cases et des troupeaux ». (Faidherbe.) La colonne de Gorée, sous les ordres du commandant Pinet-Laprade, se mit en mouvement le 4 janvier. L'armée, toutes les troupes réunies, offrait un aspect rassurant. Elle comptait 2100 hommes de toutes armes : infanterie de marine, tirailleurs algériens, spahis, milice de Saint-Louis et de Gorée, volontaires, un peloton du train des équipages, deux canons rayés, quatre obusiers de montagne, deux chevalets de fusées. C'était le rassemblement le plus complet qu'eût vu encore la colonie. Faidherbe prit le commandement supérieur. On s'attendait à de graves

événements. Mais le damel effrayé, passant de l'insolence à l'abattement, ne cessa de reculer devant nous,
Fallait-il le poursuivre ? Fallait-il employer contre lui
la politique de division nationale dont le succès n'avait
pas été douteux ailleurs ? Faidherbe, malgré les offres
de concours du roi du Djolof et d'un rival de Macodou,
préféra accepter la soumission du damel. Il se contenta
pour le moment de construire quelques postes où il
laissa de petites garnisons. La paix fut garantie par
un traité qui laissait à la France, en toute possession,
le littoral entre les Nayes et la mer. Le damel promet-
tait d'assurer la sécurité sur la route de Saint-Louis à
Gorée, de protéger les Français et leurs alliés établis
ou voyageant dans ses États. Il s'engageait enfin à ne
plus vendre aucun de ses sujets libres, à ne plus laisser
enlever et détruire un seul village par ses tiédos, dans
le seul but de le piller, à ne plus faire esclaves les
étrangers qui traversaient son pays. En échange, le
gouverneur lui donnait trois chevaux et 10 000 francs
avec l'assurance qu'il viendrait à son secours en cas de
révolte ou de guerre (1er février 1861). Le résultat le
plus clair pour nous était l'acquisition des salines de
Gandiole.

Pour le reste on eut bientôt la mesure de la bonne
foi du damel. Malgré la présence de nos soldats dans
les trois postes récemment construits de Nboro, Ndjem
et Lompoul, Macodou retomba dans ses habitudes de
déprédations. Avec les troupes de la garnison de Saint-
Louis, Faidherbe pénètre aussitôt dans le Cayor
(mars 1861). D'une course rapide il atteint la capitale
du pays, Nguiguis, où le damel s'était vanté de l'arrêter, mais où il ne trouve que quelques guerriers isolés ;
il disperse à coups de fusil l'ennemi partout où il le

rencontre, brûle les villages hostiles, fusille sans pitié les tiédos qui tombent entre nos mains. En quelques jours, par la terreur qu'il répand autour de lui, il a rétabli son autorité.

Cette exécution terrible semblait nous assurer une période de repos. « Le gouverneur était décidé, d'accord avec la majorité du conseil d'administration de la colonie, à ne plus rien entreprendre contre le pays sans nouvelles provocations de sa part. » (Faidherbe.)

Vaines espérances! Notre inaction, au contraire, ranima l'audace du damel. Ses bravades n'eurent plus de limites : il poussa même l'insolence jusqu'à nous menacer dans Gandiole. En même temps ses intrigues auprès des Maures, ses préparatifs, ses mouvements devenaient inquiétants, surtout en ce qu'ils troublaient nos alliés et sujets. Des défections étaient à craindre. Il importait de conjurer au plus vite tous ces dangers, d'autant plus qu'une razzia faite à la porte de Gandiole par trois chefs du Cayor montrait que l'exécution n'é_tait pas loin de la menace.

Le 4 avril, Faidherbe reprit la campagne. Après avoir franchi 23 lieues de pays en deux jours, il campa presque sans coup férir aux puits de Guéoul, d'où il surveilla les événements. Aussi bien la discorde régnait dans le Cayor. Le damel reprochait aux chefs des hommes libres de ne pas défendre leur pays. Ceux-ci se plaignaient de ce que le damel se tenait à l'écart. Que n'imitait-il le gouverneur qu'on voyait toujours à la tête de ses troupes? De part et d'autre, on échangeait des récriminations violentes. Le damel se retranchait derrière les usages ; il craignait les trahisons. Les hommes libres, bien loin de le contredire, cherchaient les moyens de se délivrer de sa tyrannie. Une députation qu'ils envoyèrent à Saint-Louis, offrit de remplacer Macodou par Madiodio. Ces propositions ayant été agréées, il n'y eut plus qu'à soutenir le prétendant jusqu'à la ruine du damel. Avec le secours que nous lui prêtâmes et l'appui de ses partisans, Madiodio chassa son adversaire, qui chercha vainement un refuge dans le Saloum et le Baol. Bientôt l'autorité du nouveau damel, ami de la France, fut reconnue dans tout le Cayor.

Au mois de décembre 1861, Faidherbe, relevé sur sa demande des fonctions de gouverneur du Sénégal, quittait la colonie.

Le capitaine de vaisseau Jauréguiberry continua les opérations dans le Cayor. Madiodio, sans énergie, incapable, intempérant, lassa bientôt les sympathies des Français. Un parti formidable se forma contre lui. Les mécontents proclamèrent roi sans opposition du gouverneur un descendant des anciens damels, nommé Lat-Dior. Celui-ci se hâta de protester de sa soumission envers la France. C'était encore une feinte. A peine maître du pouvoir, Lat-Dior révéla ses véritables intentions. Ses brigandages, ses excitations à la révolte rallumèrent la guerre.

Rappelé par ordonnance impériale du 14 juillet 1863 au gouvernement du Sénégal, Faidherbe s'appliqua « à apporter un remède radical à cette situation ». Le ministre de la marine était en veine de générosité : il mettait à la disposition de la colonie 100000 francs pour la construction de trois forts au centre du Cayor. Démembrer le Cayor, en rattacher une partie au Sénégal, dominer l'autre par un damel de notre choix, digne de notre confiance : tel était le plan de Faidherbe. Il se porta avec ses forces à Nguiguis, où il appela la colonne de Gorée. C'est dans cette localité qu'il voulait élever un poste fortifié capable de contenir le Cayor. Lat-Dior effrayé ou mal soutenu, entouré d'embûches, prit le parti de fuir. Mais tandis qu'il se réfugiait dans le Baol, le gouverneur se décidait à restaurer Madiodio, en échange de la cession de quelques territoires. Cette révolution ne découragea pas Lat-Dior. Il fallut une campagne longue et pénible, puis un changement complet de politique pour soumettre le Cayor.

Des événements de cette guerre aussi confuse que longue, nous ne retiendrons que deux faits qui honorent tout particulièrement notre drapeau. Le 30 décembre 1863, le capitaine du génie Lorans, chargé de la direction des travaux de Nguiguis, attaqua imprudemment l'armée de Lat-Dior à Ngolgol. Il ne pouvait compter que sur une poignée d'hommes; les auxiliaires de Madiodio n'étaient ni sûrs ni solides. Nos alliés fléchirent au premier choc. Bientôt tout l'effort de l'ennemi, qui était nombreux et bien armé, retomba sur les Français. Entouré de toutes parts par une nuée de cavaliers et de fantassins, le détachement chercha vainement à se dégager. « Tout le monde comprit qu'il n'y avait qu'à mourir dignement. Le capitaine Lorans et le capitaine de tirailleurs Chevrel, démontés tous deux, et ce dernier blessé, assistèrent stoïquement, jusqu'à ce qu'ils fussent tués eux-mêmes, à la destruction de leurs hommes, tirailleurs et ouvriers, qui combattaient jusqu'à leur dernier soupir. Les 7 canonniers et l'adjudant Guichard se firent hacher sur leur pièce. Le peloton de spahis, perdu au milieu d'une affreuse bagarre où il ne reconnaissait plus amis ni ennemis, dégagea notre damel Madiodio et, tout en perdant son

chef, le lieutenant Duport de Saint-Victor et 4 spahis,
il parvint à atteindre. Nguiguis, ramenant le damel et
8 spahis blessés. Les vainqueurs poursuivirent les
fuyards jusqu'à la redoute d'où ils se firent repousser
en faisant des pertes sensibles. » (Faidherbe.) Des
140 hommes dont se composait la colonne, une centaine resta sur le terrain.

Le gouverneur, sentant la nécessité de venger immédiatement cet échec dont l'effet moral pouvait nous
être préjudiciable, donna l'ordre au colonel Pinet-
Laprade de poursuivre Lat-Dior à outrance. Laprade
menaça de désastreuses représailles le roi de Baol, s'il
continuait à donner asile dans ses États à Lat-Dior.
Puis en quelques marches il atteignit l'ennemi, le 12
janvier 1864, dans les environs de Loro. Nos forces
consistaient en un millier d'hommes de troupes régulières et 3000 volontaires. Lat-Dior l'emportait sur nous
en cavalerie. La masse de ses troupes occupait fortement un mamelon auquel on ne pouvait accéder qu'en
traversant une vallée découverte; sa cavalerie se dé-
ployait de tous les côtés, prête à se précipiter sur nos
ailes. Laprade prit les meilleures dispositions. Il plaça
en première ligne son artillerie, afin de tenir l'ennemi
à distance par des feux à longue portée. Il opposa à la
cavalerie la compagnie disciplinaire que soutenaient
deux obusiers. « Lorsque l'ennemi parut suffisamment
ébranlé par notre feu, les clairons sonnèrent la charge
et la colonne s'avança dans l'ordre le plus imposant
jusqu'à 200 mètres des positions de l'ennemi. Alors
les trois pelotons d'infanterie de marine, qui mar-
chaient déployés en tête, prirent le pas de course,
sous les ordres du chef de bataillon d'infanterie
de marine de Barolet, et enfoncèrent le centre

de l'armée de Lat-Dior aux cris de *Vive l'Empereur!*

« Le capitaine Baussin, commandant l'escadron de spahis, reçut l'ordre de charger à fond par la trouée qu'avait pratiquée l'infanterie; à sa suite s'élancèrent avec un élan invincible nos 3000 auxiliaires.

« L'ennemi terrifié fuyait dans toutes les directions : son infanterie fut écrasée, et sa cavalerie ne dut son salut qu'à la rapidité de ses chevaux.

« La poursuite fut poussée jusqu'à quatre lieues du champ de bataille. L'horizon était embrasé par l'incendie de tous les villages de la contrée. A trois heures du soir, nos auxiliaires rentraient encore au camp chargés de butin [1]. »

Dans cette journée mémorable, l'ennemi laissa 500 hommes sur le terrain. Quant à nos pertes, elles se réduisirent à 3 volontaires tués et une cinquantaine de blessés, presque tous légèrement.

La victoire du 12 janvier 1864 vengeait l'échec du 29 décembre. Elle en réveillait aussi le souvenir : obéissant à un pieux devoir, l'armée tout entière se transporta sur le champ de bataille de Ngolgol. Là, elle recueillit les restes dispersés de nos glorieux soldats et leur rendit les derniers honneurs, au bruit du canon, le soir, pendant que le soleil — touchante image — descendait sous l'horizon.

Lat-Dior se débattit quelque temps encore contre sa mauvaise fortune. Enfin pourchassé, vaincu, abandonné de ses partisans, il chercha un asile sur les bords de la Gambie auprès d'un de nos ennemis les plus acharnés, le prophète musulman Maba.

La réorganisation du Cayor ne fut complète qu'après

---

1. *Annales sénégalaises.*

la déposition de Madiodio. On le révoqua à cause de ses vices et de son impuissance, tout en lui ménageant une retraite convenable. Le pays fut divisé en cantons bien délimités, dont les chefs reçurent l'investiture du gouverneur. « L'administration de la colonie, secondée par le commerce, facilitait encore la régénération de cette province en faisant aux habitants pressés par la famine de larges avances pour leurs semailles.

« Cet acte de bienveillance fut d'un excellent effet sur l'esprit des habitants; il leur prouvait que si nous savions protéger leurs travaux contre les pillages des tiédos, nous pouvions aussi réparer les ravages bien plus terribles encore d'un insaisissable ennemi : les sauterelles. » (Faidherbe.)

Faidherbe pouvait croire à la perpétuité de son œuvre dans le Cayor pacifié. Mais de pareilles révolutions ne sont durables qu'à la condition d'être profondes. Or, si le calme paraissait à la surface, au fond fermentait une sourde agitation, entretenue par des sentiments qui sont l'essence même de la vie. Comme dans toutes les guerres coloniales, on se heurtait aux forces les plus vivaces de la nature humaine : la race, les traditions nationales, la religion. Étourdies par des coups violents, ces forces, un instant assoupies, se ré-veillent tôt ou tard, exaspérées de leurs blessures. La soumission imposée par la violence est rompue par des secousses, des surprises, des péripéties imprévues, jus-qu'au jour où le temps a modifié les sentiments et les idées en renouvelant les générations. Ces vérités, si elles étaient présentes à notre esprit, réprimeraient bien des impatiences et des injustices, causes trop sou-vent de l'indécision, des fausses manœuvres, sinon des désastres irréparables. Ce sera l'éternel honneur de

Faidherbe d'avoir su se passer de l'action du temps, d'avoir fondé de lui-même des choses de durée. Car si quelques parties de son œuvre ont subi des vicissitudes, la plupart n'ont pas été ébranlées! .

Revenons au Cayor. Cette province ne jouit pas long-temps du repos. Pendant bien des années encore, Lat-Dior, proscrit ou restauré, ami ou ennemi de la France, la troubla de son ambition. Puis elle éprouva le contrecoup de la prise d'armes de Maba. Cet homme, originaire du Fouta, venu on ne sait d'où sur les bords de la Gambie, épris de l'exemple d'Omar, musulman et prophète, conçut le projet de fonder de son côté un vaste empire au détriment des souverains du pays et des Français. Sa réputation de sainteté, les prodiges qu'on lui attribuait, ses prédications passionnées, lui attirèrent des partisans résolus avec lesquels il forma une armée, plus redoutable toutefois par le fanatisme que par le nombre. En 1861, il s'empara du Rip, province du Saloum. S'étant allié avec Macodou, l'ancien damel de Cayor que nous avions dépossédé, et qui, à ce moment, cherchait à détrôner son fils Sambo-Laobé, roi du Saloum, Maba se porta avec toutes ses forces contre le poste de Kaolak, dans l'espoir de l'enlever sans coup férir. Aussi bien le poste n'était gardé que par 12 soldats d'infanterie de marine sous le commandement du sergent Burg. La petite garnison jura de se défendre jusqu'à la mort. Avec les plus faibles moyens elle repoussa pendant vingt-quatre heures les plus furieux assauts, si bien que l'ennemi, déconcerté par une résistance à laquelle il ne s'attendait pas, démoralisé par des pertes sérieuses, battit précipitamment en retraite, en abandonnant sur le champ de bataille plus de 300 morts.

Mais la mort de Macodou et de son fils, le roi Samba-Laobé, rendit Maba maître du Saloum. « A la fin de 1864, il consentit à signer un traité, dans lequel, reconnu comme almamy du Badibou et du Saloum par le gouvernement français et par les rois du Cayor, du Baol, du Djolof et du Sine, il s'engagea à respecter les territoires de ses voisins et à accepter, ainsi que les autres parties contractantes, la médiation de la France pour les difficultés qui pourraient s'élever entre eux. » (Faidherbe.)

Ce traité, Maba, était bien décidé à ne pas l'exécuter. Il profita de la sécurité que lui assurait un semblant de soumission pour faire de grands préparatifs en vue de la conquète du Djolof et du Cayor. Lat-Dior, qui vivait auprès de lui, ne cessait d'exciter son audace. Les projets de Maba éclatèrent au mois de juin 1865. Il envahit, ravagea, soumit le Djolof, sans qu'on eût le temps de secourir ce malheureux pays. S'il échoua contre le Cayor, ce fut grâce aux mesures énergiques que prit le gouverneur.

Mais Faidherbe ayant abandonné définitivement le gouvernement du Sénégal le 12 juillet 1865, les événements qui suivent ne rentrent pas dans notre cadre. Les lecteurs curieux de les connaître les trouveront dans le grand ouvrage de Faidherbe, *le Sénégal*, auquel nous avons fait tant d'emprunts.

Nous devons, pour mieux faire ressortir la grandeur des résultats, les mettre en parallèle avec les forces de la colonie. « Les forces militaires du Sénégal, dit Faidherbe, n'ont jamais dépassé 3 bataillons d'infanterie, dont 2 indigènes, 1 escadron de spahis, mi-partie français et indigène, et 2 batteries d'artillerie. Dans deux circonstances seulement, la colonie demanda et obtint l'envoi momentané de France, en 1854, d'une section du génie, et, d'Algérie, en 1860, de trois compagnies de tirailleurs algériens et d'un peloton du train des équipages.» C'est avec ces faibles ressources augmentées du contingent de volontaires peuls et noirs que Faidherbe, en dix ans, a vaincu les Ouolofs de la côte, les Maures du Sénégal, les Toucouleurs du Fouta, les Malinkés et les Sérères de la Casamance, arrêté l'invasion d'El-Hadj-Omar, conquis enfin un territoire presque aussi vaste que la France.

§ V. — Voyages d'explorations

Voyages d'explorations ordonnés par Faidherbe. — Nécessité de grands débouchés pour la colonie. — Le Sahara et le Soudan : opinion de Faidherbe. — La voie du bas Niger. — La conduite à suivre dans la pénétration. — Le major Vincent dans l'Adrar. — Voyages de Bou-el-Moghdad, de Bourrel, d'Alioun-Sal, de Pascal. — Le lieutenant Lambert dans le Fouta-Djallon. — Ambassade de Mage et Quentin auprès du roi de Ségou : instructions de Faidherbe ; résultats.

« Dans l'œuvre de civilisation entreprise au Sénégal depuis 1853, le drapeau français n'a jamais reculé [1]. » (Faidherbe.) Ce n'était pas assez : il fallait le porter de plus en plus loin jusqu'au cœur du Soudan.

Renfermée dans ses limites, la colonie était condamnée à la stagnation. On ne pouvait songer à en faire une colonie de peuplement. Tout en exploitant le sol au moyen des nègres améliorés, jusqu'à la formation d'une race mixte plus apte au travail que les noirs, on n'avait pas à espérer de longtemps une production assez abondante pour approvisionner largement nos comptoirs. Pour le commerce, tant qu'on aurait pas étendu son champ d'exploitation, nos traitants, réduits aux

1. Tout ce qui se trouve entre guillemets, sans nom d'auteur, est emprunté à Faidherbe.

ressources locales, étaient exposés à s'atrophier dans de mesquines entreprises. On avait autant que possible la sécurité, sans laquelle les transactions sont impossibles : il fallait encore l'espace, sans lequel elles sont stériles. Des débouchés nouveaux, voilà le but à atteindre ; des débouchés qui dériveraient sur nous des courants de richesses et exciteraient les indigènes à une production plus intense ; des débouchés par où passeraient nos marchandises, les produits de nos industries, pour se répandre dans le continent noir.

Débarrassé des grandes guerres contre les Maures et El-Hadj-Omar, Faidherbe s'appliqua à la réalisation de ses idées. Il envoya au loin, tout autour de nos possessions, chez les Sahariens, les Peuls, les noirs, des officiers instruits et vaillants avec mission de nouer des relations politiques et commerciales. Il traça un plan de pénétration progressive dans le Soudan. Recherchant la meilleure voie pour l'expansion du commerce du Sahara et de l'Afrique centrale, il avait été amené à penser qu'elle se trouve dans le haut Niger et le haut Sénégal, séparés l'un de l'autre par un intervalle qu'on pouvait occuper, puis sillonner de routes ou de chemins de fer. Il supposait, ce que l'événement a confirmé plus tard, que la navigation du haut Niger, de Bammakou à Tombouctou, n'offrait pas de difficultés insurmontables à la navigation. Il excluait la voie du Sahara. « Cette phrase stéréotypée dans tous les journaux que le *Sénégal et l'Algérie doivent se donner la main par-dessus le Sahara*, phrase à effet s'il en fut, a-t-elle un sens ? Pour nous, c'est en vain que nous l'avons cherché jusqu'aujourd'hui [1]. » Le Sahara est un

____

1. Faidherbe, *Avenir du Sahara et du Soudan* (*Revue coloniale*, juin 1862).

affreux désert d'une étendue de 600 à 700 lieues entre
le Soudan et la Méditerranée. Le voyageur qui s'y risque est obligé d'emporter son eau. Quelle comparai-
son établir entre des caravanes et des bateaux
pour le transport des marchandises? Rapidité, quantité,
prix, tout est à l'avantage de ces derniers. Les caravanes transporteront longtemps encore certains produits tels que l'or, l'ivoire, les plumes d'autruches; mais
les matières encombrantes ou de peu de valeur intrin-
sèque : arachides, sésame, gomme, beurre végétal,
cire, coton, etc. sortiront par d'autres moyens de leur
pays d'origine. Faidherbe va jusqu'à prévoir le dépeu-
plement du Sahara. « On n'habite pas le Sahara quand
on peut aller ailleurs, » disent les Arabes. Les populations, pense-t-il, n'ont été poussées ou retenues dans le
désert que par les troubles du Tell ou par la prospérité
séculaire du commerce d'esclaves. Ces causes dispa-
rues, des tribus arabes et berbères du Sahara, les unes
remonteront vers le nord de l'Algérie, la Tunisie, les
autres se rapprocheront du Sénégal et du Niger
où le type blanc finira par se perdre dans le mélange
des noirs. Telle était en 1863 l'opinion de Faidherbe
sur l'avenir du Sahara. Vingt-six ans plus tard, parlant du chemin de fer transsaharien, il s'étonne qu'on
songe à un pareil projet. « Un chemin de fer de
623 lieues de longueur, dont plus de 500 dans un désert !... il faudrait tout porter, même l'eau à boire, au
personnel de chaque station !'»

On a reproché à Faidherbe d'avoir dédaigné systématiquement une autre voie fort importante, celle du bas
Niger et de son affluent le Bénoué. Ce reproche n'est
pas fondé. Dès 1863, en même temps qu'il insistait sur
la nécessité de relier le Sénégal au Niger, il recom-

mandait « de prendre pied sur le bas Niger pour maintenir nos droits à l'entrée et à la sortie, de manière à ne pas nous trouver enfermés dans le bassin supérieur. » — Mais ce grand fleuve est comme coupé en deux par les obstacles de son cours moyen, barrages, rapides, cataractes, de sorte que ni le cours supérieur ni le cours moyen ne peuvent desservir tout le bassin. De là la différence des affinités et des destinées de ces deux tronçons. Le haut Niger, pour ainsi dire, du côté de la mer s'ouvre sur le Sénégal. C'est vers le Sénégal que doivent affluer les produits agricoles ou industriels de la région qu'il arrose. Le Sénégal en est la voie d'écoulement.

D'un autre côté, le bas Niger est bien plus près d'être à l'Angleterre qu'à nous. Nous y possédions deux ou trois compagnies de marchands, elles viennent de se fondre dans une compagnie anglaise. Ainsi aux bonnes raisons qui recommandent la voie du Sénégal pour le trafic du Soudan et du Sahara, s'en ajoute une autre tirée du patriotisme. Elle a son importance ; il est certain qu'elle n'a pas échappé à Faidherbe.

Après avoir indiqué le but, Faidherbe précise les moyens. Laissons-le parler lui-même. « Il s'agit d'occuper par ces postes-comptoirs la ligne de Médine au Niger. Ce n'est pas par la force que nous voulons nous établir dans le pays. Les circonstances sont favorables, nous resterons neutres entre les belligérants... Nous pénétrons dans ces pays pour y faire régner la paix et la justice, afin que les habitants puissent jouir de leurs richesses naturelles en faisant avec nous un commerce avantageux aux deux parties... Persuadons aux populations indigènes que nous ne voulons pas nous mêler à leurs guerres, que nous ne désirons qu'une chose, commercer pacifiquement avec tout le monde. » L'intérêt servant de guide à la justice et à la civilisation !

Il ajoute plus loin : « Notre établissement dans le Soudan, quand notre influence et notre autorité y seront bien assises, aura certainement pour résultats la substitution d'un commerce honnête aux infâmes pratiques qui règnent actuellement, le brigandage, la traite et l'esclavage. »

Faidherbe a eu la bonne fortune de vivre assez longtemps pour voir aboutir ses projets. Il a pu assister à la résurrection de sa chère colonie que onze ans d'inertie semblaient avoir frappée de mort : il a pu entendre un ministre, en 1882, donner l'ordre au gouverneur du Sénégal d'atteindre le Niger, de construire un fort à Bamakou ; il a pu suivre de la pensée ses continuateurs et les comparer, dans son enthousiasme, aux conquérants fameux du xvie siècle. Il aurait pu se comparer lui-même aux Cortez, aux Pizarre : car il les a égalés par l'audace, en les surpassant par l'humanité, le désintéressement, l'abnégation.

C'est en 1860 que Faidherbe fit commencer les explorations dans les régions encore inconnues du Soudan occidental. Le capitaine d'état-major *Vincent*, envoyé dans l'Adrar, traversa le pays des Trarzas, longea la mer jusqu'à Portendik et Arguin, visita dans le Tinio la fameuse Sebka d'Ijil, où le sel gemme disposé en quatre couches superposées forme une mine à ciel ouvert de 300 à 400 kilomètres carrés. Par le pays des Ouled-Delim, réunion de tribus de pillards, riches en chameaux et chevaux, « vrais limiers du désert », il gagna l'Adrar, but de son expédition. Mais il ne put pénétrer dans les villes, et dut se contenter des renseignements que lui fournit un juif blanc nommé Mardochée. Ce voyage jeta une grande lumière sur des contrées où les Européens ont difficilement accès.

Bou-el-Moghdad, assesseur du cadi de Saint-Louis, noir musulman élevé chez les Maures, parlant l'arabe, avait accompagné le capitaine Vincent dans l'Adrar. A son retour, il obtint la protection du gouverneur du Sénégal pour entreprendre un pèlerinage à la Mecque. On lui demanda en échange de passer par le Sahara et le Maroc, afin de faire tourner son voyage religieux au profit des intérêts français.

L'enseigne du vaisseau *Bourrel* reconnut le pays des Braknas. Mage, commandant de la canonnière *la Couleuvrine*, explora le Taggant.

Allioun-Sal, sous-lieutenant aux spahis indigènes, compagnon de Bourrel chez les Braknas, avait été plus spécialement chargé de réconcilier les différents partis qui divisaient cette nation maure. Fils d'un commerçant indigène du haut Sénégal, il avait pris du service dans l'armée coloniale, où ses mérites lui valurent le grade de lieutenant et la croix de la Légion d'honneur. C'était un musulman convaincu, mais tolérant. D'une rare bravoure sur les champs de bataille, il apportait dans le conseil un jugement sûr. Il parlait et écrivait couramment l'arabe. Faidherbe, qui le tenait en haute estime, lui confia une de ses plus importantes missions. Il s'agissait de se rendre à Tombouctou par le pays des Maures, de traverser ensuite le désert jusqu'à l'oasis de Touat avec une caravane marocaine. Allioun n'accomplit que la première partie de son voyage. Délivré à prix d'or de la captivité des Maures, il se mit en route le 3 mars 1861. Voyageant à petites journées, seul ou en caravane, exposé à tout instant à périr de mort violente, protégé tantôt par un chef de voleurs, tantôt par une ambassade, jouissant de l'abondance dans les tribus hospitalières, épuisé par la faim et la soif dans les solitudes désolées, il atteignit péniblement Oualata, grand marché du Sahara sur lequel les Marocains et les Soudanais échangent leurs produits. El-Arawan, ville située au milieu des sables, au nord de Tombouctou, « comme la sentinelle avancée du désert », fut le terme de son voyage. Reconnu par un parti des Hadjistes, Alioun fut retenu prisonnier pour servir dans l'armée d'Omar contre les Français. En ce moment, le prophète, maître du haut Niger, songeant à venger ses échecs du Sénégal, préparait deux colonnes pour descendre le fleuve jusqu'à Saint-Louis. La révolte du Macina dérangea seule ce projet. Alioun, échappé à ses ennemis par la connivence d'un chef touareg, revint au Sénégal. Deux ans plus tard, il mourait de maladie à la suite d'une expédition dans le Cayor. Faidherbe exprima dans le journal de la colonie les regrets que lui causait sa perte : « le gouverneur lui rendait en affection tout le dévouement dont il était l'objet de sa part ».

« Conformément aux ordres du colonel Faidherbe, gouverneur du Sénégal, un voyage d'exploration dans le Bambouk fut entrepris vers la fin de l'année 1859 par le sous-lieutenant d'infanterie de marine *Pascal*. Il devait remonter la Falémé jusqu'à Kholobo, traverser le Bambouk et le Natiaga, atteindre le Sénégal en aval de la chute de Gouina, remonter jusqu'à Bafoulabé. » Ce programme, Pascal le remplit avec fidélité et distinction. Il a écrit quelque part : « Je suis rentré à Saint-Louis à moitié fou et mon corps ne tenant plus ensemble..... Ah ! si en ce moment le gouverneur ne m'avait pas dit : « Vous avez mérité la croix et vous l'aurez », ma foi, je ne sais ce qui serait advenu de moi;... mais il l'a dit et la croix est venue. »

La mission de *Lambert*, lieutenant d'infanterie de marine, consistait à pénétrer dans le Fouta-Djallon, à nouer des relations d'amitié avec les chefs de ce pays, à encourager le commerce avec les Français par le rio Nunès et la Falémé. Il remonta le rio Nunès jusqu'à Kakandy, où il convoqua un palabre, « afin de faire cesser les pillages qui écartaient des comptoirs européens tant de caravanes ». Les Landoumas, habitants de la région, promirent tout, afin « de détourner de leur tête le courroux du gouverneur de Saint-Louis ». La présence de Faidherbe quelques mois plus tard à Kakady donna une forte sanction aux paroles de son envoyé. Lambert trouva un accueil charmant auprès des deux almamys du Fouta-Djallon, Oumar et Sidi-Ibrahima. Ils écoutèrent avec une religieuse attention la lecture d'une lettre que Faidherbe leur adressait. Les cadeaux du gouverneur, fusils, poudre, poignards, colliers, jumelles n'obtinrent pas moins de succès. Enfin dans un palabre solennel, où étaient réunis les anciens et les notables du Fouta-Djallon, Lambert exposa les motifs de son voyage. Il venait demander au nom du gouverneur de Saint-Louis des relations commerciales plus suivies que par le passé avec Kakandy et Sénoudébou. Il développa les raisons de sa demande. Quand il eut fini, « Parfaitement vrai ! s'écria un des vieux conseillers présents, chaque jour nous demandons à Dieu de nous envoyer des blancs. » La lettre reçut une approbation générale. L'almamy Oumar, touché des vœux que Faidherbe formait pour sa prospérité, prononça la prière suivante : « Des lieux où le

soleil se lève et de ceux où il se couche, du côté de la droite et du côté de la gauche, je reçois journellement des envoyés. Mais aucun ne peut me faire le plaisir que me cause celui qui vient de la part du gouverneur de Saint-Louis. Car lui aussi est un grand chef, un puissant monarque. Comme moi il est connu à l'orient et au couchant, au nord et au midi et partout on l'aime : car il ne veut que la justice. Je prie Allah de maintenir entre nous une étroite amitié et de bonnes relations commerciales, ainsi que vient de le dire ce vieux marabout, notre conseiller. Il faut espérer qu'Allah exaucera nos vœux. »
Après un séjour assez prolongé à Timbo, capitale du Fouta-Djallon, où il fut l'objet des soins les plus délicats, Lambert prit congé de ses hôtes et regagna la colonie par la route du nord et Sénoudébou. Au point de vue géographique il avait déterminé les sources du Sénégal[1].

Au mois d'avril 1864, Faidherbe informa le lieutenant de vaisseau Mage et le chirurgien de marine Quentin que, selon leur désir et avec l'assentiment du ministre de la marine, le comte de Chasseloup-Laubat, il les chargeait d'une mission politique, commerciale et géographique de la plus haute importance. Dans les nombreuses instructions qu'il leur donna, il en précisait nettement l'objet. Il s'agissait « d'explorer la ligne qui joint nos établissements du haut Sénégal avec le haut Niger et spécialement avec Bamakou, qui paraît le point le plus rapproché en aval duquel le Niger ne présente plus peut-être d'obstacles sérieux à la navigation jusqu'à Boussa ». Le but, c'était de créer un jour une ligne de postes, distants de 30 lieues les uns

1. Lambert, *Voyage dans le Fouta-Djallon* (*Tour du Monde*, 1861).
— Ancelle, *les Explorations au Sénégal.*

des autres, entre le Sénégal et le Niger; d'attirer dans ces postes par une protection réelle, par l'intérêt bien entendu, les caravanes de l'intérieur; d'établir entre le Soudan et nos possessions un courant commercial permanent; de supplanter à notre profit le trafic du Maroc avec le Soudan, trafic favorable seulement à l'Angleterre et aux marchands d'esclaves. La fondation d'un grand empire par El-Hadj-Omar, l'unité politique qui en était la conséquence, favorisaient nos intentions. S'adressant à Mage : « C'est donc comme ambassadeur à El-Hadj que je vous envoie..... Vous devez faire tout votre possible pour suivre la voie de Bafoulabé, Bangassy et Bamakou..... Pour chaque point de cette ligne où vous croiriez qu'un poste pourrait être établi, donnez-moi : un levé topographique des lieux ; des renseignements sur les matériaux de construction, bois, pierres, terre à briques, pierre à chaux ou à plâtre, qui se trouvent sur la place ou à des distances que vous déterminerez, sur les productions naturelles susceptibles de fournir un aliment au commerce, sur la densité de la population du lieu . même et des provinces voisines, sur la nature et l'importance des relations commerciales dont ce lieu pourrait devenir le centre..... Quelles que soient les circonstances où vous vous trouverez et le rôle que vous serez obligé de prendre pour vous tirer d'embarras, ne faites rien qui puisse contrecarrer nos projets d'approvisionner le Soudan occidental par la ligne du Sénégal et par l'intermédiaire des noirs, en supplantant les Sahariens et les Marocains, qui sont en possession de ce marché. »

Le général Faidherbe eut une dernière entrevue avec Mage à Bakel. Mage en parla ainsi : « Je reçus ses dernières instructions, ses derniers avis qui se résumèrent en ceci : Partez le plus vite possible, marchez le plus rapidement que vous pourrez, pendant que les chaleurs ne sont pas arrivées, et tâchez de gagner le Niger. Puis, croyant peut-être que j'avais besoin d'un peu plus d'enthousiasme, il me dit quelques-unes de ces paroles qui vont au cœur lorsqu'on l'a bien placé. Le lendemain il partait de Bakel, au bruit des salves d'artillerie de la terre et des bâtiments ; et, quelques jours après, le 26 octobre 1864, je quittais aussi ce poste pour me rendre à Médine [1]. »

Mage emportait une lettre que Faidherbe adressait à Omar :

« Gloire à Dieu seul ! Que tous les bienfaits accompagnent ceux qui ne veulent que le bien et la justice.

« Le général gouverneur de Saint-Louis et de tous les pays qui en dépendent, à El-Hadj-Omar, prince des croyants, sultan du Soudan central.

« Cette lettre est pour t'annoncer qu'aussitôt après la saison des pluies, j'enverrai un de mes chefs vers toi, comme tu l'as désiré autrefois.

« Cet officier, homme très distingué, est investi de mon entière confiance.

« Il causera avec toi des affaires qui nous intéressent et te fera des propositions importantes au sujet d'un commerce qui pourrait te rapporter des droits considérables.

« Il te remettra une lettre de moi, afin que tu ne puisses pas douter qu'il est mon envoyé. C'est à toi de donner des ordres pour que lui et ses hommes puissent passer librement sur tes États, qu'ils traverseront par

---

1 Mage, *Voyage dans le Soudan occidental.*

la route des Djawaras et du Fouta-Dougou, et qu'ils ne soient ni arrêtés ni inquiétés en aucune façon. — Salut.

« Le Gouverneur,
« L. FAIDHERBE. »

Les voyageurs ne purent suivre exactement leur itinéraire à cause de l'état de guerre où se trouvait le Niger. Quand ils arrivèrent à Ségou, au milieu d'un immense concours de peuple plutôt curieux qu'hostile, ce n'est pas El-Hadj qui les reçut, mais son fils Ahmadou. Omar avait disparu dans le tourbillon de ses guerres, mais on cachait soigneusement sa mort; on disait qu'il remportait au loin de nouvelles victoires. Mage et Quentin, traités d'ailleurs avec égard, furent bientôt les captifs d'Ahmadou. Sans rien obtenir que des promesses vaines, ils séjournèrent à Ségou pendant plus de deux ans, découragés, malades, privés de nouvelles, assistant aux batailles, aux divisions, aux massacres de l'empire chancelant du prophète. Lorsqu'ils purent reprendre le chemin de la patrie en 1866, ils rapportaient un traité de paix et de commerce dépourvu de sanction, et la conviction que l'islamisme est l'obstacle de tout progrès en Afrique, que le Niger dans son cours est la meilleure voie de pénétration du Soudan.

« Si la France veut intervenir d'une manière efficace dans la politique du Soudan, il n'y a, suivant moi, qu'un moyen sérieux, c'est de remonter le Niger avec des bâtiments, soit qu'on parvienne à leur faire franchir le rapide de Boussa, soit qu'on les construise au nord de ce barrage [1]. » Cette opinion n'est pas absolument

---

1. Mage.

conforme aux idées de Faidherbe ni aux données de la géographie. La navigation du moyen Niger est entravée par des obstacles à peine surmontables pour des pirogues. Outre les cataractes de Boussa et la percée de Tahont N'eggich, « roches d'entrée, portes de fer du fleuve des noirs », qu'un bateau à vapeur ne réussirait pas à franchir, on a à craindre à tout instant les échouages sur les bas-fonds, au moins pendant les basses eaux. En 1868, Faidherbe écrivit à Mage, qui venait de publier sa relation :

« Il faut que notre drapeau flotte à Bafoulabé d'ici à deux ans et à Bamakou dans dix ! »

Si ces voyages ne portèrent pas tout de suite les fruits qu'on en attendait, ils ne laissèrent pas d'avoir une grande utilité. La France, pénétrant avec ses missionnaires-soldats dans ces terres lointaines, se fit mieux connaître, marqua sa place, sema les germes de sa domination future. Pour Faidherbe, ils furent l'éclatante révélation de sa renommée et de sa force morale. Aux yeux des Africains, c'était plus qu'un homme : il montait au rang des dieux. S'il fût resté à la tête de la colonie, il eût réalisé dix ans plus tôt les projets qui se poursuivent encore aujourd'hui.

§ VI. — Gouvernement et Administration

Principes de gouvernement. — L'armée; composition; sollicitude
pour le soldat; les transports. — Transformation de la ville
de Saint-Louis : ponts; quais; eau potable. — Intérêts économiques : banque; routes; télégraphe. — Port de Dakar. —
Chemin de fer. — Inquiétudes du commerce. — Agriculture;
les nègres indifférents aux innovations; culture maraîchère.
— Aptitude des nègres à l'agriculture. — Culture de l'arachide.
— Tentative d'extraction de l'or. — Intérêts intellectuels;
publications. — Instruction publique. — Écoles. — Langue à
créer. — École des otages. — Missions. — L'immigration; indignation de Faidherbe qui y voit le renouvellement de la
traite des noirs. — Trait de justice de Faidherbe.
Départ de Faidherbe. — Résumé et jugement.

Le génie de Faidherbe s'appliqua avec le même succès
aux travaux de la paix qu'à ceux de la guerre. Son
administration le place au premier rang parmi les or-
ganisateurs de colonies. On ne lit pas sans admiration
les règles de gouvernement qu'il a tracées lui-même.
« La première condition est de bien administrer les
populations soumises. Les commandants de cercles et
de postes devront mettre tous leurs soins, toute leur
vigilance à maintenir la tranquillité dans leur commandement, afin que les indigènes puissent travailler
et produire en toute sécurité pour alimenter nos comp-

toirs de leurs produits et qu'ils reconnaissent que notre domination leur est avantageuse. »

« En raison de la différence de races et de religion, il faut les laisser autant que possible régler eux-mêmes leurs affaires. Il faut cependant surveiller leurs chefs pour s'opposer aux exactions qu'ils voudraient commettre, tout en leur montrant la considération sans laquelle ils n'auraient plus aucune autorité sur leurs administrés et ne pourraient plus être rendus responsables du bon ordre. »

L'application de ces principes a contribué à l'établissement de la puissance française au Sénégal, autant que l'action militaire. Toutefois, le premier soin de Faidherbe en arrivant dans la colonie fut de créer une armée. Nous savons en quoi consistaient les forces européennes : un millier d'hommes au plus tirés de l'infanterie ou de l'artillerie et les équipages des stationnaires. Faidherbe y joignit un bataillon de tirailleurs et un escadron de spahis indigènes qu'il forma en 1857. Dans un cadre d'officiers français, ces troupes prirent tout de suite nos qualités militaires : elles se comportèrent avec honneur dans toutes les rencontres. En outre, les noirs et les Peuls de Saint-Louis et de Gorée, entraînés par leur instinct guerrier et pillard, excités par l'espoir du butin qu'on leur abandonnait, fournirent des corps de volontaires. Malgré leur indiscipline et leur inconstance, ces auxiliaires rendirent de grands services dans les expéditions. Faidherbe finit par les obliger à prendre l'engagement de servir pendant toute la durée d'une campagne : autrement, ils rentraient chez eux sans autre soin que celui de mettre en sûreté le fruit de leurs rapines. Ces demi-sauvages convenaient aux nécessités de destruction qu'imposaient le brigandage, les assassinats, les massacres commis par les peuplades ennemies, encore plus sauvages qu'eux.

On a pu voir dans ce qui précède avec quelle sollicitude Faidherbe veillait au bien-être et à la santé du soldat, quelles précautions il prenait pour atténuer les effets du climat. Il recommanda lui-même « de n'employer dans les expéditions que le plus petit nombre d'Européens possible et en les mettant dans des conditions de bien-être qui puissent leur faire supporter les fatigues ». La question des transports par terre le préoccupa sérieusement. Il essaya des chevaux et des ânes, puis des voitures, puis des chameaux, ne se montrant entièrement satisfait d'aucune épreuve. Il ne faut pas oublier que, le plus sonvent, on marchait dans la brousse par des sentiers de bêtes fauves, ou dans la vase plus ou moins desséchée des lacs et des marigots. On devait, en outre, porter avec soi des vivres, des munitions, quelquefois de l'eau. C'est au millieu de ces difficultés ou insuccès que l'idée lui vint de domestiquer l'éléphant d'Afrique, comme on domestique l'éléphant d'Asie. Il ne l'essaya pas, malgré l'exemple des Carthaginois qu'il aimait à citer. C'était une ressource précieuse dont les noirs se privaient bénévolement.

Sous son impulsion méthodique et vigoureuse, la ville de Saint-Louis se transforma de fond en comble. Au bout de quelques années d'une féconde administration on ne reconnaissait plus « l'îlot de sable ».

La ville ne communiquait avec les rives opposées que par canots et pirogues. Elle était isolée au milieu du fleuve, gênée dans son développement, mal approvisionnée. Faidherbe, alors directeur du génie, proposa la construction d'un pont sur le petit bras du Sénégal large tout au plus de 120 mètres. La ville s'ouvrait ainsi sur la pointe de Barbarie, Guet N'dar, c'est-à-dire sur la mer. Le projet, envoyé au département de la marine à Paris, subit le contrôle d'une commission qui objecta que ce pont aboutissait à une plage désolée, serait emporté par les crues du fleuve, occasionnerait des dépenses bien supérieures au profit. Bref, elle donna un avis tout à fait défavorable. Six mois après, une dépêche ministérielle annonçait que le projet était repoussé. Mais en attendant Faidherbe s'était mis à l'œuvre de telle sorte que le pont était terminé quand la dépêche arriva. Faidherbe fut désolé de la décision du ministre. Il racontait lui-même plus tard qu'il se rendit aussitôt sur le bord du fleuve pour dessiner son pont, dont il voulait au moins conserver l'image Il envoya son croquis à un de ses amis à Paris en le priant de le faire reproduire par la lithographie et de déposer le premier exemplaire sur le bureau du ministre. Du reste, il n'entendit plus parler de son pont. Quelque temps après, il écrivait à la marine que la crue du Sénégal dans sa partie maritime ne dépasse pas 1 mètre, que le pont n'avait coûté que 27 000 francs, qu'il y passait autant de monde que sur le pont de la Concorde.

Le village de Guet N'dar s'agrandit, prit de l'importance ; la plage se couvrit de plantations ; une large voie prolongée jusqu'à la mer et ombragée de palmiers permit aux habitants de Saint-Louis d'aller se rafraîchir aux brises de l'Atlantique.

Quelques années après, Faidherbe commença les études d'un autre pont sur le grand bras du fleuve, large de 600 mètres. Ce grand travail ne put être achevé qu'en 1865; l'inauguration n'eut lieu qu'en 1866. Les habitants de Saint-Louis, dans leur reconnaissance, ont donné à ce pont le nom de Faidherbe. Saint-Louis devenait ainsi le point de départ et d'arrivée de la grande route du continent. Mais, sans en attendre la fin, le gouverneur avait jeté un ponceau sur le marigot qui sépare Bouëtville, sur la rive gauche, de l'île de Sor où une colonie de Bambaras se livre à la culture maraîchère. Saint-Louis était sûre ainsi d'être toujours approvisionnée de légumes et de fruits, avantages précieux sous ce climat brûlant.

Saint-Louis elle-même fut l'objet de constantes améliorations. A l'amas confus de constructions européennes ou indigènes succéda un système de rues bien alignées, bordées de maisons propres, bien bâties. On vit s'élever des casernes, des entrepôts, l'hôtel du gouvernement à l'endroit qu'occupaient naguère les cases des nègres, reléguées aujourd'hui aux deux pointes de l'île. Une ville de pierres remplaçait la ville de roseaux.

Tout le pourtour de l'île, le long de la rivière, était des propriétés privées. On y déposait tous les débris imaginables. Faidherbe tâcha de faire disparaître ce foyer d'infection. En 1855, l'administration reprit possession au nom de l'État de tout le littoral. Des règlements de police obligèrent les habitants à jeter les immondices dans le fleuve. Mais il ne fut pas facile d'avoir raison des résistances de la routine. Ces nouveaux terrains servirent à établir une rue de ceinture et des quais, dont Saint-Louis avait le plus grand besoin. On bâtit les quais avec du bois de ronier mâle et des pierres. Les navires y vinrent charger et décharger directement leurs marchandises. En outre, ils préservent la ville des inondations auxquelles l'exposent les grandes crues comme les fortes marées.

Saint-Louis n'a de l'eau douce que pendant l'hivernage, quand le Sénégal, coulant à pleins bords, refoule les eaux marines. Le reste du temps, la mer reprend le dessus dans toute la bouche du fleuve. Il faut alors que les habitants se procurent de l'eau potable dans les dunes du rivage où, peu abondante, elle devient rapidement impure.

Faidherbe chercha à remédier à cet état de choses si préjudiciable à la santé des habitants. En 1859, il conçut l'idée du barrage du marigot de Lampsar. Les eaux retenues et accumulées pendant la saison des pluies dans un immense réservoir seraient ensuite amenées par des canaux à Saint-Louis, lorsque le fleuve deviendrait salé. « Il fit, à cet effet, une reconnaissance du marigot de Lampsar. Le barrage inférieur devait être établi près du poste du même nom, et le barrage supérieur à une douzaine de kilomètres en amont. Le marigot présente des bords réguliers, une cinquante de mètres de largeur et un peu plus de 2 mètres de profondeur moyenne. On voit qu'on aurait obtenu de la sorte une masse d'eau bien plus considérable que la quantité nécessaire aux besoins d'une ville de 20 000 habitants pendant sept mois ;... d'autres soins et le manque de crédits empêchèrent de réaliser ce projet [1]. » Repris plus tard, il a été mené à bonne fin.

Nous avons vu comment Faidherbe affranchit de toute entrave le commerce du Sénégal. Il s'appliqua aussi à le développer par d'utiles institutions. En 1855, il fonda la banque coloniale du Sénégal, dont le chiffre d'affaires atteignit bientôt un million de francs et qui put distribuer à ses actionnaires un dividende de 8 pour 100.

Il songeait à relier les divers territoires de la colonie

1. Faidherbe, *le Sénégal* (Hachette).

par un vaste réseau de routes. Il en traça quelques-unes, les plus importantes, laissant à ses successeurs le soin d'ouvrir les autres. On sait que, pendant longtemps, la colonie non seulement ne construisit pas de routes nouvelles, mais abandonna les anciennes aux ravages des eaux et de la végétation.

Faidherbe a regretté « que la question des transports par voies rapides et économiques ne nous ait donné jusqu'à présent que des déceptions dans le haut Sénégal ». Nous verrons plus tard quel appui il prêta à la construction du chemin de fer de Médine à Bafoulabé et à Bammakou.

Il eut la satisfaction, sinon d'introduire, du moins de développer la télégraphie électrique dans la colonie. La première ligne réunit en 1862 Saint-Louis et Gorée. Elle rayonna bientôt en d'autres sens jusqu'à Dagana, Podor, Rufisque, Joal. Faidherbe rêvait une ligne directe entre le Sénégal et la France. Cette ligne idéale est devenue une réalité vingt ans plus tard : Faidherbe a pu s'en servir.

Quoi que Faidherbe ait dit pour réhabiliter le port de Saint-Louis, ce port est inaccessible aux grands bâtiments, navires de guerre, transatlantiques. Le passage de la barre offre toujours de grandes difficultés aux simples vaisseaux marchands. Le gouverneur jeta ses vues sur l'anse de Dakar pour y créer un vaste établissement maritime, débouché du Soudan sur l'Europe et de l'Europe sur le Soudan. Les eaux y sont profondes à marée basse ; les masses rocheuses du cap Vert, barrière des vents et des vagues du large, y entretiennent la tranquillité. L'endroit était bien choisi. Les ingénieurs se mirent à l'œuvre en 1863 ; ils poursuivirent l'entreprise avec tant d'activité que le port put être inauguré en 1866. Deux jetées ou brise-lames protègent l'entrée ; des phares l'éclairent ; des forts dont les feux se croisent avec ceux de Gorée la défendent. On construisit des quais de débarquement, des docks, des appontements, des casernes, des écoles, un hôtel du gouvernement. Mais le peuplement de la nouvelle ville se fait aux dépens de Gorée : le voisinage des casernes, du bureau militaire, des bâtiments armés effraye les échanges pacifiques [1] : il faudra dépenser des millions pour que Dakar, supplantant Saint Louis, soit digne de devenir la capitale du Soudan français.

Aujourd'hui un chemin de fer relie cette ville à Saint-Louis. Faidherbe ne l'a pas vu. Mais il semble qu'il lui ait donné de l'humeur. Voici comment il s'en exprime : « Les promoteurs espéraient que ce chemin de fer tuerait Saint-Louis comme port de mer, parce qu'on ferait passer par Dakar et par le chemin de fer les marchandises envoyées de France, par le Sénégal et par le chemin de fer et Dakar les produits venant de ce fleuve. » Erreur ! Sans doute les populations ne pourraient s'en passer aujourd'hui ; sans doute il a son utilité pour les transports des productions de l'intérieur à Saint-Louis ou à Dakar, mais Saint-Louis bravera sa concurrence, ne serait-ce qu'à cause de l'augmentation des frais par plusieurs transbordements. « Ce n'est pas sur le commerce extérieur du Sénégal proprement dit que le chemin de fer de Dakar doit compter pour couvrir ses frais, mais bien sur le transport des produits de Cayor à Saint-Louis ou à Dakar [2]. » Singulière faiblesse ou force des attachements naturels ! L'avenir dira où est la vérité.

1. Élisée Reclus, *Géographie universelle*, t. XII.
2. Faidherbe.

Il ne paraît pas que les négociants du Sénégal aient toujours approuvé la politique de Faidherbe pourtant si conforme à leurs intérêts. Ce qui nous le donne à penser, c'est un passage de son ouvrage, le *Sénégal* où, à propos d'événements postérieurs, il déplore l'égoïsme du commerce : « Il en est ainsi chaque fois qu'une mesure prise dans le but d'obtenir des résultats avantageux pour l'avenir trouble momentanément sur un point les relations commerciales. Les commerçants voient surtout leur intérêt du moment : qu'ils fassent fortune en quelques années au Sénégal pour rentrer alors en France, il n'en faut généralement pas davantage pour les contenter[1]. » « Les négociants tremblent de nos moindres difficultés avec le Cayor. En 1858, M. le gouverneur Faidherbe allant en congé en France pouvait féliciter le commerce des colonies de ne pas connaître la faillite. Il suffit de simples conflits dans la politique intérieure du Cayor pour dissiper ce prestige par l'arrêt qu'ils causèrent sur l'arrivée des arachides de Saint-Louis[2]. » Les intérêts s'alarment vite : ils ne connaissent pas l'abnégation.

Sans tomber dans les erreurs de la Restauration, sans appeler des colons européens, Faidherbe ne découragea pas ceux qui volontairement voulurent tenter l'exploitation du sol. Il leur accorda même des concessions importantes dans les environs de Rufisque. Du reste ces entreprises réussirent peu. On créa sur l'emplacement du jardin de Richard (Richard-Toll) un jardin d'acclimatation. Ce jardin manqua d'une ferme pour l'emploi de ses plantes arborescentes, pour l'expérience de ses méthodes. Ce fut un essai stérile. Un

1. Faidherbe, *le Sénégal*, p. 30 (Hachette, éditeur).
2. Le Dr Ricard, *le Sénégal, études intimes.*

agriculteur d'occasion reprit la culture de l'indigo : il en fut pour ses frais.

D'autres cherchèrent à introduire la race des moutons de Provence : les lions les mangèrent. Les bœufs des Maures mis à la charrue moururent d'anémie.

L'exemple même des moyens perfectionnés des cultivateurs européens restait sans effet sur les indigènes. Ils continuaient à dédaigner la charrue, préférant leurs instruments simples et légers avec lesquels ils se contentent de gratter la terre. En voyant des bœufs tracer un sillon, un chef disait à leur conducteur : « Tu es heureux d'employer des *captifs* qui ne parlent pas. » Ce chef avait sans doute à se plaindre des siens : il admira les bœufs, mais il n'adopta pas la charrue. Un jour, un industriel s'avise de vouloir détrôner le mortier primitif où les négresses pilent le mil de temps immémorial. Il établit un moulin à Saint-Louis. Le succès paraît assuré. Les négociants se disputent les actions d'une affaire qui semble répondre à un besoin général ; le gouverneur, pour la favoriser, supprime les pileuses des navires de l'État, remplace par de la farine de mil la ration de grain des laptots, renouvelle et fait observer rigoureusement la défense de piler le mil pendant la nuit. Eh bien, le moulin cessa de tourner et le pilon des négresses continua à battre !

La culture maraîchère seule obtint faveur auprès des noirs. Voyant quelques Européens en tirer profit autour de Saint-Louis, ils les imitèrent. On les encouragea en leur fournissant des outils, des semences, même des terrains. Il se forma ainsi une classe d'horticulteurs indigènes dont les produits trouvèrent un écoulement facile sur le marché des villes. Ici du moins notre influence introduisit un élément fécond dans la culture locale.

Ce n'est pas que les noirs répugnent au travail des champs. Ils y ont même de l'aptitude ; ils pratiquent l'assolement, la jachère ; ils soignent avec esprit de suite leurs plantations : ils défrichent la brousse ou les forêts de gommiers : « Tout Sénégalais est agriculteur par goût. » (Ricard.) Un dicton a cours dans le haut pays : « N'est pas agriculteur qui trouve le temps trop long et son *louyan* trop petit. » Le Oualo, le Cayor, le Fouta sont des pays agricoles. Mais l'activité du noir est subordonnée à ses besoins ; il se contente volontiers des produits qui assurent la subsistance de sa famille. Puis il ne rompt pas facilement avec ses habitudes séculaires. Bien que « ne demandant pas mieux que de se laisser entraîner dans la voie du progrès matériel », il oppose aux innovations une inertie souvent invincible. Une lente expérience peut seule le corriger. Ce fut le cas pour l'arachide. La culture de cette plante indigène patronnée par le gouverneur de la colonie prit un remarquable développement en peu d'années. L'arachide, aliment précieux dans ces contrées, devenait par la demande de l'industrie un objet d'échange. Les noirs se mirent à la cultiver non seulement pour leur nourriture, mais encore pour la vente. Le commerce, en s'emparant de cette denrée, créa de nouvelles mœurs agricoles. Les nègres s'adonnèrent à cette industrie rurale avec d'autant plus d'empressement et d'ardeur qu'elle n'exige aucun effort. Il suffit de confier la plante à la terre ; la nature se charge du reste. Puis le nègre remarqua bien vite qu'elle n'épuise pas le sol, qu'on peut semer arachide sur arachide. Il en fut de même pour le melonbéraff dont la graine donne une huile industrielle.

Faidherbe, reprenant les projets de Bruë et de Compagnon, tenta l'exploitation des terrains aurifères du Bambouk. Nous savons déjà que, dans ce but, il était allé lui-même fonder le fort de Kénébia. Mais l'entreprise, conduite avec un peu de précipitation, échoua. Après quelques essais de lavages de terres, les survivants de l'expédition durent se retirer emportant une centaine de mille francs, humble produit d'un labeur accablant. Aussi bien, deux ou trois ingénieurs avaient succombé, la plupart des employés et des ouvriers étaient envahis par l'affreux *vert de Guinée* ou s'affaiblissaient dans l'anémie. Rien d'épouvantable comme ce travail en plein soleil, au fond des vallées profondes où l'air immobile et lourd, chargé de flamme et d'effluves paludéens, n'est plus qu'un agent de destruction de l'homme. Pourrait-on du moins compter sur les noirs? Mais les noirs considèrent comme avilissant le travail de l'or et ne s'y livrent que momentanément et par besoin[1]. Sans médire de la production de l'or, disons en passant que la véritable richesse minérale du Sénégal, c'est le fer, dont le sol est comme imprégné.

Les intérêts intellectuels de la colonie furent de la part de Faidherbe l'objet de soins attentifs, de mesures nombreuses. Il établit à Saint-Louis une imprimerie, créa (1855) le *Moniteur du Sénégal*, journal officiel, commença la publication d'un *Annuaire* qu'il a continué pendant toute la durée de son gouvernement. Ce recueil qui offre le tableau du monde officiel civil et militaire, des commerçants, interprètes, pilotes de la colonie, renferme des renseignements intéressants sur

1. Ricard, ouvrage cité.

les autres possessions françaises. On y trouve des études de linguistique et d'histoire dont l'auteur se reconnaît aisément. Quelques-unes de ces pages sont des documents précieux pour l'histoire du Sénégal.

Nous avons en ce moment devant les yeux l'*Annuaire* de 1860. Sous la rubrique *Instruction publique* nous trouvons la mention : d'une commission d'examens pour les bourses impériales réservées dans les lycées et collèges de France aux fils des habitants qui ont rendu des services à l'État ; d'une commission permanente d'inspection des écoles de Saint-Louis, composée de l'ordonnateur, du chef du service judiciaire, du maire de Saint-Louis, du préfet apostolique, d'un habitant notable. Gorée possède également une commission supérieure des écoles. Quant aux écoles elles-mêmes, la liste n'en est pas encore bien longue. Outre Saint-Louis et Gorée, on ne cite que Dakar, Joal, Podor, Dagana comme en étant pourvues. Les unes sont tenues par des frères de Ploërmel et des sœurs de Saint-Joseph de Cluny, les autres par des institutrices laïques. « En 1856, le gouverneur, voyant que les jeunes chrétiens, qui ne sont qu'une faible minorité, suivaient seuls les écoles des frères de Ploërmel, parce que les parents, musulmans, craignaient que les frères, comme ils y étaient forcés par leurs statuts, ne cherchassent à convertir leurs élèves à la religion chrétienne, fonda une école tenue par un laïque en promettant aux musulmans qu'on n'y enseignerait absolument que la langue française et l'arithmétique. Il se produisit alors un fait aussi singulier qu'inattendu : les frères demandèrent à leurs supérieurs et en obtinrent l'autorisation de créer des cours du soir où il ne serait enseigné que le français et l'arithmétique. Comme ils étaient connus des noirs, et qu'abstraction faite de la question religieuse, ils jouissaient de leur estime, il arriva que, tandis que l'école laïque n'avait que 20 à 30 élèves, des centaines de jeunes musulmans suivaient les classes du soir des frères au grand étonnement du gouverneur [1]. »

On dit que les petits noirs en deux années de médiocre assiduité apprennent à parler, à lire et à écrire suffisamment en français ; les jeunes filles sont capables de progrès plus rapides encore. Il n'en est pas moins vrai qu'à Saint-Louis comme à Gorée la grande masse des enfants ne fréquentaient pas l'école. Faidherbe s'en était ému. Dans un élan généreux, il prit un arrêté établissant l'instruction obligatoire. Malheureusement cette mesure, d'une exécution difficile, resta sans effet. « Après son départ, la sollicitude pour l'instruction fut oubliée par ses successeurs et personne ne songea à surveiller la fréquentation des écoles, qui resta insignifiante [2]. »

Pour mieux rapprocher les indigènes des Européens, Faidherbe souhaitait la formation d'une langue analogue au créole des Antilles ou au sabir de l'Orient. L'essentiel, disait-il, est que nos petits noirs puissent échanger avec nos petits Français des idées élémentaires. Encore une question dont la solution est réservée à l'avenir.

Parmi ses plus heureuses créations, il faut noter l'École des otages. L'histoire en remonte assez loin. Nous laissons ici la parole à Faidherbe. L'anecdote est piquante et fort bien racontée. « Étant en 1863 à bord de l'*Eldorado*, commandant Baudin, nous descendîmes au Grand-Bassam. Nous fûmes reçus en grande pompe

1. Faidherbe, *le Sénégal*.
2. Ernest Fallot, *Histoire de la colonie française au Senégal*.

au village du roi Piter. Le vieux roi daigna, pour nous faire honneur, exécuter lui-même quelques pas de danse, au milieu de ses femmes qui, agenouillées, nettoyaient de leurs mains le sol que foulaient les augustes pieds de Sa Majesté, pendant qu'un orchestre, composé d'une vingtaine de noirs soufflant dans des dents d'éléphant, produisait la plus épouvantable cacophonie qu'on puisse imaginer.

« La foule nous entourait et nous serrait de près. Un individu surtout, aussi peu vêtu que les autres et plus répugnant par suite d'une maladie de la peau dont il était affligé, venait toujours se placer contre nous. Je dis à l'interprète qui nous accompagnait : « Quel est donc cet homme? que veut-il? » Avant que l'interprète ait pu me répondre, le noir me dit lui-même, sans aucun accent étranger: « Capitaine, je suis un « ancien élève du lycée Louis-le-Grand ; j'y ai fait toutes « mes études. » On comprendra sans peine ma stupéfaction ; je ne pus que répéter: « Comment un ancien « élève de Louis-le-Grand ? — Oui, me dit-il; l'amiral « Bouët m'emmena en France. Le ministre de la ma- « rine me mit au lycée et, quand j'eus fini mes études, « on vint me déposer ici dans mon pays natal. — Mais « comment vivez-vous ici? Que faites-vous? — Je gagne « de quoi manger en servant quelquefois d'interprète « entre les soldats du poste et les habitants du vil- « lage. »

Ce déclassé inspira à Faidherbe de profondes réflexions. La civilisation l'avait pris, l'avait nourri de ses arts, de ses sciences, de sa littérature, puis l'avait rejeté brusquement sur sa terre natale. Bienfait perfide! Ce qu'on lui avait donné ne compensait pas ce qu'on lui avait ôté. Son éducation de civilisé l'exposait à la misère, à la faim dont l'auraient préservé ses mœurs, ses habitudes de sauvage. Étranger parmi ses compatriotes, inférieur à eux dans la lutte pour la vie, c'était un impuissant et un paria. Le résultat condamnait le système. Pour associer les indigènes à notre œuvre, il fallait procéder par d'autres moyens. Il fallait choisir une élite parmi les jeunes gens distingués par l'intelligence, la naissance, les retenir dans le pays, les soumettre à une éducation rationnelle qui les rapprocherait de nous sans les séparer de leurs semblables, les préparer par une culture progressive et prudente à leur rôle d'agents du progrès politique et social dans la colonie.

De ces considérations sortit l'École des otages: ainsi nommée parce que « les quelques fils de chefs qui s'y trouvaient nous avaient été donnés en cette qualité par leurs pères ». Plus tard elle prit le titre d'École des fils de chefs et des interprètes. Cette école dura quinze ans. Elle rendit de grands services : 103 indigènes l'ont fréquentée plus ou moins longtemps. Les uns sont devenus chefs de canton, les autres interprètes, officiers, commerçants, cultivateurs. Cinq ou six seulement ont mal tourné : parmi eux, ce Lat-Dior, principal fauteur des troubles du Cayor pendant de longues années. Au contraire, Amadou-Abdoul, chef du Toro, élevé à l'école des otages, non seulement ne garda pas rancune d'une révocation peut-être imméritée, mais poussa le dévouement jusqu'à demander à servir dans l'armée indigène. On lui confia un poste de sous-lieutenant aux spahis. Sa conduite fut en tout et toujours digne d'éloges. Pour mieux nous manifester son attachement, il sollicita la faveur d'aller mourir en France. On y consentit. Atteint jeune encore d'une maladie mortelle, il rendit le dernier soupir à l'hôpital Saint-Mandrier à Toulon [1].

Le bien qui a surpassé de beaucoup le mal fut dû au caractère des instituteurs autant qu'à leur enseignement. Faidherbe exprime une grande vérité pédagogique en disant qu'ils réussirent parce qu'ils aimaient leurs élèves. En 1871, des influences locales, intéressées à obscurcir la situation aux yeux du gouvernement, déterminèrent le colonel Vallée à supprimer l'École des otages. Ce fut un malheur pour le Sénégal.

Faidherbe n'hésita pas à protéger les missions, qu'il considérait comme un puissant instrument de colonisation. La prédication chrétienne a trouvé meilleur accueil auprès des noirs qu'auprès des musulmans. Les noirs, dont le sentiment religieux est plus ou moins endormi, n'opposent généralement qu'une certaine indifférence aux efforts des missionnaires. C'est sans doute un obstacle, mais on réussit à le vaincre. C'est ainsi que la population de Gorée a été convertie. Toute autre est l'opposition des musulmans. Leur zèle de convertisseurs, leur fanatisme, s'accommodent mal de la concurrence chrétienne. Nos missionnaires ne font pas facilement brèche dans leurs rangs. L'intérêt mercantile les a également défendus contre le christianisme. Commerçant avec les Maures et les Peuls du haut fleuve, les négociants de Saint-Louis préféraient rester musulmans, élever leurs enfants dans la religion musulmane, parce que leurs correspondants professaient cette religion. C'était un lien entre marchands. Ainsi on a pu dire « que les missions chrétiennes ont peu de prise sur les peuples indépendants de l'Afrique; mais

1. Ernest Fallot, *Histoire de la colonie du Sénégal.*

la difficulté ne lasse guère la patience de leurs fervents ouvriers[1] ». Toutefois, Faidherbe constate que « les missionnaires du Saint-Esprit ont obtenu des résultats sérieux aux environs de Joal, dans les États sérères ». Le jour où le missionnaire aura vaincu le marabout, l'autorité de la France sera inébranlable dans le Soudan occidental. Ce temps viendra. « Depuis lors, les choses ont changé, dit Faidherbe à propos des missions dans le haut fleuve ; les missionnaires du Saint-Esprit sont aujourd'hui installés à Kita. Ils y sont très heureux au milieu d'une population mandingue non fanatique. Les indigènes connaissent le caractère religieux et le but des membres de cette mission ; ils laissent cependant leurs enfants s'approcher des missionnaires. »

On sait que Faidherbe fut l'apôtre fervent de l'abolition de l'esclavage. Aussi quand, en 1858, le gouvernement métropolitain autorisa, sous le nom d'immigration, l'embauchage des noirs pour les colonies des Antilles, il protesta énergiquement contre cette traite déguisée. On allait éveiller les appétits sauvages des chefs noirs, d'autant qu'on s'adressait naturellement aux anciens foyers de traite ; on allait provoquer les expéditions armées, le pillage, le vol pour se procurer des travailleurs libres. C'était la ruine de toutes les idées morales, de la justice, de la paix, de tout ce qui portait les indigènes à la soumission, à la confiance, au travail. Faidherbe indigné rédigea une lettre au ministre « pour n'avoir pas la responsabilité des désordres dont le pays était menacé par l'immigration ». Cettre lettre est fort belle. La voici :

Dr Ricard, *le Sénégal, études intimes.*

« Monsieur le Ministre,

« J'ai dépensé tout ce qui me restait de force physique et morale pour rétablir les affaires de la colonie
dans notre campagne de deux mois à Médine.

« Aujourd'hui je ne suis plus en état de rester à mon
poste, et j'ai, en conséquence, l'honneur de vous prier
de vouloir bien me faire remplacer comme gouverneur
du Sénégal. Je crois laisser la colonie dans un état
assez satisfaisant, et je suis persuadé que la France
peut s'en faire une belle et utile possession, si l'on con-
tinue à prendre pour règle de conduite l'intérêt des
indigènes. Il faut pour cela des gouverneurs qui n'aient
ni répugnance, ni aversion, ni mépris pour ces races
peu favorisées de la nature au point de vue de la per-
fectibilité humaine, mais qui ne sont pourtant pas indignes de quelque sympathie et qui peuvent produire
sur leur propre sol, et sans y être forcées par des
moyens contraires à la justice et à l'humanité, de quoi
dédommager amplement les peuples européens et
commerçants qui veulent bien s'intéresser à elles, les
protéger et les diriger charitablement. »

Le gouvernement défendit bientôt d'engager des travailleurs libres sur la côte d'Afrique; la démission de
Faidherbe n'eut pas de suite.

L'humanité et la justice, que Faidhérbe invoque ici
pour conquérir les noirs, il les trouvait dans son âme
avant de les mettre dans sa politiques ou plutôt elle,
rayonnaient de son âme sur sa politique. Voici, pour
finir, un trait qui montre avec quelle énergie il savait
les appliquer. Un jour, c'était en 1860, une femme peul
vint se jeter à ses pieds : « Gouverneur, je demande
justice, je ne compte que sur toi. Venge-moi! » Et

alors elle lui raconta que pendant qu'elle travaillait à Saint-Louis, Patté, ministre du roi de Coki, avait envahi sa case, volé ses enfants, brisé la tête de sa mère. « Je n'ai plus que toi, tu es mon père et ma mère ; je te demande justice. » Le gouverneur promit son appui.

Aussitôt il expédia à la recherche du bandit un Peul nommé Demba, homme sûr, intelligent, brave. Patté, quittant Coki, s'était réfugié dans une case isolée au milieu des taillis. Un détachement de spahis, éclairé par Demba, le cerna et l'enleva malgré sa résistance désespérée. Refusant de marcher, il fut conduit à Saint-Louis lié sur un mulet. Interrogé, reconnu coupable, comme la juridiction des tribunaux français ne s'étendait pas sur le territoire de Coki, Faidherbe donna l'ordre au commandant des spahis de le ramener dans ce village et de le fusiller. Puis on suspendit son cadavre aux branches d'un baobab, dans un carrefour bien en vue, et on écrivit dessous en gros caractères français et arabes : « Ainsi seront traités tous ceux qui tuent les mères pour voler les enfants! » Malheureusement les enfants, vendus dans le Fouta, disparurent sans laisser de traces. Malgré les recherches les plus actives, on ne les a jamais retrouvés.

Telle fut dans ses grandes lignes l'administration du général Faidherbe. Elle complétait l'action militaire en la justifiant. La paix était suivie d'une organisation qui permettait à la colonie de s'ouvrir peu à peu à la civilisation de l'Europe, de développer progressivement ses ressources de toutes sortes, morales ou matérielles. Si peu que soient dix ans dans la vie des peuples, les Sénégalais avaient fait sous un gouvernement réparateur un grand pas dans la voie du progrès.

En quittant le Sénégal, Faidherbe a pu se rendre le

témoignage qu'il avait fondé la colonie de toutes pièces, par le seul effort de son génie. Avant lui, il n'y avait rien. A son départ, il laissait un territoire, un gouvernement, une administration, une armée, des traditions de victoire, une politique sacrée par le succès, l'adhésion ou la soumission des peuplades maures, ouolofs, foulahs, mandingues, des colons rassurés et pleins de confiance, un avenir de prospérité incalculable.

Il emportait le regret d'abandonner sa tâche inachevée, le chagrin de n'être pas apprécié selon ses mérites. Le gouvernement de la métropole, partagé entre d'autres soins, semblait n'attacher qu'une médiocre importance à la colonie du Sénégal. Il laissa dans l'ombre l'homme qui lui avait donné le Soudan.

L'opinion publique ne vengea pas Faidherbe de l'injustice du pouvoir; à l'exception de quelques géographes, économistes ou marchands, tout le monde ignorait ses merveilleux travaux. A cette époque, la géographie était dédaignée; les questions coloniales ne passionnaient personne. Les études consacrées à la géographie et à l'histoire du Sénégal, insérées la plupart dans des revues spéciales, ne sortaient pas d'un cercle très restreint de lecteurs. La gloire de Faidherbe ne dépassa pas les limites de la colonie. Il n'obtint pas, il n'a jamais obtenu, pour ces causes, la popularité à laquelle il avait droit.

Faidherbe, peut-être trop sensible à cette double ingratitude, en a conservé du ressentiment. Il semble même qu'il n'ait jamais pardonné à l'Empire de n'avoir pas mieux reconnu ses services. Du moins, aujourd'hui, grâce à la diffusion de la géographie, à l'intérêt qu'éveille la colonisation de l'Afrique, à l'action de la presse périodique et des livres, le conquérant et organisateur du Sénégal commence à apparaître sous son véritable aspect, dans son éclat, en attendant que la postérité lui rende les honneurs qu'on. décerne aux grands hommes, à ceux qui ont bien mérité de la patrie et de l'humanité.

CHAPITRE III

ENTRE LE SÉNÉGAL ET LA CAMPAGNE DU NORD

Mariage de Faidherbe. — Commandant de Sidi-Bel-Abbès. —
Juste revendication. — Retour en Algérie. — Commandant de
la subdivision de Bône. — Président de l'Académie d'Hippone.
— Ses idées morales. — Travaux d'érudition : fouilles ; mémoires ; inscriptions numidiques ; études sur les populations
du Nord de l'Afrique ; sur la langue berbère ; plan de vocabulaire. — Services rendus à l'Académie d'Hippone, bibliothèque, musée. — Essais d'acclimatation. — Membre laborieux
de nombreuses sociétés savantes, il publie un grand nombre
de notices sur des sujets divers. — Faidherbe écrivain. —
Proclamation de Faidherbe à ses troupes après les désastres
des armées du Rhin : il aurait mieux fait de se taire.

Arrivé au Sénégal en 1852 avec le grade de capitaine,
il en partit en 1861 avec celui de colonel. Quand il y
revint en 1864, il était général et commandeur de la
Légion d'honneur.

C'est pendant une absence momentanée, en 1858,
qu'il se maria à Lille. Obéissant à ce sentiment de la
famille qui est si puissant dans notre race du Nord, il
épousa sa nièce, la fille de son frère aîné. Mme Faidherbe a traversé l'épreuve des grandeurs sans en être
troublée. Mais si la haute fortune à laquelle elle fut

13

élevée ne porta atteinte ni à sa simplicité ni à sa modestie, elle a exalté les instincts de son cœur jusqu'à
l'abnégation. Dans son foyer, le général a rencontré
aux jours pénibles la sympathie qui relève ; aux heures
dernières si longues par la douleur, les soins affectueux qui soulagent ; toujours un inépuisable dévouement.

De 1861 à 1863, Faidherbe remplit l'emploi de commandant de la subdivision de Sidi-Bel-Abbès dans la
province d'Oran. Les soins militaires lui laissant du
loisir, il se livra à ses études favorites. Il ne pouvait
détacher sa pensée du Sénégal. C'est pendant son séjour en Algérie qu'il a cherché à éclaircir la question
si controversée des relations avec le Soudan par le Sahara. Nous savons à quelles conclusions il a abouti
dans *l'Avenir du Sahara et du Soudan*. Il composa aussi
un mémoire sur *la langue sérère*.

Bien que satisfait d'avoir obtenu un commandement
militaire, il ne se croyait pas suffisamment récompensé
de ses services. Sa position, d'ailleurs, lui paraissait
fausse, tant qu'il n'aurait pas été placé dans l'état-major
général. On rapporte qu'il adressa ses doléances au
prince Napoléon dans une lettre qui, exploitée plus
tard par les partis, est devenue fameuse. Nous n'en con-
naissons le texte que par les journaux. En admettant
qu'elle soit authentique, et la jugeant avec bonne foi,
on ne peut y trouver qu'une ferme revendication de
droits méconnus, présentée sous une forme respectueuse,
comme il convenait. Elle ne met en péril ni les principes ni la dignité de Faidherbe.

Cette lettre aurait produit plus tard son effet : Faidherbe fut nommé général de brigade.

Enfin, l'ordonnance impériale du 23 mai 1863, qui

lui redonnait le gouvernement du Sénégal, pouvait être considérée comme un hommage tardif rendu à ses mérites. Malgré son état de santé, Faidherbe ne voulut pas décliner l'honneur qu'on lui faisait.

Mais ses forces le trahirent. Deux ans après il dut solliciter son retour. Il alla prendre du repos à Alger, où il resta en disponibilité jusqu'en 1867. A cette époque, le gouvernement impérial lui confia le commandement de la subdivision de Bône qu'il a conservé jusqu'à la guerre franco-allemande.

Cette période est remplie surtout par des travaux ethnographiques et des études d'archéologie. Élu par acclamation président de l'Académie d'Hippone, il prit au sérieux ses nouvelles fonctions. Elles convenaient à ses goûts. Il les exerça avec l'exactitude et l'activité qu'il mettait à remplir tous ses devoirs. « Homme public comme homme privé, dit M. Brosselard, il apportait dans tous ses actes une régularité mathématique. Il n'eût pas toléré que ce qui devait être accompli le jour même fût remis au lendemain. Même dans ses dernières années, alors que la vie n'était plus pour lui qu'un douloureux martyre, il n'a jamais admis l'oubli de ce principe, auquel il attribuait le succès qu'il avait obtenu pendant sa longue carrière[1]. » Il présida effectivement les séances, se mêla aux discussions, prit part à tous les travaux. Au point de vue des études personnelles, l'Académie d'Hippone n'eut pas de meilleur collaborateur, et ce n'est pas sans raison que, dans l'article nécrologique qu'elle lui a consacré, elle proclame « que le général Faidherbe a contribué pour une grande part à sa renommée ».

1 Brosselard, *Bulletin de la Société de géographie de Lille*, 1890, n° 1.

Le 25 août 1867, en prenant possession de la présidence, il prononça un discours dont il faut retenir la noblesse des idées et des sentiments.

Convaincu que les besoins intellectuels des peuples sont au moins aussi sacrés que leurs besoins matériels, il s'honore d'avoir, pendant dix ans au Sénégal, multiplié les écoles et employé ses veilles à écrire des livres pour répandre la langue française dans l'Afrique occidentale. Il condamne impitoyablement les pièces de théâtre, les livres qui affaiblissent le respect dû à la famille, à la vieillesse, aux parents, à la femme, à l'enfance. Un de ses amis nous a raconté que sa pudeur littéraire s'effarouchait de toutes les publications qui outragent les bonnes mœurs. Ni l'esprit ni la beauté de la forme ne trouvaient grâce devant lui, si le fond était impur. Dominé par une austérité ombrageuse, il aurait enseveli dans leurs textes, inaccessibles au plus grand nombre, les œuvres mêmes d'Aristophane, de Pétrone, d'Apulée, de Lucien et autres écrivains grecs ou latins trop naturalistes. Pour lui, la littérature n'avait pas seulement pour mission d'instruire ou de charmer les hommes, elle devait encore et surtout les moraliser. Répandre les bons livres, étouffer les mauvais, c'est le devoir des autorités, des magistrats, des ministres des cultes, de tous les bons citoyens.

Quoi qu'on puisse penser de cette proscription absolue, elle témoigne d'un idéal peu vulgaire. Faidherbe était un honnête homme, il aimait l'honnêteté en toutes choses. C'est ainsi qu'il répétait volontiers, songeant encore au Sénégal : « Ce qu'il faut dans une jeune colonie pour qu'elle prospère, c'est des mœurs pures et vaillantes : il faut que les pères de famille soient sobres, travailleurs et braves, les mères tout à leur intérieur et aux soins de leurs enfants, que les jeunes filles restent sages, que les jeunes gens se conduisent de manière à rester sains et robustes. » Ne dirait-on pas un de ces sages de l'antiquité dictant tout d'une pièce des règles à leurs concitoyens pour les conduire au bonheur par le chemin de la vertu? Aussi bien ne fut-il pas un *pasteur de peuples* à plus juste titre que les héros d'Homère?

Faidherbe a publié dans le Bulletin de l'Académie d'Hippone son *Mémoire sur les éléphants de l'armée carthaginoise*.

L'exploration qu'il fit de la grotte de Taya et de la nécropole mégalithique de Roknia donna lieu à une remarquable étude d'anthropologie avec planches et tableaux de craniométrie. Mais pour imprimer les planches, la Société manquait d'argent. Il est probable que Faidherbe n'en avait pas davantage. Une subvention départementale de 700 francs tira tout le monde d'embarras.

Remarquons à ce propos que Faidherbe, dans une position où il jouissait d'un pouvoir absolu, où il disposait des biens des vaincus, où il était exposé à la tentation des cadeaux, ne prit jamais rien, n'accepta rien qui pût charger sa conscience. Il montra le désintéressement le plus scrupuleux, le plus rare. Pauvre il débarqua au Sénégal, pauvre il s'en éloigna. Une personne en situation d'être bien informée nous a déclaré qu'à l'exception de quelques objets de curiosité, dépouilles d'animaux, armes et ustensiles d'indigènes, il n'emporta qu'un petit lingot d'or, cadeau d'un chef noir, dont il fit faire des bagues qu'il distribua à des amis.

Les fouilles de Taya et de Roknia eurent du reten-

13.

tissement. On en parla en termes élogieux à la réunion des Sociétés savantes du mois d'avril 1868. « C'est un travail des plus importants, dit le rapporteur, et qui montre que le général Faidherbe continuera dignement en Afrique les glorieuses traditions scientifiques qu'y ont laissées ses prédécesseurs qui, comme lui, ont su consacrer à l'étude les rares loisirs du métier des armes. Les explications du savant général sont faites avec une méthode parfaite, et le récit de ses fouilles est écrit de façon à en faire un modèle pour les travaux du même genre. »

L'année suivante, son attention ayant été appelée sur la nécropole de Mazuela, située sur la route de Constantine à Guelma, il y découvrit deux mille tombeaux formés de pierres brutes, entourés la plupart de ces cercles de pierres que les Celtes appelaient cromlechs. Il en rendit compte encore dans un mémoire adressé à l'Académie d'Hippone.

Mais son œuvre capitale est la recherche et la réunion des inscriptions libyques et le mémoire considérable auquel elles ont donné lieu sous le titre de : *Collection complète des inscriptions numidiques (libyques) avec des aperçus ethnographiques sur les Numides.* Au moment où Faidherbe prit le commandement de la subdivision de Bône, on possédait une vingtaine seulement de ces textes de pierre. Grâce à ses explorations et à l'aide de collaborateurs intelligents, zélés, en particulier du docteur Reboud, il put en rassembler près de deux cents. Avec ces éléments il pouvait, comme il le dit, présenter l'*état de la question*, essayer même de la résoudre. Les inscriptions libyques sont gravées sur la pierre brute ou sur des stèles polies, accompagnées quelquefois de figures plus ou moins finies avec des inscriptions latines. Elles semblent se rapporter à une époque comprise entre 200 ans avant l'ère chrétienne et 300 ou 400 ans après.

On parlait trois langues en Numidie, cette partie de l'Afrique du Nord qui correspond à la province de Constantine et à la Tunisie : le punique apporté par les Carthaginois, le latin par les Romains, le libyque qui semble avoir été l'idiome des vaincus, des habitants primitifs. Le libyque a laissé des traces profondes : on le reconnaît, malgré des modifications, dans la langue des Touaregs, des tribus berbères de l'Atlas. L'écriture des Touaregs a de singulières ressemblances avec l'écriture libyque. Du reste, les caractères de cette écriture n'ont été employés que pour les monuments lapidaires. Faidherbe a donné le nom de numidiques aux inscriptions libyques, pour plus de clarté, en souvenir aussi de la nation numide, type des Kabyles, des Amazirg, des Brabeurs, des Touaregs, des Zénagas d'aujourd'hui. Du reste les tombeaux libyques ou numides renferment peu de chose : pas de corps, sans doute parce qu'ils étaient incinérés selon la coutume romaine ; à peine quelques objets ayant servi pendant la vie.

Faidherbe a bien soin de distinguer des monuments funéraires numides les dolmens et autres monuments mégalithiques dont il a compté 3000 à Roknia, 2000 à l'Oued-Berda. Ce sont des représentants d'époques différentes, séparées entre elles par des siècles.

Il est ainsi amené à jeter un coup d'œil sur l'ethnographie de l'Afrique du Nord. Ses conjectures, pour n'être pas absolument fondées, ne laissent pas d'offrir un sérieux intérêt. Deux types composent les populations de la Berbérie. A la base, il y a une population

« de taille moyenne, blanche de peau, mais au teint bilieux, aux yeux et aux cheveux noirs, la face non allongée, le nez court, les mâchoires assez fortes ». A ces couches s'est superposée une autre race originaire du Nord, les *Taméhou*, Aryens ou pré-Aryens qui, après avoir traversé le continent européen jusqu'à la Méditerranée, poussés peut-être par une invasion aryenne, se répandirent sur les îles, et de là en Afrique, jusqu'en Égypte, qu'ils auraient même subjuguée au temps de Psamménit, Taméhou lui-même. « Les envahisseurs étaient de farouches guerriers, de haute taille, à la peau très blanche, au teint coloré, aux yeux bleus ou au moins clairs, aux cheveux et à la barbe blonds, au crâne dolichocéphale, au visage ovale, au nez assez long, busqué, un peu élargi aux ailes et non pincé comme le nez sémite : en un mot, le type kymri. » Ils étaient tatoués, vêtus de peaux de bêtes. Ils vinrent si nombreux que le géographe Scyllax a pu dire : « Les Libyens sont tous beaux et blonds. »

Aujourd'hui, les blonds n'offrent plus que des unités isolées, ou quelques groupes disséminés à l'écart, formant peut-être un dixième de la population totale. Faidherbe explique cette diminution par le croisement; il entre à cet égard dans des détails auxquels son expérience de l'ethnographie africaine donne du poids. A citer cette opinion au moins singulière que l'influence des milieux sur une race fixée est bien faible pour la modifier : il croit bien plus à leur influence pour la détruire, s'il y a incompatibilité entre la race et le climat.

Si la langue des vainqueurs se perdit dans la langue des vaincus, comme celle des Francs dans la langue des Gaulois, quelques-unes de leurs coutumes se sont perpétuées, par exemple la condition privilégiée de la femme dans la famille kabyle. Des racines de noms propres d'individus ou de tribus actuels remontent à ce peuple. Enfin, l'ouverture des tombeaux de Roknia a mis au jour un grand nombre de squelettes taméhous remarquables par la beauté des crânes et des profils et par la haute taille.

Quant à la langue berbère parlée des bords de la Méditerranée aux rives du Sénégal, c'est bien la langue des populations primitives. « L'unité et l'universalité de la langue berbère est la plus grande preuve qu'elle est bien une langue indigène. » A ce propos, Faidherbe déplore qu'on connaisse si peu la langue kabyle : il s'étend avec complaisance sur les moyens pratiques de composer un vocabulaire franco-berbère. « Il faudrait choisir cinq interprètes intelligents, sachant suffisamment l'arabe et autant que possible s'étant déjà occupés du berbère : le premier, à Alger, s'aboucherait avec des thalebs kabyles ; le second, à Constantine, avec des thalebs chaouïa et benimzab ; le quatrième, à Tanger, avec un thaleb du Rif, et le cinquième, à Mogador, avec un thaleb du Sous. Chacun d'eux muni d'un dictionnaire arabe-français de Kasimirski se ferait indiquer par son thaleb les mots du dialecte berbère local correspondants aux mots de la langue arabe que tous ces thalebs connaissent parfaitement en même temps que leur langue nationale. Il suffirait de deux ans pour recueillir ces divers éléments partiels, puis on penserait à les collationner, à les comparer et à les classer en un vocabulaire unique. »

Revenant aux inscriptions numidiques, il entre dans l'examen critique du texte dont il présente quelques traductions.

Ce mémoire fut adressé à la Société des sciences, de l'agriculture et des arts de Lille, dont Faidherbe était membre. Lu en séance, il a été inséré dans le Bulletin de la Société. M. L. Danel, imprimeur à Lille, ami intime du général, a tenu à en publier, à ses frais, une édition de luxe.

Dévoué à cette Académie d'Hippone, dans laquelle il trouvait l'emploi de son activité intellectuelle, Faidherbe s'appliqua à en augmenter les ressources. Il l'enrichit, il l'ouvrit sur le monde de manière à la convertir en institution publique, profitable à tous. L'Académie possédait une petite bibliothèque à l'usage de ses membres; il obtint pour elle du ministre de la guerre la remise des 1100 volumes qui composaient la bibliothèque des officiers, de la municipalité de Bône un local accessible à tous les lecteurs. Les crânes, les poteries exhumés des tombes de Roknia, des pierres historiques, sarcophage et tète de marbre de Souk-Ahras, furent déposés par ses soins dans le musée de la Société. Toujours avide d'améliorations sociales, il entreprit l'acclimatation du ver à soie du jujubier. C'était peut-être introduire un élément de prospérité dans la région; il y avait de quoi le tenter. Il tira du Sénégal des plantes du *Ziziphus orthocanta* et plus tard des cocons vivants. Le temps lui manqua pour suivre l'expérience.

Affilié à de nombreuses sociétés d'anthropologie, de sciences, d'histoire, d'archéologie, de géographie, on peut dire que Faidherbe paya à toutes sa dette de travail. L'honneur pour lui ne faisait qu'augmenter le devoir; le titre n'avait de valeur que par l'emploi. Il était, dans ces sociétés, de ceux, en petit nombre, qui travaillent pour tout le monde, qui travaillent d'autant plus que la grande masse se repose. C'est un système de compensation dont les charges pèsent généralement sur une petite mais vaillante élite. On n'en finirait pas, si l'on voulait énumérer tous les mémoires, études, lettres de Faidherbe reproduits dans les Bulletins des Sociétés savantes auxquelles il appartenait. A l'une, il envoie une étude sur le *Voyage des cinq Nasamons* où il éclaire le récit d'Hérodote des lumières de la géographie moderne ; à l'autre ses observations sur les populations berbères du Sénégal, qu'il rattache aux populations de l'Atlas. C'est une notice, tantôt sur les inscriptions libyques de la Cheffia, tantôt sur les inscriptions phéniciennes. Il suit l'invasion arabe dans le désert jusqu'au centre de l'Afrique, ou l'expansion d'une langue, d'une écriture africaines, selon les lois historiques [1].

C'est ainsi qu'aux travaux de la guerre ou de l'administration il a toujours mêlé les travaux de la plume. Sûrement, il aimait à écrire : c'était encore l'action ; c'était aussi être utile. La prose de Faidherbe, bien qu'un peu lourde, se soutient par le souffle qui la traverse, la réchauffe, l'anime. Elle a un fond d'humanité où l'on se plaît, parce qu'on s'y retrouve soi-même. Sans apprêt, sinon sans lenteur, elle exprime ce qu'elle veut dire, la pensée, le sentiment exacts. Elle passe à côté de l'art, n'ayant en vue que son objet. Faut-il s'en plaindre ? Elle a suffisamment de méthode et de clarté. L'intérêt, que rien ne détourne, est dans le fait, dans l'idée. C'est le langage simple, naturel, d'un soldat écrivant comme il va à la bataille, avec un plan, un but, sans se préoccuper de la correction des manœuvres. Il

1. Voir Papier : *Le général Faidherbe, président de l'Académie d'Hippone*, Compte rendu de l'Académie du 30 septembre 1889. — Nous avons pris dans cet article nécrologique, rempli de faits, la plupart de nos renseignements.

est certain que si l'on ne s'arrête pas aux broussailles qui encombrent un genre d'écrits analogues aux *Mémoires* ou aux *Chroniques*, si l'on s'en tient aux grandes scènes, on éprouve un charme attirant, parce qu'on découvre, sous la lettre un peu froide, une conception des hommes et des choses, qu'on y sent une émotion sincère dont la source est dans un cœur avide de bien, de vérité, de justice. Ce charme n'est pas celui qu'exerce l'artiste, mais bien l'honnête homme, *vir bonus :* on n'éprouve pas de l'admiration, mais de la sympathie. Mais où Faidherbe s'élève au-dessus de sa nature, c'est quand la contradiction systématique ou malveillante froisse son bon sens ou sa sincérité. Alors les bouillonnements intérieurs remontent à la surface. La parole coule rapide, âpre, indignée. Peut-être aussi l'amour-propre enflamme-t-il un peu l'éloquence. Quoi qu'il en soit, le lion a ses moments de colère. L'écrivain y gagne de l'éclat.

Il est à souhaiter qu'une main pieuse recueille ses œuvres trop dispersées, quelquefois même introuvables. Il y aurait quelque avantage à les publier dans leur ensemble. Au point de vue historique, elles sont le commentaire vivant de grands événements ; au point de vue politique, elles contiennent des indications dont on pourrait tirer parti pour notre expansion coloniale. Ce serait enfin un dernier hommage rendu à un homme qui n'a travaillé que pour son pays.

Cependant la maladie qui dévorait Faidherbe lui imposa un repos dont il profita pour se rendre en France. Il était dans sa ville natale quand éclata la guerre avec l'Allemagne. Il demanda un emploi dans l'armée du Rhin. On le renvoya en Afrique. Son état de santé ne lui ayant pas permis de continuer son service à Bône, il reçut l'ordre d'aller prendre le commandement de la subdivision de Batna.

C'est là qu'il apprit les désastres de l'armée française. Dans son indignation et sa douleur il adressa à ses troupes l'ordre du jour suivant :

« Officiers, sous-officiers et soldats,

« Les désastres et les humiliations s'accumulent sur notre malheureux pays.

« L'honneur de l'armée française est violé.

« Nous qui n'étions pas à ces journées néfastes de Sedan et de Metz, nous qu'on a retenus malgré nous en Algérie, élevons nos cœurs à la hauteur des événements.

« Au milieu de tous les citoyens qui se lèvent pour la délivrance du sol natal, formons le noyau d'une armée régénérée, d'une armée nationale qui fera oublier les défaillances ou les trahisons des armées impériales.

« Jurons de nous dévouer au salut de la patrie, de laver les taches de notre drapeau et de refouler par tous les moyens la restauration du régime qui, en vingt ans, est parvenu à démoraliser la France et à la mener à sa ruine. Vive la France ! Vive le gouvernement républicain de la Défense nationale !

« Le général de brigade. »
« FAIDHERBE »

1er novembre 1870.

On voudrait effacer cette page de la vie de Faidherbe. Il n'y a pas de chagrin, de dépit, de rancune qui excuse de telles paroles.

Les défaillances ou les trahisons des armées impériales ! est-ce à Faidherbe d'en parler ? N'appartenait-

11

il pas lui-même à cette armée? Toute sa carrière militaire n'était-elle pas, alors, enfermée dans l'époque impériale? Où sont d'ailleurs ces défaillances, ces trahisons des armées impériales? Est-ce à Wissembourg, où 10 000 hommes luttèrent tout un jour contre 120 000 Allemands? est-ce à Reischoffen, où moururent les cuirassiers pour sauver l'armée? est-ce à Saint-Privat, où l'on ne succomba que sous le nombre, après des prodiges de bravoure? est-ce à Sedan, où l'héroïsme de notre cavalerie arrachait au roi Guillaume la fameuse exclamation : « Ah! les braves gens ! » ?... Et si, visant seulement certains chefs, en dépit du sens étendu de ses expressions, il n'a voulu que flétrir les misérables qui ont foulé aux pieds leur devoir, il aurait pu laisser ce soin à d'autres : car malgré leur indignité, ces chefs étaient ses collègues. Dans ce cas, on comprend la délicatesse du silence. Enfin quand une armée se bat à la frontière, sous quelque régime que ce soit, sous Louis XIV, la Convention ou Napoléon, c'est avant tout l'armée de la France. Heureuse ou malheureuse, elle a droit à tout notre respect. Il n'est permis à personne d'y manquer, à un général moins qu'à tout autre.

« Jurons de nous dévouer au salut de la patrie.» A ces mots devait se borner la proclamation de Faidherbe. Elle eût été digne de son grand cœur. Se dévouer, c'est ce qu'il savait le mieux faire. Dans ce rôle il était vraiment supérieur. Nous allons voir comment il tint son serment.

CHAPITRE IV

LA CAMPAGNE DE L'ARMÉE DU NORD

§ I. — Préliminaires

Caractère de la guerre de 1870. — L'opinion publique. — Dans le Nord. — État du pays après les premiers désastres. — Agitations et mouvements à Lille. — Salutaire influence de M. Testelin. — Il est nommé successivement préfet et commissaire de la Défense nationale. — Son rôle et ses services. — Découragement de l'autorité militaire. — Efforts pour constituer la défense. — L'opinion de Faidherbe sur le commissaire de la Défense nationale. — Bourbaki commandant de l'armée du Nord. — Formation de l'armée. — Le général Farre et le colonel de Villenoisy. — Effectif disponible. — L'armée allemande se porte sur Amiens. — Bataille d'Amiens ou de Villers-Bretonneux. — Prise d'Amiens.

« Grâce à vos soins, la France est prête, » avait dit M. Rouher, président du Sénat, à l'empereur, le 16 juillet 1870. On se rappelle les déclarations optimistes du maréchal Lebœuf au Corps législatif. Le 19, la déclaration de guerre de la France était remise au ministre des affaires étrangères de Prusse : elle s'adressait à la Prusse et à ses alliés qui combattraient avec elle.

C'était une guerre dynastique. Était-ce moins une guerre nationale? Une tradition de haine instinctive autant que raisonnée séparait les deux peuples. Iéna. Waterloo, les invasions, Sadowa, qui était une victoire sur la France aussi bien que sur l'Autriche, avaient créé un antagonisme passionné, toujours prêt à éclater. C'était de part et d'autre l'ennemi héréditaire qu'on avait devant soi, qu'il fallait combattre à outrance, vaincre, exterminer. Aussi la guerre fut-elle populaire en France. Ce jugement ne sera pas du goût de tout le monde, soit à cause de l'esprit de secte, soit à cause du besoin naturel d'échapper aux responsabilités. Ni l'Empire ni la nation n'ont voulu assumer tout le fardeau moral. La nation a reproché à l'Empire son égoïste et criminelle légèreté : l'Empire a reproché à la nation son assentiment, sinon sa pression. Il est de fait que l'Empire, qui précipita aveuglément la France dans l'aventure la plus périlleuse, fut, sinon entraîné, du moins soutenu par l'opinion publique. Ce n'est pas seulement les blouses blanches qui criaient : « A Berlin ! »

A cette époque, nous y allions tous à Berlin, ouvriers, bourgeois, soldats, officiers. Il n'y a qu'à lire, pour s'en convaincre, les journaux du temps. Nous avons vu ces scènes dans une ville qui certes n'était pas favorable au régime impérial, puisque, au plébiscite du 8 mai, la majorité s'était prononcée contre la Constitution. Un jour qu'il était question du rétablissement des bonnes relations entre la Prusse et la France par suite du désistement du prince Hohenzollern, nous fûmes témoin du désappointement général, non point chez des amis de l'Empire, mais chez ses adversaires les plus résolus, qui raillaient avec un certain mépris la lâcheté du gouvernement ! Et ces gens-là n'étaient point les premiers venus ; ils appartenaient à l'aristocratie intellectuelle et commerciale du pays. L'auteur de ce livre ne se rappelle pas sans émotion, malgré l'éloignement des temps, cette soirée qui précéda le départ d'un régiment de ligne pour l'armée du Rhin. Sous un ciel étincelant d'étoiles, dans une atmosphère embrasée, au milieu des tourbillons de poussière, toute la population d'une grande ville, hommes, femmes, enfants, riches, pauvres, grands, petits, était descendue, remplissait les rues, les places, s'agitant, marchant, criant, mue comme par une fièvre chaude. Une musique militaire joua la *Marseillaise*, tandis qu'un officier, monté sur un balcon, agitant un drapeau, poussait le cri, lui aussi : « A Berlin ! » Oh ! alors la foule fit explosion : une immense clameur répondit au vieil air depuis si longtemps endormi, qu'on réveillait pour les besoins de la cause. L'entraînement était universel. Et quand la musique, à travers les flots du peuple, regagna la caserne, soufflant encore dans ses cuivres l'appel aux armes, l'enthousiasme devint du délire. On marchait en masse sur Berlin avec des visions de victoires !

Les mêmes scènes se passaient dans le Nord. « La communication faite aux Chambres fut publiée à Arras, le 17 juillet au soir, par le commissaire central, à la lueur des torches et au milieu d'une foule émue, et qui accueillait par des cris patriotiques la déclaration de guerre faite par le gouvernement. — Dans la soirée, elle continua de parcourir la ville en chantant la *Marseillaise*, le chant des *Girondins* et le *Chant du départ*. On sentait dans toute cette jeunesse une sorte d'électricité guerrière et communicative. Le 21 juillet, le départ du 33ᵉ de ligne attira une foule considérable sur le parcours que le régiment devait suivre pour se rendre à la gare. Plus de 4000 personnes stationnèrent devant le chemin de fer jusqu'au moment où les soldats montèrent en voiture. L'élan et l'enthousiasme se répandirent dans tout le département [1]. »

« Le départ de la garnison de Saint-Omer a donné lieu à des manifestations patriotiques auxquelles toute la population a voulu prendre part... La musique communale et des sapeurs-pompiers s'est rendue à la caserne de l'Esplanade pour conduire jusqu'à la gare le 1ᵉʳ bataillon de chasseurs à pied. Une foule immense était échelonnée depuis l'Esplanade jusqu'à la gare, et le bataillon a traversé les rues au milieu des acclamations les plus enthousiastes [2]. »

A Lille « on se montait la tête, on se grisait, il semblait que l'on tâchât de s'étourdir [3] ». Parole simple et profonde qui traduit la confiance téméraire des fous, les inquiétudes prudentes des sages ! Telle était la situation. M. Thiers a affirmé que la France ne voulait pas la guerre. Non, mais la guerre attirait la France comme un abîme ; elle s'y précipita de gaieté de cœur.

La sève guerrière circulait dans la nation. Les hommes réfléchis qui voyaient et redoutaient l'avenir étaient rares. Prophètes du désert, on ne les entendit point. La folie patriotique l'emporta. Nous fûmes encore les Gaulois de César et de Strabon : « Tous les peu-

---

1. Adolphe de Cardevacque, *l'Invasion allemande dans le Pas-de-Calais*.

2. *Mémorial artésien*, 23 juillet 1870.

3. Étienne Durand (H. Verly), *les Tablettes d'un bourgeois de Lille : Souvenirs de* 1870.

ples appartenant à la race gallique sont fous de guerre, irritables et prompts à en venir aux mains... A la moindre excitation, ils se rassemblent en foule et courent au combat [1]... »

Nos ancêtres criaient : « A Rome ! » Nous avons crié : « A Berlin ! » Et si la victoire fût restée fidèle à ses aigles, l'Empire eût encore trouvé des poètes pour le chanter, des foules pour l'applaudir : tant nos frêles jugements dépendent des caprices de la fortune !

Voilà la vérité sur cette grande crise nationale qui a soulevé tant de controverses, tant de récriminations. Ne vaut-il pas mieux que chacun accepte sa part de responsabilité ? On a vu que c'est juste : on démontrera que c'est utile, en disant que la conscience des fautes passées peut préserver des fautes futures.

L'ivresse fut de courte durée. On apprit bientôt les désastres qui aboutirent à la catastrophe de Sedan. L'Empire sombrait, presque la France. Comment peindre la stupéfaction du pays ? plus tard, sa colère ? L'auteur de ce livre traversa, le 5 septembre, une partie de la France. L'impression que lui a laissée ce voyage ne s'effacera jamais de sa mémoire. Le mouvement et la vie semblaient suspendus. La consternation régnait sur tous les visages. Les rares voyageurs qui s'aventuraient dans les gares étaient muets ; les employés des chemins de fer vaquaient à leurs occupations tristement, sans bruit. Cette lumière du Midi qui en temps ordinaire répand la gaieté, le bonheur sur le monde, semblait n'éclairer qu'une vaste nécropole, où les ombres glissaient remplies de silence et d'effroi. On aurait dit la morne torpeur, l'effarement des êtres pendant une éclipse de soleil.

1. Strabon, l. IV, chap. IV. Traduction de Tardieu.

Mais les villes offraient un autre spectacle. Là, c'était l'agitation désordonnée, bruyante. Tandis que des hommes de résolution s'emparaient du pouvoir par patriotisme ou par ambition, et essayaient d'enchaîner l'anarchie, la révolution versant sur la voie publique son cortège d'inconscients, de déclassés, de vagabonds, hurlait avec des chants de guerre ses fureurs, ses haines, ses calomnies, frappant aux portes des mairies, réclamant des armes impuissantes, se ruant à l'assaut de la société, des institutions et des lois.

Ah! quand un peuple ne périt pas dans une pareille aventure, c'est qu'il est doué d'une vitalité providentielle. Toutefois, il ne faudrait pas recommencer!

A Lille, on vit accourir un jour des débris de l'armée de Sedan. Quels débris! des soldats de toutes armes, affublés d'uniformes disparates, haillons plutôt qu'uniformes, couverts de boue, en proie à la misère, à la faim, pleins de soupçons, de provocations, de menaces. Ils passèrent, sortes de bêtes sauvages, au milieu d'une population stupéfaite ou complice et se précipitèrent sur le quartier général que le poste eut quelque peine à défendre. C'était navrant.

Le soir même du 4 septembre, à la nouvelle de la proclamation de la République, apportée par le train de Paris, une colonne composée de 3000 à 4000 personnes tenta d'enlever la préfecture. M. Achille Testelin y accourut. Le docteur Testelin était un républicain de 1848. Sous l'Empire il avait payé d'un long exil ses convictions irréconciliables. Aussi son passé politique lui avait-il créé une haute situation, qu'il justifiait d'ailleurs par les services rendus, par le talent professionnel, par les qualités d'un beau caractère, la droiture, la fermeté, le courage. Son autorité fut précieuse dans ces temps difficiles. Sa présence suffit pour assurer la sécurité du préfet impérial et de sa famille, pour calmer l'effervescence d'une foule que l'irritation poussait à la violence. Ainsi fut préservée la République naissante d'excès qui auraient compromis son honneur.

Dans une autre circonstance, le 19 octobre, une émeute vint expirer dans les cours de la préfecture, dont elle avait brisé les grilles. M. Testelin se jeta dans la bagarre, arrêta lui-même quelques turbulents, entraîna à sa suite la police hésitante, fit battre le rappel. Pour la seconde fois il conjurait le désordre.

M. Testelin préludait ainsi au rôle si honorable qu'il a rempli avec tant d'abnégation. L'ancienne administration, abandonnant le pouvoir, le sollicitait de le prendre. L'opinion publique le désignait au choix du gouvernement. Le 6 septembre il fut nommé préfet du Nord [1]. Son hésitation à accepter des fonctions que les circonstances rendaient redoutables, céda au vœu public, à la sympathie générale. Assuré du concours de tous les citoyens, il proclame qu'il « est décidé à maintenir, à tout prix, l'ordre dans la cité et dans le département ». « Mes opinions républicaines, dit-il, sont depuis longtemps connues, mais ne voyez pas en moi le représentant d'un parti. Je ne suis et ne veux être que le centre autour duquel se rallieront dans le Nord tous les bons Français pour combattre et pour vaincre l'étranger. »

1. « C'est M. Testelin qui est préfet et M. Pierre Legrand secrétaire général, en attendant que le premier devienne commissaire général et le second préfet à son tour. Ils ne voulaient accepter ni l'un ni l'autre : c'est la ville de Lille tout entière qui les a suppliés, et ils ont fini par se laisser faire. » (E. Durand (H. Verly), ouvrage cité.)

Le 30 septembre il devient, en vertu d'un décret du gouvernement de Tours, commissaire général de la Défense nationale pour les départements du Nord et de l'Aisne, de la Somme et du Pas-de-Calais. Ses pouvoirs sont mal définis : il peut tout ou rien. Il se garde bien de profiter de l'équivoque. Il laisse chacun à sa place, n'usurpe sur aucune fonction. Il se borne à enflammer le sentiment patriotique, à exciter le zèle des militaires, des administrateurs, à « assumer la responsabilité des mauvaises commissions qu'il pouvait y avoir à prendre ». Son influence morale, voilà son unique force : il n'en veut pas d'autre. La concorde, la confiance, la bonne volonté universelles en furent les heureux effets. Il est sorti de l'épreuve avec un renom incontesté d'intégrité, de dévouement, de patriotisme, avec l'honneur d'avoir, dans une large mesure, contribué à sauver son pays. Ajoutons, détail qui n'est pas sans importance, que ses fonctions furent absolument gratuites. « Je n'ai touché, a-t-il dit lui-même, ni appointements, ni frais de bureau, ni indemnité de déplacement. »

Ses concitoyens lui ont rendu justice. Le 16 avril 1890, le conseil général du Nord eut à délibérer sur une proposition tendant à accorder une subvention de 5000 francs pour l'érection de la statue du général Faidherbe sur l'une des places de la ville de Lille. M. Dervaux, conseiller général du canton de Condé, parla en ces termes :

« Le troisième bureau est convaincu que l'assemblée sera heureuse et fière de donner au soldat victorieux, à celui qui n'a pas désespéré de la patrie et que l'histoire appelle le héros de Bapaume, un gage de l'éternelle reconnaissance du pays tout entier. »

La proposition ayant été adoptée, M. Dervaux continua ainsi : « Je demande la permission d'ajouter un mot, non en qualité de rapporteur, mais simplement comme conseiller général.

« J'étais à l'armée du Nord en 1870; j'ai pu juger des efforts qui ont été faits à cette époque, et il me semble qu'il est juste d'associer ici à la mémoire de Faidherbe le nom d'un homme qui a puissamment contribué à la défense du pays, qui a su relever tous les courages, qui n'a pas désespéré de la patrie : je veux parler de Testelin, commissaire de la Défense nationale. »

Ces paroles, expression de la conscience publique, furent accueillies par d'unanimes applaudissements.

La situation était affreuse. Les Allemands avançaient à grands pas; on n'avait rien à leur opposer.

Le commandement militaire découragé niait la possibilité de la résistance. Où trouver les soldats, les armes, les ressources de tout genre qui manquaient? Les dépôts expédiaient leurs hommes à l'armée de la Loire; les places fortes, ayant envoyé leur grosse artillerie à Paris, n'avaient rien pour repousser l'attaque prochaine; les armes avaient disparu au loin dans les vallées du Rhin, de la Moselle, dans les plaines de Sedan : canons, mitrailleuses, chassepots. Vraiment, quand on considère l'état de la région et le désarroi général, l'organisation de la défense du Nord apparaît comme un effort merveilleux.

Après l'agitation désordonnée des premiers jours, conséquence fatale « d'événements que jamais homme ne reverra plus [1] », le sentiment public rassis se tourna tout entier vers la défense. Les citoyens, en grande

---

1. M. Pierre Legrand.

majorité, mirent à remplir leurs nouveaux devoirs un réel empressement. Les passions, un instant soulevées, cédèrent à la force des circonstances ou aux habitudes de loyauté.

Les conseils généraux des trois départements du Nord, du Pas-de-Calais et de la Somme votaient des subsides qui s'élevèrent au chiffre de 23 millions. Les grandes villes disposées aux plus grands sacrifices imitaient ou devançaient cet exemple. L'administration civile se reformait, se fixait. Vers le milieu d'octobre, Gambetta, descendu de son ballon dans la forêt d'Épineuse, appela auprès de lui à Amiens M. Testelin et les préfets pour poser les bases de l'organisation de la défense nationale. Ce qui résulta de cette entrevue, Faidherbe a pris soin de le dire lui-même dans une lettre adressée à M. Testelin : « J'ai toujours cru et je crois encore, d'après ce que j'ai vu et entendu dire en arrivant à Lille pour prendre le commandement de l'armée du Nord, que c'est à votre initiative qu'on a dû cette armée. Vous en avez déterminé la création en faisant donner au colonel Farre le grade et l'autorité nécessaires avant l'arrivée du général Bourbaki, en vous servant de vos pleins pouvoirs vis-à-vis des fonctionnaires et en communiquant à tout le monde votre ardeur patriotique [1]. »

En effet le colonel Farre, promu général de brigade, adjoint au commissaire de la défense, fut chargé des soins militaires. A l'inertie des premiers jours succéda une activité féconde. Une commission d'ingénieurs visita les forteresses, les arsenaux, rendit compte de l'état de l'armement, des besoins de la défense. On commença des travaux sérieux autour des places fortes.

1. Faidherbe, Lettre à M. Testelin, 30 mars 1873.

La direction d'artillerie de Douai, sous l'impulsion du général Treuille de Beaulieu et du colonel directeur Brian, fabriqua des armes, des munitions. On acheta des canons, des fusils, des vêtements. La région se transforma en un vaste camp où le patriotisme accomplit des prodiges.

Sur ces entrefaites (22 octobre), Bourbaki fut appelé au commandement de l'armée du Nord. Comment il fut accueilli, on le sait. Entouré de préventions imméritées, mais qu'excusait l'ignorance où l'on était de sa véritable conduite à Metz, il se heurta à une malveillance qui le découragea bien vite. Ce cœur loyal et brave ne pouvait supporter le soupçon. Il subit quelques outrages dont il conçut une grande irritation. Quelque temps après, il demanda son rappel, bien que toute la population honnête « lui fût favorable [1] », bien que le gouvernement local lui prêtât un concours absolu. « Tous mes efforts, avait-il dit en arrivant, tendent à créer un corps d'armée mobile qui, pourvu d'un matériel de guerre, puisse tenir la campagne et se porter au secours des places fortes que je me hâte de mettre en bon état de défense. Pour moi, qui ai loyalement offert mon épée au gouvernement de la Défense nationale, mes efforts et ma vie appartiennent à l'œuvre commune qu'il poursuit avec vous, et vous me verrez, au moment du danger, à la tête des troupes qui seront incessamment organisées..... Vous pouvez compter sur le plus énergique concours et le dévouement le plus absolu de ma part. »

Il est bon de rappeler de telles paroles ; car si elles vengent de toutes les attaques l'homme qui les a prononcées, elles fournissent à l'impartiale histoire l'occa-

_____
1. Enquête parlementaire : Déposition de Bourbaki.

sion de glorifier l'héroïsme français, quel qu'ait été l'emblème du drapeau.

Cependant une armée sortait de terre : d'abord de l'infanterie, des mobiles ; puis de l'artillerie, dont le commandant Charron, homme énergique, prit la direction. Des officiers accoururent de Sedan, de Metz, des prisons de l'Allemagne, dévorés de chagrin, impatients de vengeance, pleins de bravoure, d'honneur. L'armée du Nord leur dut sa cohésion, sa force morale, ses succès sur les champs de bataille. Ceux qui les ont vus à l'œuvre en parlent encore aujourd'hui avec une chaleureuse admiration. Malheureusement, la cavalerie était tout à fait insuffisante : elle ne se composait que de deux escadrons de dragons et deux de gendarmes, ces derniers généralement impropres aux fatigues de la guerre.

Le départ de Bourbaki laissait la défense au général Farre. Il trouva le plus précieux auxiliaire dans le colonel de Villenoisy. Doué d'une rare puissance de travail, esprit droit, méthodique, aussi actif que dévoué, Villenoisy fut réellement le bon génie de la défense, non seulement par ce qu'il fit de bon, mais encore par ce qu'il empêcha de mauvais.

« L'œuvre fut donc poursuivie sans relâche avec l'aide du colonel Lecointe, promu général. Pendant que les services administratifs étaient organisés et placés sur le meilleur pied possible par les soins de l'intendant en chef (M. Richard), des réquisitions furent faites par les autorités civiles pour organiser un convoi de vivres réduit au plus strict nécessaire, ainsi que pour atteler les voitures du parc du génie. Des marchés importants furent passés pour l'habillement et l'équipement, de manière à pourvoir largement aux besoins des formations et aux consommations d'une campagne [1]. »

Vers la fin de novembre on était à peu près en mesure d'agir. L'armée était divisée en trois brigades commandées par le général Lecointe, les colonels Derroja et du Bessol. Chacune d'elles comprenait un bataillon de chasseurs à pied, trois bataillons d'infanterie de ligne, un régiment de mobiles, deux batteries. Une quatrième brigade était en formation sous la direction du colonel Rittier ; elle fournit un bataillon de chasseurs complet, puis deux autres bataillons à peine organisés pour garder les passages de la Somme entre Péronne et Corbie.

Les Allemands de leur côté accomplissaient leur immense mouvement autour de Paris. La première armée, commandée par le général Manteufel, reçut l'ordre de couvrir le siège au nord.

Les corps disponibles se mirent en route simultanément de Rethel, Tagnon et Reims ; en cinq ou six jours ils atteignirent Noyon, Compiègne, tandis que la cavalerie était lancée en avant pour recueillir des renseignements et terrifier les populations.

Les Français, voulant défendre Amiens, concentrèrent leurs troupes autour de la ville. Manteufel accourut aussitôt avec une partie de ses forces.

Ainsi se trouvèrent en présence 27 000 Prussiens disciplinés, aguerris et 25 000 Français (17000 du général Farre, 8000 du général Paulze d'Ivoy), « soldats ramassés de tous les points, sans cohésion entre eux, inconnus à leurs officiers, gardes sans aucune instruction [2] », la plupart n'ayant jamais vu le feu, beaucoup ne sachant pas même charger un fusil.

1. Faidherbe, *Campagne de l'armée du Nord.*
2. Félix Bonnet, *la Guerre franco-allemande.*

La bataille d'*Amiens* ou de *Villers-Bretonneux* (27 novembre) ne fut qu'une suite de combats décousus dans lesquels les deux partis, dispersés sur un front de 25 kilomètres, montrèrent une égale vigueur. « Si mauvaises que fussent les troupes françaises, elles avaient plusieurs fois repoussé l'adversaire, avaient fait à plusieurs reprises rétrograder l'artillerie, et dans l'intérieur des ouvrages elles avaient opposé une résistance que l'adversaire lui-même qualifie d'acharnée. Enfin on les a vues dans la soirée marcher sur les ponts de la Luce, suivant l'ennemi qui cédait sur ce point. C'était plus qu'on ne pouvait espérer [1]. »

Le lendemain le général Farre, à la suite d'un conseil de guerre, ordonna la retraite. Elle s'accomplit par quatre colonnes. Lecointe fila sur Doullens, Paulze d'Ivoy prit la route de Paris, Farre marcha directement sur le nord ; la quatrième suivit la route d'Albert et Achiet qui longe le chemin de fer. La masse des troupes atteignit Arras, qui eut un moment à loger 15 000 hommes.

Cependant Amiens, réduite à ses seules forces, était occupée sans peine par l'ennemi. La cidatelle n'eut qu'un semblant de résistance. Après la mort de son commandant, tué d'une balle (30 novembre), elle capitula, livrant aux Prussiens 100 prisonniers, 30 canons, des approvisionnements considérables.

Tandis que la Fère succombait (27 novembre) à son tour devant une brigade de l'armée de Manteufel, celui-ci s'acheminait vers la Normandie. Rouen, Dieppe ouvrirent leurs portes aux Allemands. Notre grand port marchand de la Manche, le Havre, était menacé.

1. Félix Bonnet, *la Guerre franco-allemande.*

Telle était la situation quand le général Faidherbe, promu divisionnaire, prit le commandement de l'armée du Nord et de la troisième division militaire, comprenant le Nord, le Pas-de-Calais, la Somme et les territoires voisins non envahis.

§ II. — Faidherbe commandant de l'armée du Nord

Premières opérations. — Réorganisation de l'armée

Faidherbe nommé commandant de l'armée du Nord. — Son entrevue avec Gambetta à Tours. — Confiance qu'il inspire dans le Nord. — Composition du 22e corps. — Les Prussiens fortifient la ligne importante de la Somme. — Faidherbe songe à la leur disputer. — Pointe des Prussiens vers Arras. — Leurs excès à Albert. — Leur service d'éclaireurs. — Utilité morale qu'il y a à rappeler les excès des Prussiens et les souffrances des populations envahies. — Système de progression des armées allemandes. — Proclamation de Faidherbe à ses troupes. — Il commence les opérations. — Impression que produit Faidherbe sur son entourage. — Ses officiers d'ordonnance. — Il enlève Ham. — A Saint-Quentin : d'après quelques indications il trace le plan de la Fère. — Il ne peut enlever cette place. — Escarmouche à Tergnier. — Manteufel rappelle ses troupes de Normandie et se concentre à Amiens que menace Faidherbe. — Rigueurs du commandant prussien d'Amiens. — Faidherbe réorganise l'armée du Nord. — Les chefs. — Nature et valeur des troupes : chasseurs, régiments de ligne, fusiliers marins, mobiles ; déplorables conditions où se trouvent les mobilisés. — La cavalerie. — L'artillerie ; historique de la batterie Dupuich. — Jugement de Faidherbe sur son armée. — Son opinion sur l'armée et le soldat allemands ; sur le soldat français. — Manière d'être de Faidherbe avec ses soldats. — Le patriotisme de la France en 1870 apprécié par Gambetta.

« Lorsqu'on a déclaré la guerre, a dit Faidherbe, j'ai offert mes services au ministre. On m'a dit que toutes les places étaient données. Cette offre de service, je l'ai faite pour l'acquit de ma conscience : car je n'aime pas la guerre, quoique je l'aie faite, ou plutôt parce que je l'ai faite toute ma vie. »

Après Sedan, il se mit à la disposition du gouvernement de la Défense nationale. Gambetta l'appela par dépêche à Tours. Faidherbe s'embarqua aussitôt. « Je le vois encore, raconte M. Ranc, entrant à la préfecture, l'air déjà souffrant, l'allure d'un savant plutôt que d'un soldat, mais, sous les lunettes de l'officier du génie, l'œil clair et résolu. Rien du militaire de parade ; je me dis : « Celui-ci fera son devoir. »

« L'entretien de Faidherbe avec Gambetta fut court. « Vous êtes nommé général, lui dit le ministre de la « guerre, commandant de l'armée du Nord ; vous « acceptez ? »

« Sur sa réponse affirmative, Gambetta le mit rapidement au courant des incidents relatifs à Bourbaki, de la situation de Paris, de l'état de nos jeunes armées déjà en ligne ou en formation et ajouta : « Dans le « Nord, général, vous avez carte blanche ; faites pour « le mieux, pour la France, pour la République ! » « Faidherbe répondit simplement : « Je ferai de mon mieux. » Le ministre et le général se serrèrent la main et le soir même Faidherbe partait pour Lille. »

Son voyage n'eut pas lieu sans d'émouvantes péripéties, car il fut obligé de traverser plusieurs fois les lignes prussiennes. A Lille, il remarqua « qu'on ne désespérait pas du tout ». — « Les gens du Nord, a écrit un Lillois avec une admiration un peu irrévérencieuse, ont trouvé leur vrai chef avec cette glorieuse momie à longues moustaches et au nez crochu, qui semble avoir fondu au soleil du Sahara tout ce qui est fusible dans le corps d'un homme[1] » : du moins il restait l'âme.

Faidherbe, c'était un compatriote ; il n'avait jamais oublié sa ville natale : on l'y revoyait de temps en temps quand ses devoirs professionnels lui laissaient des loisirs. Dans aucune contrée de la France, le patriotisme local n'est plus vif que dans les Flandres: c'est un reste de la vieille autonomie communale. Faidherbe était Lillois: c'était la moitié de son prestige. L'autre moitié était formée de la gloire qu'il avait recueillie en Afrique. La confiance qu'il inspira tout d'abord ne s'est jamais démentie dans la suite.

En même temps l'armée française se remettait de son épreuve de Villers-Bretonneux. A l'abri des places fortes de Lille, Douai, Valenciennes, Arras, Béthune, Péronne, Saint-Omer, elle se complétait par l'arrivée de 3000 fusiliers marins. Avec les troupes de la garnison d'Amiens, son effectif allait atteindre 30 000 à 32 000 hommes. Officiellement, c'était toujours le 22ᵉ corps.

Le 22ᵉ corps se composait de 3 divisions, chacune de 2 brigades. Le général Lecointe, commandant de la première, avait sous ses ordres, comme chefs de brigade, le colonel Derroja et le lieutenant-colonel Pittié. La deuxième était commandée par le général Paulze d'Ivoy ; ses brigades, par les colonels du Bessol et de Gislain. Chaque division comptait 2 bataillons de chasseurs, 6 d'infanterie de ligne, 6 de garde mobile ; leur artillerie consistait en 1 batterie de 4 et 2 de 12.

1. Étienne Durand (H. Verly), *Tablettes d'un bourgeois de Lille : souvenirs de* 1870.

La troisième division était commandée par des officiers de marine : amiral Moulac, capitaine de vaisseau Payen, capitaine de frégate de Lagrange. Sa première brigade était formée d'un bataillon de chasseurs, d'un régiment à 3 bataillons de fusiliers marins, d'un régiment de mobiles. Quant à la deuxième brigade, elle ne comprenait que des mobilisés ; 2 batteries de 12 de la réserve générale étaient provisoirement attachées à cette division.

Nous avons dit qu'après leur victoire d'Amiens, les Prussiens, laissant une garnison pleine de menaces dans la cidatelle de cette ville, avaient continué leur mouvement général vers le nord-ouest. Tout en étant convaincus que l'armée française était anéantie ou tellement affaiblie qu'elle ne se montrerait plus de longtemps, ils se mirent à fortifier les rives de la Somme. C'était, en effet, le point capital de leur défense. Maîtres du cours de cette rivière, ils assuraient leurs communications et protégeaient leur armée de Paris contre une attaque venant du Nord.

Faidherbe, de son côté, avait fort bien compris l'importance de cette position. De là ses efforts pour la percer, la couper, la tourner.

La campagne du Nord se résume en fait en une lutte pour la possession de la ligne de la Somme.

Toutefois les Allemands, suivant leur usage, étendaient leurs opérations bien au delà ; leurs coureurs arrivaient jusqu'aux portes d'Arras, tandis que de gros corps de troupe occupaient, rançonnaient les localités importantes.

Nous empruntons à un livre fort intéressant de M. Adolphe de Cardevacque : l'*Invasion allemande dans le Pas-de-Calais*, le récit écrit par un témoin oculaire de l'occupation d'Albert après la bataille d'Amiens.

« Le vendredi une colonne forte, d'environ 1000 hommes d'infanterie, 250 cavaliers et 2 pièces de canon, quitte Albert, remontant vers le nord, en côtoyant la voie ferrée à Beaucourt (près Miraumont) ; le gros de la colonne s'arrête, la cavalerie grimpe les coteaux avoisinants, des postes d'infanterie sont établis sur tous les chemins conduisant au village, un cordon de sentinelles l'entoure, les pièces sont mises en batterie en face du château de M. Poyart, et enfin des pionniers minent l'une des deux arches du pont du chemin de fer. Pendant ce travail qui demande plusieurs heures, le cabaret de M. Morel est mis à sec. M. Poyart fournit à dîner à l'état-major, et un malheureux cabaretier nommé Livur est tué à bout portant, pour avoir voulu regagner son domicile malgré la consigne prussienne qui défendait à tous d'entrer à Beaucourt ou d'en sortir.

« A 3 heures la mine était prête, l'explosion eut lieu et l'arche attaquée fut mise hors de service.

« Après cette destruction, on rappelle les postes et les éclaireurs qui, toute la journée, ont battu la campagne ; puis la colonne retourne coucher à Albert, après avoir toutefois pris les armes de chasseurs de Beaucourt, laissant celles de M. Poyart dont on s'est contenté d'enlever les batteries.... Albert est fort triste, ses habitants sont encore sous l'impression de l'occupation et Dieu sait ce qu'ils en racontent. Cette occupation n'a duré que deux jours et les réquisitions et rations s'élèvent à 12000 francs sans compter les vols de denrée, d'armes, de flanelles, de chevaux, de bijoux, etc.... Les débits de tabac ont été pillés. Là, comme à

Beaucourt, toutes les armes de chasse ont dû être remises, celles sans valeur ont été brisées, celles de luxe sont devenues la propriété des officiers prussiens.

« Il n'est pas d'expression pour qualifier la conduite abjecte de ces barbares. Ils ont sali de leurs déjections tous les appartements où ils sont entrés et les objets de couchage qui leur ont servi. La gare d'Albert, si propre ordinairement, semblait une succursale du dépotoir de Bondy. »

Leur service d'éclaireurs était admirablement organisé. On se souviendra longtemps de l'audace des uhlans, de la terreur qu'ils répandaient autour d'eux. Téméraires en apparence, ces cavaliers sont prudents : ils s'entourent de précautions; ils étudient le pays, les routes; s'inquiètent des obstacles qu'ils peuvent rencontrer. Un profond calcul préside à leurs opérations. Voyez-les. Ils s'avancent par groupes plus ou moins nombreux, d'où se détachent de temps en temps quelques soldats isolés. Ceux-ci pénètrent dans les villages, la carabine au poing; ils déchargent leurs armes; ils pressent de questions les habitants intimidés. Y a-t-il des ennemis dans le voisinage? des soldats, des mobiles, des francs-tireurs? Malheur à l'homme que son patriotisme porterait à donner de faux renseignements. L'intérêt excuse les répressions les plus cruelles.

« Comme dans les derniers jours les habitants du pays se sont montrés hostiles envers les troupes allemandes, dit le colonel Kahlden, commandant de Laon, dans une de ses proclamations, j'annonce par cela que pour la moindre attaque ou résistance la plus rigoureuse vengeance sera exécutée, et que pour chaque Allemand tué, il sera par contre fusillé quatre Français coupables ou innocents et que les environs payeront une forte indemnité [1]. »

Cependant le uhlan a rempli sa mission, il revient en arrière, avertit ses officiers. Alors la colonne occupe le village, qu'elle traite à la manière allemande.

Les faits semblables à ceux dont Albert fut le théâtre abondent dans cette guerre sauvage. Nous aurons l'occasion d'en raconter d'autres.

Outre l'intérêt qu'ils peuvent offrir, ils portent en eux-mêmes un utile enseignement. A Dieu ne plaise que nous cherchions à attiser la haine en réveillant ces souvenirs de déprédation! Non. Nous voulons seulement, en soulevant le voile de ces temps néfastes, rappeler à ceux qui savent, apprendre à ceux qui ignorent par quels épouvantables malheurs nous avons expié notre décadence volontaire.

Certes la guerre est une abominable chose. Outre les générations qu'elle moissonne sur les champs de bataille, elle consomme la ruine des populations paisibles. Sur les pas d'une armée conquérante le feu sèche les traces du sang; l'œuvre si lente de la civilisation s'effondre comme par un coup de foudre, dans le chaos. Est-elle à perpétuité le lot de ce monde? La lutte de Caïn et d'Abel est-elle le symbole éternel de l'humanité? ou bien les lumières éclaireront-elles un jour les peuples sur leurs véritables intérêts? En attendant, les merveilles de la science éclatent plus dans les moyens de destruction que dans les moyens de conservation; l'avenir semble voué moins à la discussion qu'à la violence. C'est une fatalité qu'il faut envisager de sang-froid.

---

1. Voir Lavisse, *l'Invasion dans le département de l'Aisne.*

Rouvrir ces blessures n'est-ce pas en inspirer l'horreur, en prévenir le retour? N'est-ce pas proclamer l'héroïsme obligatoire? N'est-ce pas convier nos jeunes gens à la conquête de la virilité du corps et de l'âme? Quand la France opposera à l'étranger une muraille d'hommes forts et vaillants, alors il sera possible de regarder avec tranquillité du côté de la frontière, avec espoir au delà.

Les Allemands s'avançaient à travers la France avec autant d'habileté que de rapidité. Des instructions remises aux officiers de l'armée du Nord montrent d'une manière saisissante leur système de progression.

Sans doute ce document tient à notre sujet par des liens assez lâches. Mais comme il révèle les difficultés avec lesquelles Faidherbe allait se trouver aux prises, comme il explique le secret de ces batailles, où l'on avait affaire le matin à quelques régiments, le soir à toute une armée sans cesse grandissante, nous avons pensé qu'à ce double titre sa place dans ce récit pouvait se justifier.

« Les armées prussiennes ont une marche extrêmement régulière qui n'a jamais varié depuis leur entrée sur le sol français.

« Les armées se composent de trois, quatre ou cinq corps de 20000 hommes chacun, échelonnés à une distance d'une journée de marche à peu près.

« Chaque corps d'armée détache de petites troupes de 1200 à 2000 hommes, marchant parallèlement au corps d'armée principal et à une distance de 15 kilomètres environ.

« A 10 kilomètres en dehors sont des détachements de cavalerie de 200 à 300 hommes, et enfin à 5 ou

6 kilomètres sur les flancs sont placés des éclaireurs, par groupes de 3 ou 4 hommes.

« Si l'on envoie contre l'ennemi une reconnaissance de cavalerie, elle ne voit que les détachements de cavalerie.

« Si la reconnaissance est plus considérable comme dans l'affaire de Toury, on trouve un ou deux petits corps avec des détachements de cavalerie.

« Si l'on envoie 10000 hommes, un corps d'armée de 30000 se démasque comme à Arthenay.

« Si des forces plus considérables s'avancent, un second corps d'armée vient seconder le premier, comme à Orléans.

« Si la France oppose des forces plus grandes, toute l'armée de 150000 hommes se montre comme à Saarbruck et Wœrth.

« Si enfin l'on fait avancer une armée considérable, deux armées de 150000 hommes chacune se réunissent pour la lutte, comme à Gravelotte et à Sedan.

« Il n'est évidemment pas possible à des agents quelconques de pénétrer assez profondément au milieu des ennemis pour apprécier la force des armées ; mais la marche des armées prussiennes est tellement régulière, qu'en voyant les 4 uhlans, on peut conclure infailliblement qu'à 5 ou 6 kilomètres se trouvent des détachements de cavalerie, qu'à 15 kilomètres se trouvent des corps de 1200 à 2000 hommes, qu'à 20 kilomètres existe un corps d'armée de 30000 hommes, et sûr, ce corps d'armée est soutenu par un, deux et trois autres corps d'égale force, échelonnés à un jour de marche les uns des autres.

« Pour que nos généraux ne soient pas surpris, il faut donc qu'ils soient convaincus, en voyant 4 uhlans, qu'ils auront à faire le lendemain à 30000 hommes, le surlendemain à 60000, le troisième jour à 90000.

« S'ils veulent avoir le temps de se préparer, il faut qu'ils adoptent le même système que les Prussiens, c'est-à-dire qu'ils couvrent leurs corps d'armée, à grande distance, par des corps détachés, des détachements de cavalerie et des éclaireurs.

« Il faut enfin que nos armées se composent, comme celles des Prussiens, de corps échelonnés à petite distance et pouvant rapidement se rejoindre.

« Les Prussiens opèrent d'ailleurs toujours avec deux armées : celle de tête, cherchant à tourner l'armée française et à couper le chemin qui lui amène ses approvisionnements ; l'autre assurant les derrières. C'est la marche que les généraux français doivent adopter, s'ils veulent éviter l'échec de Sedan. »

Faidherbe prit possession de son commandement par cette proclamation à ses troupes :

« Officiers, sous-officiers et soldats.

« Appelé à commander le 22ᵉ corps d'armée, mon premier devoir est de remercier les administrateurs et les généraux qui ont en quelques semaines improvisé une armée qui s'est affirmée honorablement les 24, 26 et 27 novembre sous Amiens.

« J'exprime surtout ma reconnaissance au général Farre qui vous commandait et qui, par une habile retraite devant des forces doubles des siennes, vous a conservés pour le service du pays.

« Vous allez reprendre de suite les opérations avec des renforts considérables qui s'organisent chaque jour, et il dépendra de vous de forcer l'ennemi à vous céder à son tour le terrain.

« Le ministre Gambetta a proclamé que pour sauver la France il vous demande trois choses : la discipline, l'austérité des mœurs et le mépris de la mort.

« La discipline, je l'exigerai impitoyablement.

« Si tous ne peuvent atteindre à l'austérité des mœurs, j'exigerai du moins la dignité et spécialement la tempérance. Ceux qui sont aujourd'hui armés pour la délivrance du pays sont investis d'une mission trop sainte pour se permettre les moindres licences en public.

« Quant au mépris de la mort, je vous le demande au nom même de votre salut. Si vous ne voulez pas vous exposer à mourir glorieusement sur le champ de bataille, vous mourrez de misère, vous et vos familles, sous le joug impitoyable de l'étranger. Je n'ai pas besoin d'ajouter que les cours martiales feraient justice des lâches, car il ne s'en trouvera pas parmi vous.

« FAIDHERBE. »

Le 5 décembre 1870.

Dès le 8 décembre, Faidherbe recommença les opérations. Laissant au grand quartier général à Lille le lieutenant-colonel de Villenoisy avec le lieutenant-colonel Rittier et le commandant d'artillerie Queillé pour poursuivre le travail d'organisation et lui expédier au fur et à mesure de leur formation les bataillons, escadrons et batteries, il se porta avec la 1re division du 22e corps sur les derrières de l'ennemi, pour tenter de lui enlever les deux places de la Fère et de Ham, c'est-à-dire la ligne de ses communications avec l'Est.

A cette époque, le général Faidherbe avait cinquante-deux ans. Il portait les traces des fatigues de sa rude carrière, mais ne paraissait pas affaibli, tant sa volonté exerçait d'empire sur sa nature physique. Les officiers qui l'accompagnaient sur le théâtre qu'il avait choisi « pour ses premières opérations militaires contre des armées européennes » furent touchés de sa politesse, de sa confiance, frappés de sa logique, de sa décision. « Je vais m'occuper exclusivement des opérations militaires, leur dit-il, je compte sur vous pour les détails administratifs. Je ratifierai ce que vous ferez. » Parmi ses compagnons de voyage, on distinguait le commandant du génie Richard, son aide de camp, homme aussi instruit que vaillant, un des héros de cette guerre, plus tard général, ingénieur chargé de la défense du Sud-Est.

Les autres étaient des officiers d'ordonnance, soldats de métier ou d'occasion. Car Faidherbe avait tenu à s'entourer de jeunes gens de Lille, soit qu'il obéît à une secrète sympathie, soit qu'il pensât que ce serait d'un bon exemple pour une armée composée en grande partie de mobiles et de mobilisés de la région. Ces jeunes gens, bien qu'étrangers jusqu'alors aux choses de la guerre, honorèrent l'uniforme par une conduite courageuse [1].

La première opération de Faidherbe fut, de l'avis de tout le monde, un chef-d'œuvre d'habileté militaire. Trompant absolument l'ennemi, tandis qu'une colonne volante couvrait son flanc gauche et s'assurait de Saint-Quentin, il parut à l'improviste devant Ham, position très importante sur la Somme.

1. « Le général Faidherbe avait pris pour officiers d'ordonnance des jeunes gens du pays, qui s'étaient offerts spontanément : MM. Decroix, Bourdonnay du Clésio, d'Hespel, Desrousseaux, Crespel, Masquelez, Montaudon, Haubourdin ; ils lui rendirent les services les plus signalés pendant toute la campagne, et la plupart firent preuve de qualités militaires remarquables. » (Faidherbe.)

Les Français pénètrent dans la ville, surprennent les Prussiens, les enlèvent ou les massacrent dans les rues, dans les cafés, dans la gare. Malheureusement quelques coups de feu, tirés dans l'excitation, donnent l'éveil à l'ennemi, lui permettent de se reconnaître. Un officier prussien entraîne quelques hommes, se précipite dans le fort. A l'abri, derrière des murs dont l'épaisseur défie les boulets, il repousse toutes les sommations. L'affaire, si bien menée d'abord, se gâtait. Aboutirait-elle à la nécessité d'un siège en règle? Par bonheur le lieutenant-colonel Aynès, usant de subterfuge, parvint à convaincre le commandant du château de l'arrivée imminente de toute l'armée du Nord. Après de longs pourparlers, les Prussiens ébranlés se rendirent à deux heures du matin aux conditions de Sedan et de Metz.

« En arrivant le 10 décembre à Ham, avec le reste du corps d'armée; le général en chef trouva en s'avançant vers le sud le pays libre d'ennemis. Le 12 et le 13, il alla reconnaître la ville de la Fère. » (Faidherbe.)

Un jour, on le vit paraître à Saint-Quentin à pied, dans une tenue des plus simples. Descendu à l'hôtel du *Cygne*, il manda près de lui la commission municipale. Il avait besoin de renseignements sur cette place qu'il espérait enlever aussi par un coup de main.

« Figurez-vous, dit-il à M. Malézieux, président de la commission, que l'armée française est tellement pauvre en documents que je n'ai pas même un plan de la ville de la Fère, où je ne suis jamais allé. Pourriez-vous me procurer ce plan, ou, à défaut, me fournir des indications qui me permettraient de me rendre un compte exact de la situation topographique de cette petite place que je voudrais reprendre aux Allemands?

— Je ne pense pas, répondit M. Malézieux, que nous ayons le plan de la Fère ; mais un des nôtres est parfaitement en état de vous le figurer. » M. Édouard Dufour s'étant présenté, Faidherbe lui tendit un crayon. « Essayez, dit le général, de me donner une idée de la topographie de la Fère et de m'en faire une esquisse aussi exacte que possible. » Edouard Dufour se mit à la besogne, décrivit les bras de l'Oise, commença le tracé des fortifications. Mais il avait à peine donné quelques coups de crayon que Faidherbe, reprenant avec vivacité l'instrument compléta en moins de deux minutes le croquis : et cela avec une telle exactitude que Dufour rempli d'étonnement s'écria : « Vous connaissez le plan mieux que moi qui croyais cependant le bien connaître, car j'y ai passé les meilleurs moments de ma jeunesse en conversations techniques avec les officiers de la garnison. — Non, repartit Faidherbe ; je n'ai nullement l'intention de plaisanter dans les circonstances actuelles : il y a trois minutes, je n'avais pas la moindre idée de la Fère et de sa topographie. Seulement, vous m'avez présenté un plan exact des défenses naturelles ; vous avez commencé l'esquisse des défenses artificielles ; je sais à quelle époque et par qui les fortifications de la Fère ont été construites : j'ai tout bonnement résolu un problème de mathématiques appliquées à l'art des fortifications, à l'aide des données que vous m'avez posées avec tant de netteté [1]. »

Du reste Faidherbe reconnut bientôt que la place ne pouvait être surprise. Or un siège étant impossible, il renonça à l'attaquer. Dans la nuit du 12, deux bataillons de ligne, envoyés à Tergnier pour couper le che-

1. Nous tenons ce fait de M. Malézieux lui-même, aujourd'hui sénateur de l'Aisne.

min de fer, se heurtèrent à un train de guerre prussien, dispersèrent l'escorte à coups de fusil ; mais le convoi reculant sur la Fère leur échappa.

« La présence sous les murs de la Fère de l'armée du Nord, que les généraux ennemis croyaient avoir détruite le 27 novembre, avait jeté un grand trouble parmi eux. Des mouvements divers de concentration étaient signalés, et le 8e corps était promptement rappelé de la Normandie dont l'envahissement était qualifié d'imprudence par quelques journaux prussiens. Le but que s'était proposé le général Faidherbe allait donc être atteint. Il s'agissait alors de se préparer à la lutte contre les forces qu'on attirait à soi. » Faidherbe.)

« Je venais menacer Amiens, dit-il ailleurs, pour attirer vers moi les forces ennemies, leur livrer bataille dans une position avantageuse, les battre et entrer à leur suite dans Amiens. »

De leur côté, les Prussiens, laissant un millie d'hommes dans la citadelle, évacuaient la ville et se repliaient sur Beauvais. Pour contenir la population, qui s'agitait à l'approche de l'armée du Nord, le commandant l'informa qu'il la bombarderait à la première attaque des Français. Et pour donner la mesure de sa rigueur, une patrouille ayant été attaquée au faubourg de Noyon, il braqua ses canons sur la ville. Il réclamait les coupables ou, à défaut, une forte indemnité qu'on fut obligé de lui payer.

Le 19, devant une reconnaissance que Faidherbe conduisit lui-même avec le général Farre sur les hauteurs de ce même faubourg, il n'hésita pas à exécuter sa menace et tira sur la place où des voitures publiques furent démolies, des habitants tués ou blessés ! Quelle guerre ! quelles mœurs ! L'histoire a-t-elle jamais offert rien de pareil ?

C'est vers ce temps qu'eut lieu la nouvelle et dernière organisation de l'armée du Nord. Par l'ordre du général en chef, daté du 21 décembre, pris en exécution des ordres du ministre de la guerre, on la divisa en deux corps : le 22ᵉ, général Lecointe, chefs de division Derroja et du Bessol ; le 23ᵉ, commandé par le général Paulze d'Ivoy ayant sous ses ordres l'amiral Moulac, remplacé plus tard par le capitaine de vaisseau Payen, et le général Robin. Elle offrait un effectif d'environ 40 000 hommes d'origine comme de valeur différentes. « 279 officiers évadés de captivité ont été incorporés dans l'armée du Nord, dont ils ont formé les meilleurs éléments. » (Faidherbe.)

Les chasseurs à pied, les régiments de ligne et les marins constituèrent la première force de l'armée. Non seulement ils se comportèrent honorablement dans les combats, mais leur tenue et leur discipline ne souffrirent ni de la fatigue, ni des marches, ni du désordre des défaites. Quand ils rentrèrent à Arras, après la bataille de Pont-Noyelles, propres, alignés, au son du clairon, comme s'ils allaient à la parade, ils excitèrent une admiration générale. Les marins étaient surtout l'objet de la faveur publique, à cause de la réputation de bravoure de la marine, à cause aussi du prestige dont l'imagination entoure si volontiers les hommes de mer.

Au début de la campagne, les gardes mobiles étaient à peine des soldats. Les uns étaient de loin : séparés de leurs foyers, l'isolement fut pour eux une cause de lamentables misères. Les autres avaient été recrutés dans la région ou dans les contrées voisines ; leur sort fut moins dur. Tous ces gens manquaient d'éducation militaire. Tenus loin des armes par l'Empire, ils apprirent seulement à s'en servir au milieu de la guerre. Mais il y avait en eux des qualités de race et de milieu social qui, d'abord, suppléaient à leurs imperfections, et ensuite les rendaient aptes à acquérir promptement les vertus du soldat. C'étaient de beaux hommes, bien constitués, vigoureux. Les idées, les sentiments dans lesquels ils vivaient, les avaient marqués d'une empreinte de distinction morale. Portés à la discipline et aux bonnes mœurs, leur tenue était correcte, soignée, supérieure même à celle des troupes de ligne. Leurs chefs, anciens officiers de l'armée, propriétaires fonciers ou jeunes gens de profession libérale, montraient des principes, du patriotisme, du dévouement : la plupart ont bien mérité du pays. Dans ces conditions, les mobiles, surtout ceux du Nord, firent de rapides progrès : on les employa concurremment avec la ligne dans les affaires difficiles, à l'attaque, à la défense des villages. Sauf quelques exceptions, ils ont rempli dignement leur devoir. Les 46ᵉ et 47ᵉ régiments, une portion du 48ᵉ, le régiment de Somme-et-Marne [1], ont figuré avec honneur, même avec éclat sur les champs de bataille.

Un décret du gouvernement de Tours avait appelé aux armes tous les Français jusqu'à l'âge de quarante ans. La division de la garde nationale mobilisée de l'armée du Nord comprit 4 régiments. Pour obtenir le dévouement de ces hommes que la plupart d'entre eux étaient tout prêts à donner sans réserve, on devait surtout les fortifier contre eux-mêmes. Mais, arrachés

1. Ainsi désigné parce qu'il était formé de jeunes gens de la Somme et de la Marne.

inopinément à la vie civile, jetés sans préparation dans les épreuves d'une campagne d'hiver, la malice des choses voulut que rien de ce qui assure et réchauffe le cœur du soldat ne leur fût accordé. Des trafiquants et des employés infâmes, trompant une administration confiante parce qu'elle était honnête, débordée d'ailleurs par les soins multiples d'une époque où tout était à relever, cherchèrent à édifier leur fortune sur les malheurs publics. La justice leur a demandé plus tard un compte sévère, elle les a frappés comme ils le méritaient. Mais en attendant, les mobilisés du Nord manquèrent des objets les plus indispensables. Sauf 3000 chassepots que reçurent les mobilisés lillois, on ne distribua que de mauvais fusils à piston. Des munitions avariées, des cartouches dont le calibre ne correspondait pas toujours à celui des fusils, un équipement sans consistance, sans unité, assemblage de pièces disparates : tout cela fut le complément nécessaire d'un armement de rencontre et de fraude. Les vêtements étaient faits « d'une étoffe sans nom »; la chaussure mal cousue reposait sur des semelles de carton ou de bois. En outre, les mobilisés ne savaient rien du métier des armes, on ne leur avait rien appris avant leur départ précipité : ils ignoraient même la charge. Que pouvait être le moral de ces troupes? Qu'on lise les écrits du temps : il s'en échappe une plainte perpétuelle de souffrance, des malédictions. Pour comble de malheur, le commandement suprême des mobilisés fut donné au général Robin, homme d'une grande activité, mais, à cause de ses négligences de conduite, sans influence sur le cœur du soldat.

La cavalerie de l'armée du Nord ne dépassa jamais six escadrons. Avec un effectif plus nombreux, l'armée.

bien qu'elle n'ait jamais été surprise, se serait bien mieux éclairée, aurait laissé moins de traînards aux mains de l'ennemi, aurait mieux profité de ses victoires. Officier du génie, Faidherbe semble ne s'être jamais bien rendu compte de l'utilité de la cavalerie en campagne. Dans son *Projet de réorganisation d'une armée nationale*, il tranche nettement la question : une cavalerie peu nombreuse, destinée aux reconnaissances. Par une étrange illusion, il s'imaginait que les escadrons ennemis « n'avaient pas servi à grand'chose ». Dans une de ses boutades, il va jusqu'à souhaiter qu'on enlève la cuirasse au cavalier pour la mettre à la monture, parce qu'il est plus facile de mettre un homme sur un cheval, qu'un cheval sous un homme.

Par un prodige qui honore à la fois l'administration de la guerre et le commandement, l'artillerie prit un développement rapide, acquit même une puissance extraordinaire. Au 4 septembre, il ne restait rien ; le 13 décembre, on put mettre en batterie 78 pièces de qualité supérieure, bien servies, pourvues de pointeurs habiles, d'officiers de choix. L'effectif atteignit même à Saint-Quentin 98 bouches à feu, dont le tir prompt et sûr causa beaucoup de mal aux Prussiens.

Faidherbe se louait beaucoup de son artillerie : il lui marquait un véritable attachement. Il s'est plu à raconter l'histoire d'une batterie de mobilisés du Pas-de-Calais, dite batterie Dupuich, du nom de son premier commandant. « Cette batterie n'avait pas tiré un coup de canon même à blanc, ni fait de manœuvres de batterie, lorsqu'elle fut incorporée, le 17 décembre, au 23ᵉ corps de l'armée du Nord, et pour son début vint prendre place, le 23 décembre, sur le champ de bataille de Pont-Noyelles, en face d'un groupe de batteries prussiennes qui venaient de réduire au silence à cette même place une excellente batterie de 12 de la marine.

« La batterie de mobiles, quoique ayant eu en très peu de temps trois avant-trains et un caisson brisés et plusieurs chevaux tués, n'eut qu'un moment d'hésitation. Elle tira bravement à mitraille sur une colonne prussienne qui s'avançait. Cette colonne ayant été repoussée, la batterie fut mise dans une autre position, où elle resta jusqu'à la fin de la bataille.

« Aguerrie au premier coup, elle prit ensuite la part la plus active aux deux journées de Bapaume, où elle tira 600 coups le premier jour et 420 le second, puis au combat de Vermand, qu'elle soutint presque seule et où elle tira 900 coups et arrêta l'ennemi par ses obus à balles, et enfin à la bataille de Saint-Quentin, où elle brûla 600 gargousses et contribua à arrêter un mouvement tournant de l'ennemi à notre côté droit.

« Pendant ce mois de combats, elle avait tiré 2615 coups de canon, elle avait eu 30 sous-officiers ou soldats tués ou blessés et une cinquantaine de chevaux mis hors de service. »

Les obus inventés par le général Treuille éclataient à 2000 ou 2500 mètres, projetant une gerbe de balles à 200 ou 300 mètres en avant du point d'éclatement. « Votre artillerie est très bonne, disait un officier prussien, mais vous n'êtes pas *véraces :* vous aviez une batterie de mitrailleuses à Saint-Quentin et vous ne voulez pas l'avouer. » « Notre artillerie nous a fait tenir, » disait Faidherbe. Il mettait aussi une certaine fierté à déclarer qu'il ne s'était servi que de canons français. Une demi-batterie de canons Armstrong parut bien à Pont-Noyelles ; mais, après quelques coups, endommagée, hors d'usage, on dut l'écarter, pour ne plus l'employer durant la campagne.

Dans sa réponse au général von Gœben, Faidherbe s'exprime ainsi au sujet de l'armée du Nord :

« Certes l'armée du Nord a été admirable, eu égard à sa composition, mais ce n'était pas une armée normale. Chefs improvisés, pas de corps d'état-major, artillerie hétérogène, pas une troupe vraiment régulière ; car peut-on donner ce nom à ces bataillons de marche, de chasseurs ou de la ligne, formés en toute hâte, au moyen de deux compagnies de dépôt et de recrues avec un nombre insuffisant d'officiers et de sous-officiers de toute provenance, ou à ces braves fusiliers marins, combattant hors de leur élément? En temps ordinaire, eût-on osé envoyer à l'ennemi de pareilles troupes? Eh bien ! c'est là ce que nous appelions nos troupes régulières ; ce sont ces troupes qui formaient nos têtes de colonnes, qui, tous les quinze jours, tenaient tête aux Prussiens dans une rencontre, diminuant chaque fois d'un quart leur effectif par le feu de l'ennemi, par la fatigue et les privations.

« Avec ces troupes dites régulières, nous avions les bataillons de mobiles que les Prussiens appelaient des collégiens, collégiens dont, en tout cas, ils ont plus d'une fois éprouvé la valeur, et les bataillons de garde nationale mobilisée, dont beaucoup n'étaient armés que de fusils à percussion et dont le plus grand nombre n'avait pas même tiré à la cible avant de marcher à l'ennemi. A Saint-Quentin on avait même été obligé, pour compléter les bataillons de troupes régulières, d'y incorporer des mobilisés qui, bien encadrés, se conduisirent comme de vieux soldats. C'est là la gloire de l'armée du Nord, c'est d'avoir montré que le Français n'est pas dégénéré comme soldat et qu'avec un peu moins d'imprévoyance, les mobiles et les mobilisés nous eussent fourni d'excellents éléments pour une guerre vraiment nationale.

« Cette armée, ajoute-t-il, n'a pas eu par le nombre la même importance que les autres armées de la République, mais elle s'est fait remarquer par sa forte organisation, par sa discipline et par l'excellent esprit dont elle était animée. Dans les luttes qu'elle a soutenues sans se laisser entamer contre des forces supérieures, elle a puissamment contribué à rétablir et à maintenir l'honneur du drapeau, si profondément atteint par les désastres et les capitulations sans précédent qui avaient jeté le pays dans une situation désespérée. »

Il admire l'armée allemande. « Nous ne croyons pas qu'il soit possible d'aller au delà en fait d'organisation militaire. Un excellent esprit semble animer tout le monde. Il faut qu'il y ait dans cette armée, depuis le simple soldat jusqu'au général, je dirai même jusqu'au souverain, une grande confiance, et même une grande estime réciproque... Mais nous sommes cependant restés persuadés, à l'armée du Nord, de la supériorité du soldat français sur le soldat allemand. Si celui-ci est plus grand, plus fort, plus soumis, le soldat français, émancipé depuis la Révolution, a une valeur personnelle plus grande. Un soldat qui est susceptible d'être battu, cravaché et souffleté par ses chefs, comme le soldat prussien, ne peut pas valoir celui qui n'est pas soumis à cette discipline avilissante. »

Faidherbe, loin de s'isoler de ses soldats, tenait à vivre au milieu d'eux, comme eux, à se faire voir. Monté sur un cheval arabe bai ou blanc, couvert d'un burnous qui ne laissait paraître que sa figure, il traversait la bataille ou parcourait les cantonnements, affirmant ainsi une fraternité d'armes qui inspirait aux troupes une affectueuse confiance. Il prescrivait aux officiers de coucher au milieu de leurs soldats : lui-même refusait l'hospitalité des châteaux, des *notaires*, comme on disait alors. Il recherchait de préférence les fermes pour y loger. Quelques gardes d'une fidélité éprouvée couchaient en travers de sa porte, selon la coutume qu'il avait rapportée de la Sénégambie. Du reste, après un sommeil court et interrompu par des cauchemars, il se levait à l'aube. « Je suis monté à cheval, dit-il, et je suis resté à cheval pendant cinq ou six semaines. »

Le patriotisme de ces temps n'a pas été assez glorifié. La légende de 1792 a nui à la réputation de la France en 1870. Cependant, que reste-t-il de cette légende? un souvenir d'admirable enthousiasme. On sait que les volontaires ne devinrent des soldats que par l'*amalgame* en 1793. De nos jours, les mobiles et les mobilisés ne pouvaient obéir au même sentiment. Ils partirent à la voix de la raison commandant le devoir, de sang-froid, sans illusions, avec une résignation courageuse. Ce patriotisme vaut bien l'autre; il est certainement d'une pratique plus difficile. Gambetta, rendant justice à ses concitoyens, disait devant la commission d'enquête parlementaire : « Le pays a tout donné, et les hommes et l'argent, sans compter; on s'est bien battu, aussi bien que pouvaient le faire des troupes inexpérimentées qui n'avaient à leur tête que le petit nombre d'officiers qui nous restaient et quand il était si difficile de s'en procurer. A ce point de vue, donc, la guerre a été ce qu'elle pouvait être, et aucun peuple dans l'Europe ni dans le monde n'aurait été capable d'un pareil effort, alors qu'on l'avait systématiquement tenu à l'écart de toute institution militaire, et que son armée permanente, que depuis cinquante ans on lui avait présentée comme la condition nécessaire de son salut, était tout entière aux mains de l'ennemi. »

§ III. — Pont-Noyelles et Bapaume

Position de l'armée française sur l'Hallue. — Plan de bataille.
— Dispositions du général Manteufel. — Combat de Querrieux. — Bataille de Pont-Noyelles ; Faidherbe sur le champ
de bataille : audace, courage. — Ses opinions sur la conduite
du général en chef. — Ses relations avec le soldat. — Les
émotions du champ de bataille. — Jugement de l'état-major
prussien sur la bataille de Pont-Noyelles. —- Où est la vérité ?
— Critiques. — La nuit qui suivit la bataille. — Le lendemain : la retraite. — Proclamation de Faidherbe à ses troupes.

Nouvelles positions de l'armée entre Arras et Douai. — Les
Prussiens la suivent. — Ils enlèvent un bataillon de mobilisés du Pas-de-Calais à Souchez. — Exactions et cruautés des
Prussiens dans diverses localités du Pas-de-Calais, Aubigny,
Foucaucourt, Ayette, Souastre, Beugnatre, etc. — Ce qu'on
trouve sur un uhlan.

Faiblesse morale des populations rurales : quel sera le remède ?
— Souffrances des soldats français, sollicitude de Faidherbe :
elle est impuissante à conjurer les maux qui résultent des
éléments et de la situation. — Plaintes des mobilisés. — Accusations contre l'intendance : Faidherbe la défend. — Mécanisme de l'approvisionnement. — La discipline. — Cours
martiales. — Rôle de Faidherbe. Quelques anecdotes.

Les Prussiens assiègent Péronne. — Faidherbe reprend la campagne. — Ses ordres du jour. — Marche sur Bucquoy et Bapaume. — Combats d'Achiet-le-Grand ; — de Béhagnies ; —
de Mory. — Position des deux armées. — Bataille de Bapaume. — Sang-froid et courage de Faidherbe. — Faidherbe

s'arrête dans sa victoire. — Appréciation. — Proclamation de Faidherbe à ses troupes.

La retraite. — Combat de Gomiécourt où un bataillon de chasseurs repousse l'attaque de deux escadrons de cuirassiers : relation de Faidherbe. — Pertes des deux armées.

Faidherbe rend hommage au dévouement qui éclate dans toutes les classes de la société pour soulager les misères. — Médecins et ambulances. — Secours de l'étranger : une ambulance belge. — Hôpitaux : mortalité. — Charité et dévoument du clergé. — Idées sérieuses qu'inspire la guerre. — Patriotisme du clergé : le curé Deleplanque sauve un convoi de prisonniers. — Effets de l'union.

Faidherbe marche sur Péronne. — Il apprend à Bapaume la capitulation de cette place. — Situation de Péronne. — Forces assiégeantes. — Tentatives pour surprendre la place. — Le bombardement et ses effets effroyables. — Traits de courage et de dévouement. — Défaillances de la population. — Énergie de la défense. — On entend le canon de Bapaume : les Prussiens se mettent en mesure de lever le siège. — Le siège et le bombardement recommencent. — Découragement : capitulation. — Faidherbe juge sévèrement le commandant Garnier. — Les torts sont partagés.

L'armée du Nord s'était cantonnée dans le triangle que forment la Somme et son affluent de droite l'Hallue. Du côté du sud, elle devait se borner à garder la ligne de la Somme, dont on avait coupé les ponts ; des marécages et des hauteurs en rendaient encore la défense facile. « On adopta pour la ligne de bataille faisant face à la citadelle, seul point de passage laissé à l'ennemi, la vallée de l'Hallue, où se trouvaient les villages de Daours, Bussy, Querrieux, Pont-Noyelles, Bavelincourt, Béhencourt, Vadencourt, Contay. La majeure partie des troupes (22ᵉ corps) y fut cantonnée ; le surplus (23ᵉ corps) occupait, le long du chemin de fer, la ville de Corbie, où s'établit le quartier général, et les villages environnants. » (Faidherbe.)

La position était bien choisie, excellente. La rive gauche de l'Hallue offre une suite de plateaux d'où l'on domine la rive droite, plus basse, quoique accidentée elle-même. Du point central de ces hauteurs, au-dessus de Pont-Noyelles, le regard embrasse toute la vallée semée de villages, de maisons de campagne, de fermes, de bois, de marais. Dans le lointain, au fond de l'horizon, que recule une échancrure du sol, on aperçoit la ville d'Amiens et sa cathédrale. Le site est enchanteur, le spectacle magnifique.

Faidherbe semble avoir attaché une médiocre importance à la possession des villages de la rive droite. D'après ses ordres, les tirailleurs ne devaient la défendre que peu de temps. « Les efforts devaient se porter sur la défense des positions en arrière, sauf à reprendre les villages quand l'ennemi aurait été repoussé des hauteurs qu'on supposait devoir être sérieusement attaquées par lui. »

Les positions de combat furent nettement indiquées. Le général Lecointe (22ᵉ corps), abandonnant Daours et Bussy (à gauche), portait sa 1ʳᵉ division (Derroja) au centre, à Querrieux, Pont-Noyelles et Fréchencourt, tandis que sa 2ᵉ division (du Bessol) se concentrait à portée dans les villages de Béhencourt, Bavelincourt, Contay et Vadencourt. Le 23ᵉ corps, général Paulze d'Ivoy, se partageait : sa 1ʳᵉ division (amiral Moulac) prenait la place de la 1ʳᵉ division du 22ᵉ corps à Daours et Bussy ; sa 2ᵉ division (mobilisés) était envoyée à l'extrême droite pour concourir à la défense de Contay et Vadencourt.

De son côté, le général de Manteufel s'empressait d'obéir aux prescriptions de l'état-major général, qui lui ordonnait de prendre une offensive brusque et énergique contre tout rassemblement en rase campagne. Sans attendre ses renforts, n'ayant que le 8ᵉ corps sous la main, il décida qu'une de ses divisions attaquerait de front le centre des Français à Querrieux et Pont-Noyelles, tandis que l'autre s'efforcerait de les tourner par leur extrême droite. 22 300 fantassins, 2 300 cavaliers, 108 pièces de canon, une brigade de réserve, telles étaient les forces dont il disposait. « Avec cet effectif, la manœuvre qu'il ordonnait ne pouvait se justifier que par la faiblesse de l'armée française. Contre une armée expérimentée elle eût fatalement échoué [1]. »

Dès le 20 décembre, les deux adversaires s'étaient mis en contact. Des éclaireurs de la 2ᵉ division signalèrent vers 9 heures du matin une colonne prussienne d'environ 2000 hommes avec 2 pièces de canon. Elle s'avançait du faubourg Saint-Pierre sur les bois d'Allonville et Querrieux, et de là sur le village. Une vive fusillade s'engagea vers 11 heures. Nos avant-postes formant une ligne serrée de tirailleurs, soutenus par le 18ᵉ bataillon de chasseurs et un bataillon du 33ᵉ de ligne, forcèrent d'abord l'ennemi à reculer. Mais il revint bientôt. Son artillerie lui rendit l'avantage : il parvint même à occuper le moulin de Querrieux. De son côté, le général du Bessol, qui commandait la 1ʳᵉ brigade de la 2ᵉ division à Bussy, lança une compagnie du 69ᵉ de marche et deux bataillons de mobiles du Gard sur le flanc droit des Prussiens. Avec un entrain admirable ces jeunes soldats se précipitent sur les deux pièces ennemies qui battent en retraite : elles étaient perdues sans une déplorable confusion qui mit aux prises deux

_____

1. Félix Bonnet, *la Guerre franco-allemande.*

bataillons français. Cette journée parut d'un favorable augure à l'armée du Nord. Mais les Allemands n'en avaient pas moins atteint leur but : par le *combat de Querrieux* ils connaissaient la force et les dispositions de l'armée française.

Pendant la nuit du 22 au 23 novembre la température fut glaciale ; des soldats aux grand'gardes moururent de froid.

C'est par une *belle gelée* que les Prussiens, le 23, dès 8 heures du matin, commencèrent leur mouvement en couvrant de leurs colonnes les routes de Longueau, d'Albert et d'Arras. A 10 heures, ils entraient dans le bois de Querrieux ; à midi, ils occupaient les villages de Daours, Bussy-les-Daours, Querrieux. La division du Bessol qui, en attendant la division Moulac, gardait, outre ses positions, l'espace compris entre Daours et Bussy, reçut le premier choc : il fut terrible. Les Prussiens l'accablèrent d'une grêle d'obus, auxquels l'artillerie française répondit de son mieux, mais sans beaucoup de succès, la plupart de ses canons, pièces de 4, étant d'une portée trop faible. Pendant qu'on se canonnait sur les hauteurs, les deux brigades d'infanterie luttaient avec intrépidité contre l'infanterie et la cavalerie prussiennes dans le fond de la vallée. Leur résistance permit à l'amiral Moulac d'entrer en ligne avec sa division vers 1 heure de l'après-midi. Du Bessol put alors se replier vers le centre, où il prit sa véritable position de combat.

La lutte allait se concentrer sur la rive droite. L'artillerie française forte de 66 pièces, bien qu'inférieure en nombre à l'artillerie prussienne, avait l'avantage de la position dominante. Quant à l'infanterie, elle était ainsi disposée : au fond de la vallée, une ligne de tirailleurs cachés par les bois, les maisons, les marais ; à mi-côte, une autre ligne qui tirait par-dessus la première ; sur la hauteur, les bataillons ; derrière eux, quelques réserves.

Vers 1 heure de l'après-midi l'action était engagée sur toute la ligne, c'est-à-dire sur une longueur de 12 kilomètres. Elle se prolongea jusqu'à 3 heures sans succès marqué de part ni d'autre. Si les Prussiens à droite parvinrent à déloger les Français des villages de Fréchencourt, Béhencourt et Bavelincourt, le colonel Pittié les refoula sur la rive droite, les suivit et s'y maintint à la hauteur de Contay. Le centre et la gauche, qui avaient depuis le matin reçu des renforts d'artillerie, entre autres une batterie de 4 canons Armstrong, soutinrent sans défaillance l'assaut de l'ennemi.

Le général en chef se tenait au milieu des troupes, qu'il ne quitta pas de la journée. Le matin, de Corbie, où il avait passé la nuit avec son état-major, il s'était porté au premier coup de canon sur le plateau de Pont-Noyelles. Il était suivi du général Farre, de deux officiers d'ordonnance, MM. Decroix et Crespel, et de trois dragons. « Restez, avait-il dit aux autres, je vais avec Farre voir la situation. » On arriva au galop derrière une batterie de 12, commandée par le lieutenant de vaisseau Guéniot d'Étioles. En ce moment, une des pièces venait d'être démontée. Elle fut aussitôt rétablie : le général félicita l'officier. De ce point culminant on découvrait sur les collines opposées l'artillerie prussienne modifiant ses positions, rectifiant son tir. Faidherbe resta dix minutes au milieu du feu, sous une pluie de boulets ; un de ses officiers, M. Crespel, fut blessé à la poitrine, à côté de lui, d'un éclat d'obus.

Puis on descendit dans la vallée à travers les lignes de tirailleurs ; Faidherbe montait un cheval arabe blanc ; il était recouvert d'un burnous de couleur sombre. C'est ainsi qu'il figura au milieu des troupes, sur tous les champs de bataille de la campagne du Nord. On a dit qu'il « avait voulu voir l'effet que produiraient sur ses nerfs le sifflement et les éclats des projectiles ». Ses idées sur les devoirs du général en chef expliquent mieux sa conduite.

On atteignait les bords de l'Hallue, quand un officier s'écria : « Les Prussiens sont à Pont-Noyelles ! — Bah ! répondit le général Farre, c'est le 20ᵉ bataillon de chasseurs »... Au même temps un officier prussien lève son sabre ; les balles sifflent autour des audacieux éclaireurs. « Dispersez-vous et piquez des deux, » commanda le général Farre. Chacun s'abandonne au galop de son cheval : on remonte le talus sous les coups de feu de l'ennemi, à qui le général Farre, découvert par son uniforme, servait de point de mire ; on regagne ainsi sans blessure les positions françaises. A ce moment on ne voyait plus un Prussien, lorsque tout à coup un officier qui parlait à Faidherbe est tué d'une balle au cœur ; un cheval de dragon a les deux jambes traversées ; une balle enfin troue le burnous du général en chef, qui reste impassible. « Si vous continuez ainsi, dit un officier à Faidherbe, vous ne vivrez pas longtemps. — Qu'est-ce que vous croyez que je doive faire ? — Vous placer sur un point central à l'abri des accidents. — Pour que les troupes se battent, il faut que le général soit à leur tête. » Aussi bien Faidherbe était convaincu, il le répétait volontiers, qu'avec des soldats français, passionnés, impressionnables, prompts au découragement comme à l'enthousiasme, le général en chef doit être toujours en vue, se montrer partout, afin d'entretenir dans les âmes la confiance et l'espoir, afin de les porter aux efforts dont la victoire est le prix.

Le soldat, l'officier même, au milieu de la bataille, dans les échecs ou dans les intermittences de la lutte, se prennent à désirer le général en chef : où est-il? que dit-il? que fait-il? Ces questions viennent instinctivement à tout le monde, traduisant l'universel besoin d'un appui suprême, immédiat, visible.

Cette théorie, que la grande guerre scientifique d'aujourd'hui semble exclure, convenait sans doute aux troupes inexpérimentées et flottantes de l'armée du Nord, comme elle avait convenu aux premières bandes de la Révolution. Car dans beaucoup d'écrits du temps, souvenirs intimes de cette guerre, on découvre l'impression favorable que produisait ce contact volontaire, perpétuel, du général en chef avec ses soldats. « Aucun général ne fut aussi populaire dans la dernière campagne. » Cet hommage éclate après une visite qu'il fit inopinément à Bray, le 22 octobre, où se trouvait une partie de la division des mobilisés du 23e corps. « Accompagné seulement de quelques officiers d'ordonnance, il se rend aux avant-postes afin de s'assurer qu'ils sont installés avec soin. Il s'enquiert ensuite auprès du colonel des besoins du régiment, du nombre de ses malades, et termine sa visite par des instructions très minutieuses pour le lendemain [1]. » « Il sait se faire aimer du soldat. Il passe souvent au milieu de la colonne,... questionne les hommes avec une bienveillance touchante et s'intéresse aux moindres dé-

---

1. Devienne, *Souvenirs d'un mobilisé lillois.*

tails [1]. » Quelques-uns l'appelaient « le général de bronze ».

Tout dans ces relations, dont on pourrait multiplier les témoignages, confirme l'estime affectueuse et confiante que l'armée professait pour Faidherbe. Un écrivain militaire, qui s'est quelquefois montré sévère pour lui, a dit : « Le général Faidherbe, tout le monde le reconnaît, fit preuve à Pont-Noyelles d'une extrême bravoure... Il excita l'admiration du soldat, qui le voyait s'exposer comme lui ; mais peut-être le commandement souffrit-il un peu de la part trop large que le général prit, ce jour-là, aux différents épisodes du combat. Les généraux commandant les divisions se mirent aussi souvent à la tête de leurs troupes composées en grande partie de soldats de la veille [2]. » Ne semble-t-il pas que la critique, au lieu de l'affaiblir, fortifie l'éloge ?

Dans toutes les batailles que nous avons livrées aux Prussiens, nous disait un officier de l'armée du Nord, improvisé comme elle, particulièrement à Pont-Noyelles, nous avons tous passé par trois phases d'émotions. Le matin, surtout si le temps était clair, si le soleil brillait, les cœurs s'ouvraient à la joie, à l'espérance. L'enthousiasme qui manquait était remplacé par une sorte de foi que nous soufflait un rêve de victoire. A midi, échauffés par le combat, voyant que nous gardions nos positions, que l'ennemi n'avançait pas ou avançait peu, nous étions contents de nous-mêmes ; notre force se retrempait à notre succès : on était devenu capable des plus énergiques efforts. Mais quand la brume, estompant le paysage, commençait à voiler

1. Gensoul, *Un bataillon de mobiles pendant la guerre.*

2. *** *Opérations de l'armée française du Nord.* (Tanera, éditeur.

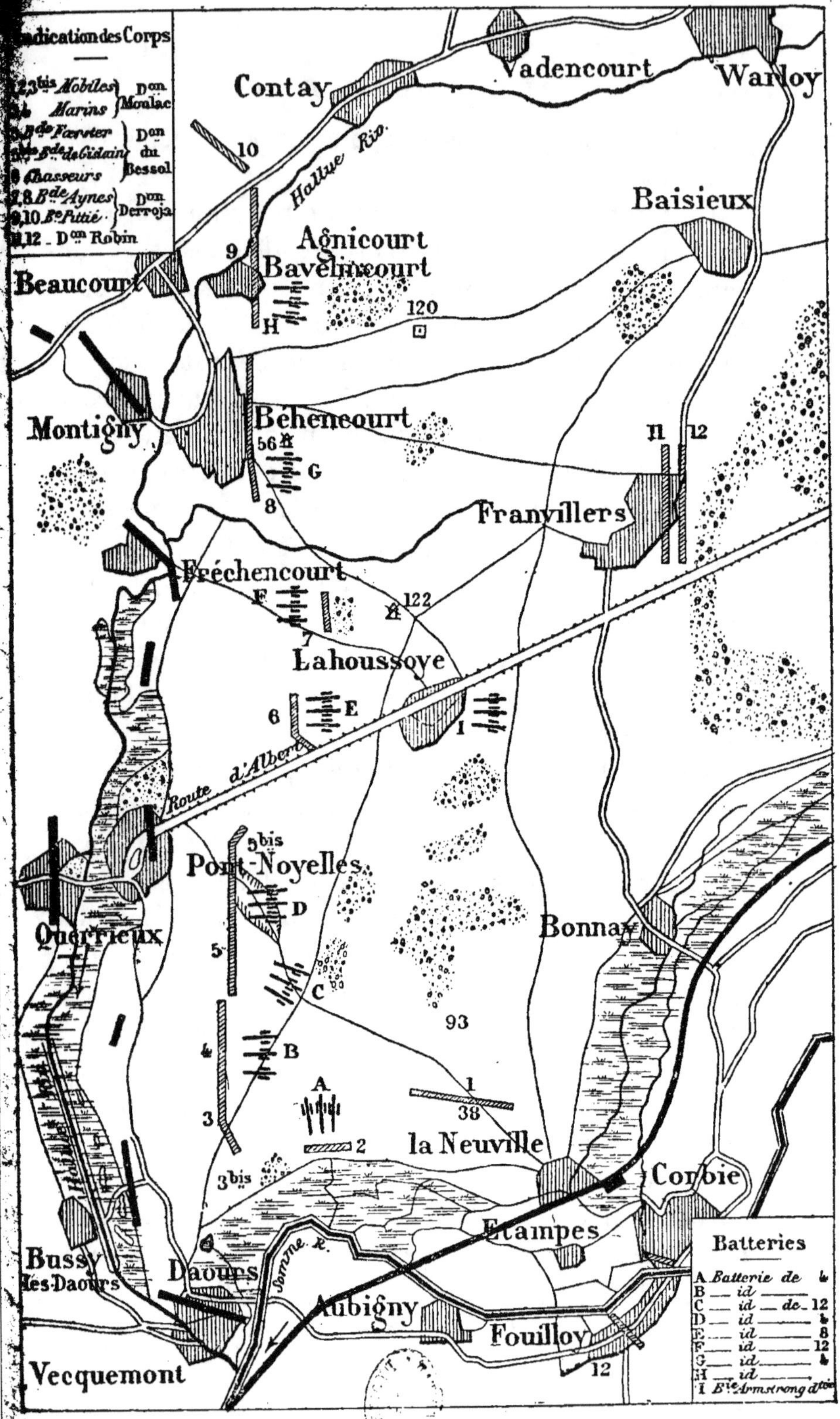

Indication des Corps
2,3 bis Mobiles } D^on Moulac
4 Marins
5 B. de Forster } D^on du
5 bis de Gislain } Bessol
6 Chasseurs
7,8 B. de Aynes } D^on Derroja
9,10 B. Pittié
11,12 _ D^on Robin

Contay
Vadencourt
Warloy
Baisieux
Agnicourt
Bavelincourt
Beaucourt
120
Béhencourt
Montigny
56
11   12
Franvillers
Fréchencourt
122
Lahoussoye
Halue Rio
Route d'Albert
Pont-Noyelles
5 bis
Querrieux
Bonnay
93
la Neuville
38
Corbie
Étampes
Bussy
les Daours
Daours
Somme R.
Aubigny
Fouilloy
Vecquemont

Batteries
A Batterie de   4
B ___ id ________
C ___ id ___ de_ 12
D ___ id ________ 4
E ___ id ________ 8
F ___ id ________ 12
G ___ id ________ 4
H ___ id ________
I B^ie Armstrong d^toi

la nature, l'âme peu à peu s'abandonnait à la tristesse, et le découragement nous envahissait avec le soir. C'est le moment où la fièvre tombe. La réflexion reprend le dessus, et avec elle le sentiment du danger, le doute, l'amour de la vie, tout ce qui affaiblit la résolution, éteint l'héroïsme. C'est alors que l'apparition du général en chef, comme le dieu des batailles antiques, raffermissant le courage, peut sauver la fortune!

A 3 heures et demie les Prussiens, dans un effort suprême, attaquèrent avec une furieuse énergie les hauteurs qui dominent Pont-Noyelles. Faidherbe se porta devant nos lignes qu'il parcourut au galop. Son attitude électrisa les tirailleurs répandus dans la vallée de l'Hallue : ils répondirent par une fusillade nourrie à l'assaut des Prussiens. Ce ne fut toutefois qu'en arrivant sur la seconde ligne que l'ennemi rencontra une résistance invincible. On se touchait : Allemands et Français se ruèrent dans une mêlée sanglante au milieu du crépitement de la fusillade, sous les éclats de l'artillerie qui tonnait dans les hauteurs.

En même temps les Prussiens s'efforçaient de prendre la position en la tournant. Avec audace, prudence et bravoure ils se glissent par un chemin creux presque à pic et apparaissent subitement sur la crête, à la droite de la 2ᵉ division. L'effet fut terrible ; les canons lâchèrent vainement leur dernière volée ; deux pièces tombèrent au pouvoir de l'ennemi. Mais, s'enlevant dans un cri de colère, l'infanterie bondit : le 33ᵉ par une attaque de flanc, une compagnie de mobiles de Somme-et-Marne, capitaine d'Hauterive, par une charge de front, brisent l'élan de l'ennemi. Toute la ligne allemande flotte un moment, recule, regagne les bords de la rivière, serrée de près par nos troupes victorieuses. Autour de Pont-Noyelles le combat reprend avec une nouvelle fureur. Les Français s'emparent du village. Ce fut le terme de leur succès. C'est là qu'on vit bien le pouvoir de la discipline. Tandis que dans l'effervescence de la lutte nos soldats, confondant les rangs, méconnaissant la voix de leurs officiers, se pré-cipitaient, les uns dans les maisons de Pont-Noyelles pour continuer le carnage, les autres sur la route ma-récageuse de Querrieux, les Prussiens se reformaient, recevaient des renforts, couvraient l'assaillant de leurs feux. La déroute devint bientôt irrémédiable. Une sorte de panique entraîna dans une retraite folle mobiles et réguliers. Beaucoup jetèrent leurs armes, désertèrent le champ de bataille, annonçant sur leur passage la dé-faite et la ruine de l'armée.

Le général du Bessol se trouvait dans la position la plus critique. Il ne lui restait qu'un bataillon d'infan-terie de marine. Il l'oppose aux Prussiens qui recom-mencent l'assaut du plateau. Le clairon sonne pour ranimer les combattants, rappeler les fuyards. On s'élance et les Prussiens sont encore ramenés à Pont-Noyelles, que l'artillerie française écrase de ses obus.

Ce fut tout. La nuit était venue. L'artillerie seule continua à tirer sur le malheureux village dont les flammes éclairaient la vallée d'une sinistre lueur.

A gauche, la lutte n'avait pas été moins vive. L'ami-ral Moulac, chargé d'enlever le village de Daours, avait échoué dans un premier assaut malgré la vail-lance du 19ᵉ chasseurs.

Faidherbe, arrivant sur ces entrefaites, renouvela l'attaque en portant au secours des chasseurs une com-pagnie de marins. Ces braves gens se précipitèrent dans les rues. Mais criblés de balles, d'éclats de mitraille, bientôt cernés de toutes parts, ceux qui ne tombèrent pas restèrent en grand nombre aux mains de l'ennemi.

« A l'extrême droite, la division Derroja réussit à empêcher l'ennemi de s'étendre, tant par un bon emploi de son artillerie que par les bonnes positions qu'elle sut occuper. » (Faidherbe.) De ce côté on pouvait se vanter d'un succès relatif. En effet, après une charge brillante, nous avions arraché aux Prussiens les villages de Bavelincourt et de Béhencourt, que nous gardâmes malgré plus d'un retour offensif. Là au moins nous restions maîtres de la rive droite de la rivière.

Telle fut la bataille à laquelle les Français ont donné le nom du village de Pont-Noyelles, centre et principal théâtre de la lutte, et que les Allemands appellent bataille de l'Hallue.

« Nos troupes, dit Faidherbe, occupaient les positions de combat que nous avions choisies et se considéraient par cela même comme victorieuses. On leur fit comprendre qu'à la guerre on constatait sa victoire en couchant sur le champ de bataille et qu'il ne pouvait être question de reprendre des cantonnements à plusieurs lieues en arrière. On bivouaqua donc sur place.

« L'issue défavorable de la bataille de l'Hallue, dit la relation de l'état-major allemand, avait profondément ébranlé les troupes françaises, qui n'avaient pas eu le temps d'acquérir encore beaucoup de consistance et dont une partie d'ailleurs était insuffisamment équipée en vue de froids rigoureux. Le général Faidherbe renonçait par suite à prolonger sa résistance et il ramenait son armée sous la protection des places fortes[1]. »

1. *État-major : la Guerre franco-allemande* (trad. Costa de Serda).

Les deux partis s'attribuèrent la victoire. En réalité, la bataille fut indécise. Mais elle profita peut-être plus aux Français qu'aux Allemands. Le Havre sauvé, une armée allemande retenue sur la Somme, la certitude que l'armée du Nord pouvait tenir tête à son redoutable adversaire, tels furent pour nous les résultats de cette honorable, sinon victorieuse journée.

D'après Faidherbe, nos pertes s'élevaient à 136 soldats et 5 officiers tués, 860 soldats et 45 officiers blessés, quelques centaines de prisonniers, un millier de disparus. Les Allemands déclarent que leurs propres pertes ne dépassaient pas 900 hommes ; en outre, qu'en déblayant le champ de bataille, ils ont donné la sépulture à 259 cadavres français, et que, dès le 23, au soir, 19 officiers et 953 prisonniers non blessés avaient été conduits à Amiens.

Les militaires reprochent à Faidherbe d'avoir sacrifié un peu trop son rôle de général en chef à celui de soldat. Tout en reconnaissant qu'il avait choisi une position excellente, ils la trouvent trop étendue. La répartition des troupes amena une véritable dislocation du 23e corps. Enfin le général en chef eut tort d'abandonner les villages de la rive droite, de fournir ainsi à l'ennemi un point d'appui et un abri dont il usa contre nous et de s'interdire à lui-même le moyen de passer la rivière.

De son côté, le général Manteufel étendit beaucoup trop ses 25000 hommes pour une offensive résolue. Le grand mouvement de la 16e division, destiné à tourner la droite française, exposa cette division à une attaque de flanc et retarda considérablement son entrée en scène. « Que serait-il arrivé si Faidherbe, informé à temps par sa cavalerie du mouvement excentrique, eût débouché en force de Querrieux vers une heure de l'après-midi [1] ? »

La nuit qui suivit la bataille fut une des plus pénibles de ce grand hiver. Par un froid de plus de 10 degrés les troupes bivouaquèrent sur place avec leurs officiers de tout rang. Le bois manquait ; puis on évita d'allumer du feu pour ne pas trahir les positions. Pas de vivres ou des vivres gelés, pas d'eau-de-vie, rien pour résister à une température polaire. Beaucoup de blessés succombèrent ; beaucoup d'hommes valides, mais épuisés par les fatigues de la journée, s'endormirent cette nuit-là pour toujours ; jamais peut-être une armée improvisée n'avait été soumise à de telles épreuves. L'armée du Nord « les supporta avec une patience et une abnégation qu'on ne saurait assez admirer et qui font autant d'honneur à nos jeunes soldats que leur courage devant le feu de l'ennemi ». (Faidherbe.)

Le lendemain 24 décembre, un brillant soleil se leva sur le champ de bataille. Nos troupes étaient en ligne ; nos munitions avaient été complètées avec les réserves : nous étions prêts à recommencer la lutte. Mais Manteufel parut vouloir se renfermer dans la défensive. La matinée ne fut troublée que par quelques engagements sans importance, une fusillade intermittente, des coups de canon. De fait, les Prussiens ne restaient pas immobiles. Bientôt on signalait la marche d'une colonne ennemie d'Amiens sur Querrieux ; on apprenait un double mouvement sur Doullens et Corbie dans le dessein de nous tourner par nos deux ailes. Si la manœuvre réussissait, nous étions coupés de notre base d'opération. D'un autre côté, le général en chef, jugeant

1. Félix Bonnet, *Guerre franco-allemande*.

que l'armée ne pouvait supporter une seconde nuit de bivouac, lui donna l'ordre de regagner ses cantonnements. A deux heures la retraite commença sous la protection de tirailleurs d'élite et de deux batteries d'artillerie laissées en arrière pour tenir à distance l'ennemi, s'il lui plaisait d'inquiéter notre marche. Il n'en fit rien, ou à peu près. Suivant son usage, il ne tarda même pas à perdre le contact.

Le 25, Faidherbe publia l'ordre du jour suivant, daté de Boisleux :

« Le général commandant en chef adresse ses félicitations aux troupes de l'armée du Nord, à la suite de leur belle conduite à la bataille de Pont-Noyelles, qui restera pour elle un glorieux succès.

« L'artillerie s'est parfaitement comportée, quelques batteries ont été admirables.

« L'infanterie régulière, après avoir montré de la solidité dans sa position, sous le feu de l'ennemi, a fait preuve de la plus grande vigueur, quand elle a reçu l'ordre de l'assaillir de près.

« Les mobiles et les mobilisés ont prouvé qu'on pouvait compter sur eux, que les marches et les combats les aguerrissaient de jour en jour.

« Les privations et les rigueurs de la saison sont supportées avec résignation ; quelques jours de repos et de bien-être les feront oublier : du reste rappelons-nous que c'est pour la patrie que nous souffrons ces dures épreuves.

« Quelques hommes se sont débandés avant et après la bataille : on fera des exemples sévères. »

Le 27, l'armée était dans ses nouvelles positions, derrière la Scarpe, la droite appuyée à Arras, la gauche à Douai. La première ligne occupait les villages de

Fampoux, Rœux, Vitry, Brebières, Corbehem ; on mit en deuxième ligne, de Oppy à Esquerchin, la 2ᵉ division du 23ᵉ corps.

Les Prussiens se sont vantés d'avoir poursuivi l'armée. Selon Faidherbe ils la *suivirent*. Du moins, il faut bien le reconnaître, ils la suivirent en vainqueurs. Audacieux, arrogants, cupides, leur retour sur le territoire du Pas-de-Calais fut signalé par quelques heureux coups de main et déprédations de toutes sortes.

Un bataillon de mobilisés du Pas-de-Calais non incorporé à l'armée du Nord, était chargé de défendre le chemin de fer d'Arras à Béthune. Il avait 2 compagnies à Carency, 2 à Ablain-Saint-Nazaire et 4 à Souchez. On se gardait mal, les soldats n'observaient aucune discipline, les officiers semblaient ignorer les devoirs du commandement. Tout à coup, le 29 décembre, vers midi, une vingtaine de uhlans, pénétrant dans Carency, surprennent les compagnies, les dispersent sans combat. Les officiers étaient à table : ils abandonnèrent leur repas pour prendre la clef des champs ; 40 prisonniers restèrent au pouvoir des Prussiens. On les aligna la face contre un mur. Deux uhlans furent commis à leur surveillance ; les autres allèrent continuer leurs exploits à Ablain-Saint-Nazaire. Les mobilisés ne les avaient pas attendus. Seul le chef de bataillon était resté ; il sortit de chez lui, courut sur la place du village, mais, ne trouvant pas ses soldats, il battit en retraite et disparut.

A 2 heures ce fut le tour de Souchez. Les uhlans se précipitent dans le village au galop de leurs chevaux, poussant des hurrahs, tirant des coups de pistolet. Les officiers s'échappent précipitamment de l'auberge du

Cheval blanc où ils ne songeaient guère à l'ennemi ; les soldats se hâtent par toutes les issues de gagner la campagne. Quelques-uns d'entre eux voulaient se défendre : ils en furent empêchés par leur capitaine. 100 prisonniers restèrent aux mains du vainqueur. Il faut ajouter avec Faidherbe, qui parle incidemment de cette aventure, que ces mobilisés n'avaient pas de cartouches. Ils avaient encore moins des chefs !

La guerre nourrit la guerre. Ce principe que tant de généraux ont appliqué, les Prussiens le poussèrent jusqu'à ses dernières conséquences. Mais leurs rigueurs dépassèrent tellement les droits et les besoins de l'humanité qu'elles semblèrent l'œuvre de la barbarie plutôt que de la nécessité. Nous en citerons quelques traits empruntés aux mémoires du temps, sans souci de l'ordre chronologique : ces excès qui se sont renouvelés pendant toute la durée de la guerre, ont été pour ainsi dire permanents.

Un jour (28 décembre), 2000 hommes de pied et 100 chevaux se présentèrent à Aubigny. La visite était d'importance. Les Prussiens se mirent à couper les fils télégraphiques, à désarmer les pompiers, dont les armes furent brisées. C'était de bonne guerre. Mais à l'œuvre militaire succéda promptement le brigandage. Les maisons furent fouillées et vidées en quelques instants. Tout ce qui était à prendre fut enlevé : vêtements d'hommes ou de femmes, chaussures, bijoux, meubles. On saccagea les boutiques de boulangers, épiciers, bouchers, marchand de vin, les caves particulières. Quand tout fut pris, entassé sur des charrettes que les habitants durent fournir eux-mêmes, la colonne, lasse de violences, sortit du village épuisé.

Dans une autre localité, à Foucaucourt, des coureurs

ennemis ayant été repoussés par une compagnie franche, les Prussiens se vengèrent sur le village. Ils arrivent en nombre, tirent des coups de fusil, se répandent dans les habitations, les livrent au pillage. Les hommes sont arrêtés, alignés le long d'un mur, conduits au cimetière. Les maisons deviennent la proie des flammes ; le vainqueur défend, sous peine de mort, d'éteindre l'incendie qu'il a lui-même allumé. Des vieillards, des enfants, des malades sont fusillés, sans choix, au hasard, victimes d'une rage aveugle. On aurait dit une horde de sauvages s'abandonnant à ses instincts de destruction. Voilà la guerre allemande [1] !

« A Ayette, dit un contemporain, « de la cave au grenier, » tout est visité, les soldats se gorgent de viande et de vin. En quelques jours ils ont fait le vide et sont obligés d'aller se pourvoir dans les villages voisins. Ce qui fut le plus pénible dans cette saison rigoureuse c'est que tous les habitants de cette localité, sans feu et sans pain, étaient obligés de coucher sur la paille tandis que l'ennemi s'était emparé de tout le confortable des maisons.... Un homme n'obéissant pas assez vite à l'ordre d'un uhlan qui lui commandait de le conduire au village voisin fut à l'instant étendu raide mort d'un coup de revolver [2]. »

Un régiment de ligne occupa pendant quatre ou cinq heures le village de Souastre. Après avoir allumé des feux de bivouac à toutes les issues pour fermer toute retraite aux habitants, les Prussiens se mirent à manger et à boire. Quand ils partirent, ils emportèrent sur les charrettes mêmes de leurs victimes le pain, la viande

1. Gustave Ramon, *l'Invasion en Picardie.*
2. Cardevacque, ouvrage cité.

qu'ils avaient réquisitionnés, avec toute l'eau-de-vie qu'ils purent découvrir.

Le village de Beugnatre avait été brûlé par les obus pendant la bataille de Bapaume. Le soir, une compagnie de mobilisés, cherchant un asile pour la nuit, découvrit une masure que l'incendie avait en partie épargnée. Il s'y trouvait une vieille femme qui s'empressa d'offrir aux soldats quelques pommes de terre. Elle leur raconta ses malheurs. Elle avait perdu son fils tué dans un combat. Sa maisonnette avait reçu la visite des uhlans, qui n'y avaient rien laissé. Puis était venu le dernier désastre, l'écrasement. Sa vieillesse, ses infirmités l'avaient empêchée de fuir avec les autres habitants du village. « Cinq Allemands, disait-elle, ont logé ici pendant deux nuits : deux reposaient dans ce lit et avaient l'air d'être les chefs, car ils battaient comme plâtre les trois autres qui couchaient par terre. Les exigences de ces derniers grandissaient à mon égard à proportion des coups qu'ils recevaient. Sitôt les chefs disparus, il fallait que je leur fournisse de l'eau-de-vie sans la moindre réplique. Ils m'eussent battue, au moindre refus.... Ils ont emporté les poules qu'ils ont volées dans la ferme voisine. Je vis de mes dernières ressources et le pillage de ces deux jours a achevé ma ruine. Demain j'irai tendre la main et mendierai désormais, si Dieu, dans sa miséricorde, ne m'envoie rejoindre mon fils [1]. »

A Tilloy-Ligny, les habitants racontaient que leurs métiers de tisserands avaient été brûlés par l'ennemi comme bois de chauffage.

Du reste les déprédations communes ne garantis-

____

1. Devienne, *Souvenirs d'un mobilisé lillois.*

saient pas des déprédations particulières. Tous pillaient pour la masse ; chacun volait pour soi. La rapacité germanique s'accommodait de tout ce qu'elle pouvait saisir. Un uhlan ayant été abattu par des francs-tireurs, on fit l'inventaire de son butin, produit d'indignes voleries. On trouva dans sa selle une foule d'objets sans valeur, inutiles à un soldat, plusieurs mouchoirs brodés, un bonnet de femme, une robe d'enfant. Tout le caractère de la race est dans ce trait [1] !

Il serait facile d'étendre ce tableau. Il n'est pas un village, pas une petite ville qui n'ait subi les désastreux effets de l'invasion. Ces faits, dignes d'un autre âge, se sont reproduits partout. Partout le vol, le pillage systématiques précédèrent ou accompagnèrent les violences contre les personnes, l'enlèvement des otages, le meurtre, l'incendie, la destruction. Les soldats d'Attila n'épouvantèrent pas plus l'ancienne Gaule que

---

1. Les Allemands ne s'en défendent pas Nous relevons dans le récent ouvrage de M. Théodore Fontane, *Kriegsgefangen*, le passage suivant. Il s'agit d'un hussard. « C'était tout à fait incroyable tout ce qu'il put trouver à l'époque qui suivit immédiatement la bataille de Wœrth : plusieurs jeux de cartes, une plume d'autruche, un voile noir avec des petites étoiles d'or, une bouteille d'anisette. Il avait aussi possédé plusieurs jours une paire d'épaulettes de général français, et encore à Oléron cela formait le plus brillant de ses souvenirs militaires ; mais il ne s'en servit pas autrement que pour le plaisir tout idéal de les regarder, et enfin il s'en sépara volontairement.

— Où donc les avez-vous laissées ?

— Oh ! je les ai jetées. »

Il n'y avait dans le son de ces paroles aucun trouble ni aucune crainte ; on ne lisait dans son regard qu'une véritable joie d'avoir eu un peu en sa possession ce joujou brillant. *C'est là la vraie malice : savoir aussi jouir de ce qui ne peut cependant pas vous servir.* » (*Revue bleue*, 6 fév. 1892, page 173.)

les Prussiens la France moderne. Les vétérans de 1814 et 1815 reconnurent les Prussiens de Blücher dans les dévastateurs de 1870.

Mais si les Prussiens voulurent étouffer la résistance sous la terreur, ils trouvèrent, hélas! des complices conscients ou inconscients parmi les Français. Les récits contemporains mettent en lumière, à côté de quelques élans de patriotisme, la lâcheté presque universelle des populations rurales. Cette lâcheté alla jusqu'à l'oubli du sentiment national, jusqu'à l'espionnage au profit de l'ennemi, jusqu'à la trahison. Pour quelques misérables dont les crimes manifestes reçurent un juste châtiment, que de malheureux, sans tomber dans des fautes capitales, servirent l'ennemi de leur faiblesse ou de leur complaisance!

Un jour, un corps français arrive dans un village; il demande du pain; on le lui refuse; on le réserve pour les Prussiens. Cette attitude cynique l'intérêt la commande. Pourquoi livrer aux Français dont on n'a rien à craindre des biens qui apaiseront l'ennemi dont on a tout à redouter?

Ailleurs la foule des marchands, des brocanteurs accourent sur le passage de nos soldats. L'occasion est bonne pour un gain lucratif. Sous le couvert de la fraternité, ils dépouillent sans pudeur les infortunés que le besoin ou la misère précipitent dans leurs filets. Quelle fange a jailli des bas-fonds de l'âme humaine et s'est répandue en effluves immondes? A peine çà et là, dans ces flots troubles! voit-on émerger quelques hauts sentiments, dignes de la patrie. L'ignorance intellectuelle et morale a fait tout cela. C'est en l'extirpant qu'on préservera l'avenir de pareilles turpitudes. On peut espérer que l'usage de la liberté, l'enseigne-

ment de l'école, le service militaire, les saines influences
qui agissent sur la société, élèveront les caractères à
la hauteur des devoirs patriotiques ; on peut espérer
que la race nouvelle, mieux trempée que sa devancière,
saura non seulement verser son sang sur le champ de
bataille, mais encore résister aux suggestions de l'é-
goïsme et de la peur devant l'étranger.

Cependant nos soldats auraient eu d'autant plus
besoin de la sympathie et du concours des populations
que leurs maux furent plus grands. Leurs souffrances
dépassèrent ce que l'imagination peut concevoir. Tout
conspira contre eux : l'inclémence de la saison, l'inex-
périence de la vie en campagne, l'incurie des officiers
d'occasion. Écoutez des acteurs de ce sombre drame.
« Il fait un de ces froids terribles... Par instants on
éprouve, à quelque endroit du corps, une douleur âpre,
pénétrante et comme la sensation d'un coup de lance.
On dirait que le vent promène et projette des congéla-
tions acérées. Les barbes disparaissent blanches sous
les glaçons. Sous peine de s'arracher d'un seul coup
la moustache, qui veut ouvrir la bouche doit préalablement fondre et dissoudre à la chaleur des doigts les
stalactites qui du premier au dernier coin ne font qu'un
tout rigide, et changent les figures en visages de marbre[1]. » — « Déjà les morts étaient gelés et raides, les
blessés engourdis par le froid n'avaient pas la force
d'appeler et mouraient : je rencontrai des brancardiers
amis et ennemis, des dragons, des uhlans, des chevaux
blessés qui se traînaient encore et poussaient des gémissements lamentables. Mais par ce froid terrible chacun passait son chemin sans s'inquiéter de nous[2]. » —

1. Alfred Girard, *Carnet d'étapes*.
2. Gensoul, *Souvenirs d'un bataillon de mobiles*.

Le froid était si vif qu'on était obligé de supprimer l'exercice, les mains se collaient aux canons du fusil. Et pour combattre le fléau, on sait de quels vêtements, de quelles chaussures on usait ! Ceci s'applique surtout aux mobilisés, car l'armée régulière fut mieux partagée.

Dans une retraite on marchait sur les sillons gelés. C'était un supplice : les pieds mal défendus par des souliers sans fond, s'appuyant immédiatement sur le sol, se traînaient avec peine, glacés, couverts de sang. Un jour une compagnie arrive dans ses cantonnements. Rien n'est prêt pour la recevoir. En attendant, harassés de fatigue, épuisés par la faim, beaucoup de soldats s'étendent dans la neige. Ils ne se relèvent que pour l'hôpital. De temps en temps on faisait une distribution de vêtements de laine, ceintures de flanelle, bas, tricots, toujours du reste en quantité insuffisante. Faidherbe, dans un ordre sévère, menaça de la cour martiale les fournisseurs véreux qui volaient l'administration. Mais il ne put parvenir à extirper les abus. C'est dans les conditions les plus déplorables que les troupes de l'armée du Nord accomplirent leurs marches prodigieuses, que Faidherbe lui-même évalua à 157 lieues dans une durée de quarante-cinq jours.

Encore si les vivres eussent été prêts quand les malheureux avaient faim. Il ne paraît pas que les troupes régulières aient eu trop à souffrir de l'irrégularité des distributions, mais les mobilisés subirent les plus dures privations. Un détachement de marine — le fait se passait le 23 décembre — arriva à Bray dans la nuit. Malgré leurs fatigues et avant de s'endormir sur la chaussée, ils partagèrent leur pain avec quelques mobilisés affamés. Tantôt la viande et le pain entassés dans les sacs devenaient, en se glaçant, impropres à la nourriture ; tantôt l'approvisionnement manquait.

Une longue plainte s'exhale de ce long martyre. On a accusé l'intendance d'avoir mal rempli ses devoirs envers l'armée. Faidherbe a pris soin de la disculper en démontrant « qu'elle a été à la hauteur de ses fonctions ». Il se loue tout particulièrement des services de l'intendant en chef de l'armée du Nord, M. Richard, et de l'intendant de la 3° division militaire, M. Montaudon. On peut concilier ces opinions opposées. Il suffit d'expliquer les opérations auxquelles donne lieu l'approvisionnement d'une troupe. On sait que l'intendance militaire est chargée d'assurer aux troupes en campagne la solde, les subsistances, les objets d'habillement, d'équipement, de campement. Elle a dans ses attributions le service médical comprenant les ambulances et les hôpitaux. Elle passe des marchés, transporte, manutentionne tout ce qui concerne la subsistance de l'armée. Il s'agit, par exemple, d'approvisionner une division en marche : l'intendance prépare un convoi qu'elle dirige sur le point qu'on lui indique. Mais l'*état-major* trace la route du convoi, marque le point d'arrivée. Il doit laisser la route libre, ne changer ses ordres de marche, au cours de la journée, que dans des conditions permettant au convoi de suivre la division. En même temps il informe les corps de troupe des lieux où se trouvera le convoi à la fin de la journée. Alors commence le troisième rôle, celui du chef de troupe. En arrivant au cantonnement, celui-ci doit s'occuper de la nourriture, commander des corvées, signer des bons, s'assurer que sa troupe mange ; il doit prévoir le café du lendemain, prévenir ses hommes de l'heure du départ, les mettre en état de partir bien lestés. On voit par ce simple exposé que, si les soldats ne mangent pas, ce n'est pas toujours la faute de l'intendance. L'état-major, l'officier de troupe, ont leur part de responsabilité. Il serait injuste d'attribuer à l'intendance un défaut d'application et de soin imputable à d'autres services. Les charretiers réquisitionnés se déchargeaient de leur tâche sur des valets loués pour la circonstance. C'était la plupart du temps d'anciens soldats, gens de sac et de corde, capables de tout, surtout de profiter des embarras, indisciplinés et pillards, qu'il fallait manier la cravache ou le revolver au poing. En outre, par la faute de l'état-major, qui négligeait parfois de donner les avertissements nécessaires, la marche des convois était souvent entravée par le passage des troupes. Enfin les officiers des gardes nationales, mobiles et mobilisés, par ignorance ou défaut d'habitude, plutôt que par indifférence ou mauvaise volonté, n'ont pas toujours exercé leurs fonctions avec exactitude. Arrachés brusquement à la vie civile, ils ne pouvaient qu'à la longue connaître, de façon à les pratiquer, les devoirs militaires. De là des lacunes dans leur service ; de là les privations du soldat.

La même cause favorisa l'indiscipline. Soldats sans préparation, nos jeunes gens portèrent dans les camps des habitudes d'indépendance ; ils eurent de la peine à se plier à la règle. L'uniforme, malgré sa vertu réelle, ne corrigea pas tout d'un coup leur éducation. Les défaillances, il ne faut pas s'en étonner, furent le résultat logique de cet état de choses.

Faidherbe en prenant possession de son commandement avait dit : « La discipline, je l'exigerai impitoyablement. » Après la bataille de Pont-Noyelles, il flétrit les lâches, les menaça de la rigueur des lois. Les cours martiales ne cessèrent de fonctionner pendant la guerre : mais la douceur des mœurs, les circonstances, la camaraderie atténuèrent singulièrement la répression. L'armée du Nord ne vit pas ces exécutions fréquentes auxquelles d'autres armées durent avoir recours pour rétablir l'ordre dans leurs rangs. Toutefois quelques exemples furent nécessaires. Il y avait des espions dont il convenait de débarrasser le pays : on ne leur montra, avec raison, aucune pitié. Il y avait aussi des corps francs aussi dangereux pour leurs concitoyens que l'ennemi même. Leurs exploits les mirent en rapport autant avec les conseils de guerre qu'avec les Allemands.

Faidherbe avait une trop haute opinion de la dignité et de la responsabilité humaines pour confisquer à son profit les droits ou les devoirs de ses collaborateurs. Aucun homme, nous l'avons déjà dit, ne fut moins envahissant que lui. Son optimisme *humain* fortifiait encore son respect. Aussi n'intervint-il presque jamais dans les décisions des conseils de guerre. Et s'il rompit par nécessité avec ce principe, ce fut pour sauvegarder la justice contre les caprices de l'arbitraire. Deux traînards de la division Robin, surpris en flagrant délit de maraude, coupables peut-être de quelque faute plus grave, passèrent devant une cour martiale qui les condamna à mort. La promptitude de l'exécution rendit vaines les démarches que quelques officiers firent en leur faveur. Mais Faidherbe dicta aussitôt à un de ses officiers d'ordonnance un ordre par lequel il prescrivait de ne procéder à aucune exécution avant d'en avoir référé au général en chef. C'est peut-être la seule fois que Faidherbe soit sorti de la réserve qu'il s'était imposée.

D'ailleurs les généraux, principalement ceux de l'armée régulière, ne se montrèrent pas inaccessibles à la pitié. Un artilleur ayant été condamné à mort avait demandé un prêtre. Le curé de l'endroit, vieillard de soixante-quinze ans, effrayé du bruit des armes, exagérant ses terreurs, s'était réfugié dans un couvent de femmes, où il respirait en paix à l'abri du sanctuaire. En présence de l'officier d'ordonnance du général en chef qui venait le chercher, le malheureux prêtre, bien qu'il fût escorté par les bonnes sœurs, se troubla, perdit contenance. Que lui voulait-on, pour l'arracher à son asile? Mais quand il connut l'objet de la mission, secouant ses terreurs, il se hâta d'accourir auprès du malheureux qui attendait de lui les dernières consolations. Tout à coup on le voit revenir ému, agité par une sourde colère... « C'est un tigre que votre général Derroja. Il va faire fusiller un brave garçon, un véritable innocent. Je veux voir le général en chef, je lui demanderai sa grâce.... » Il ne put voir Faidherbe, mais le général Derroja se laissa toucher : il accorda une commutation de peine.

Un jour, cinq soldats, condamnés à mort par une cour martiale, devaient être passés par les armes. Arrivé sur le lieu d'exécution, l'un d'eux, un mobile, prend tout à coup son élan, et, se sauvant à perdre haleine, échappe aux coups de fusil qu'on tire sur lui. Il erra dans la campagne pendant quelque temps, misérable, sans abri, sans pain. On le reprit. La sentence devait suivre son cours. Mais, dans l'intervalle, un officier d'état-major intéressa à sa cause le même officier d'ordonnance. Le général Faidherbe, fidèle à la règle qu'il s'était imposée, déclina toute intervention. Le mobile n'échappa pas moins à la mort, grâce à la commisération du général du Bessol.

Après la campagne, les conseils de guerre siégeant à Lille eurent à s'occuper des réfractaires, Flamands pour la plupart. La guerre était terminée, la faute moins dommageable, les cœurs s'ouvraient à la bienveillance : ils furent presque tous acquittés. Et lorsque le général de Fénelon eut exprimé ses regrets d'une telle indulgence, on acquitta tout le monde, tant l'humanité avait besoin de se satisfaire !

Cependant « l'armée occupait une position très forte et bien appuyée, où l'on aurait pu résister à des forces supérieures, mais l'ennemi ne vint pas y chercher l'armée du Nord ; il se contenta d'envoyer des coureurs autour d'Arras et jusque sur la route de Lens... Dès le 31 décembre, on mit un terme à ces incursions en envoyant une forte colonne faire une reconnaissance à l'ouest d'Arras [1] ».

Au commencement de janvier 1871, on apprit que les Prussiens avaient mis le siège devant Péronne. Faidherbe reprit la campagne pour délivrer cette place importante. Le 1er janvier, l'armée vint s'établir en avant d'Arras depuis Rivière jusqu'à Tilloy.

Le 29 décembre, il avait adressé à ses troupes l'ordre suivant : « En vous cantonnant près de nos places fortes, je vous ai donné la possibilité de vous reposer, de vous réconforter pendant deux ou trois jours ; ce que vous n'auriez pu faire près de la place d'Amiens, occupée par l'armée prussienne. L'ennemi a profité de cela pour dire qu'il nous avait battus et poursuivis. C'est à vous de le punir de ces vanteries quand il se présentera ou que nous irons le chercher. »

---

1. Faidherbe, *Campagne de l'armée du Nord.*

Le 3¹, il leur dit : « A Pont-Noyelles, nous n'avons pas complété notre victoire, parce que l'ennemi s'appuyait à une place forte. Aujourd'hui c'est nous qui avons cet avantage ; aussi je compte sur vous pour le charger vigoureusement de près, à la française, jusqu'à ce qu'il soit mis en fuite.

« La France a les yeux sur vous ; que chacun jure de vaincre ou de mourir, et la victoire est certaine. Vous serez fiers de pouvoir dire que vous étiez à l'armée du Nord, lorsqu'elle aura délivré le pays d'impitoyables envahisseurs. »

En même temps il écrivait à M. Testelin la lettre suivante :

« Mon cher monsieur Testelin,

« Nous allons partir pour une marche en avant.

« Nous allons inévitablement rencontrer l'ennemi. Il était grand temps de le faire pour rassurer le pays.

« Je trouve bien peu de confiance dans le succès parmi nos grands chefs. La plupart pensent et disent que notre semblant d'armée peut résister aux Prussiens dans une position, mais non les attaquer.

« Moi, j'ai quelque espoir.

« Tout à vous,

« FAIDHERBE. »

Cet espoir était partagé par les troupes. « Que dit-on dans l'armée ? demanda M. Testelin au gendarme qui remit cette lettre. — Ah ! répondit le vieux soldat avec enthousiasme, avec un général comme Faidherbe tout le monde dit que nous allons battre les Prussiens. »

Le 8ᵉ corps prussien était concentré sur la Somme.

Une de ses brigades, avec 6 batteries, assiégeait Péronne. Trois autres brigades, cantonnées autour de Bapaume, formaient au nord de Péronne un corps d'observation. Deux brigades de cavalerie occupaient l'une la droite, l'autre la gauche de ce déploiement. Enfin, à l'extrême droite, une division de cavalerie était placée au Catelet.

Le 2 janvier, les troupes, munies de trois jours de vivres, se mirent en marche par quatre routes parallèles dans la direction de Bucquoy et Bapaume. Faidherbe avait recommandé d'aborder vivement l'ennemi partout où on le rencontrerait.

La division Derroja, à droite, arriva sans obstacle à Bucquoy et Achiet-le-Petit.

La division du Bessol, au centre, atteignit Ablainzevelle, où elle échangea quelques coups de fusil avec les postes avancés de l'ennemi. Mais vers une heure, entendant le canon de Payen, le général en chef, qui marchait avec la division du Bessol, donna l'ordre de courir au secours du 23e corps. Les troupes se précipitèrent sur Achiet-le-Grand que gardaient 2000 Prussiens avec 3 pièces de canon. Le village, foudroyé par une batterie française, attaqué de front et de flanc par le 20e bataillon de chasseurs et le 69e régiment de marche, fut péniblement enlevé. Les Prussiens battirent en retraite lentement. On les chassa ensuite de Bihucourt. La poursuite ne s'arrêta qu'aux environs de Bapaume.

« Cette affaire où l'ennemi éprouva des pertes sensibles et laissa entre nos mains une cinquantaine de prisonniers, dont un officier, nous coûta une centaine de tués ou de blessés. » (Faidherbe.)

Pendant ce temps, la 1re division du 23e corps que commandait, en remplacement de l'amiral Moulac, le capitaine de vaisseau Payen, éprouvait un sanglant échec à *Béhagnies*. 6 bataillons prussiens et 2 batteries défendaient ce village. Imprudemment lancé en colonne, le régiment des fusiliers marins se jeta sans aucune précaution sur l'ennemi prêt à le recevoir. Il fut couvert de mitraille, broyé, rompu, mis en déroute. Chargé par la cavalerie, dans sa fuite précipitée, il perdit 300 hommes tués ou prisonniers. Le 48e régiment de mobiles du Nord, malgré sa bravoure déjà éprouvée, subissant l'exemple et le choc des marins, fut entraîné dans la défaite. Heureusement l'arrivée du 19e bataillon de chasseurs et du 33e de ligne, conduits par d'intrépides officiers, arrêta l'ennemi et permit à la division de se reformer à la hauteur d'Etreillers. Sous la protection de 2 batteries, la 2e brigade entra alors en ligne. Mais ses efforts échouaient : elle était même vivement ramenée en arrière, lorsqu'on entendit le canon de du Bessol. Craignant d'être pris en flanc, les Prussiens suspendirent le combat.

A l'extrême gauche, les mobilisés de Robin étaient arrivés tard, à 3 heures, à Mory. A ce sujet, Faidherbe s'exprime ainsi, avec une réserve discrète : « Le canon de la 2e division (mobilisés) du général Robin aurait changé la face du combat, si, conformément aux ordres qu'elle avait reçus, elle s'était portée plus tôt en ligne. Elle pénétra sans avoir trop à en souffrir dans le village de Mory, où sa présence ne fut pas sans effet utile sur la contenance de l'ennemi. » Voici ce qui s'était passé, d'après un écrivain militaire qui, s'il n'a pas été présent à l'affaire, l'a connue par des témoins ou des rapports. « Le bataillon des voltigeurs avait appuyé à droite, en négligeant de fouiller un petit bois sur la gauche. Lorsque le général Robin et son état-major sortirent

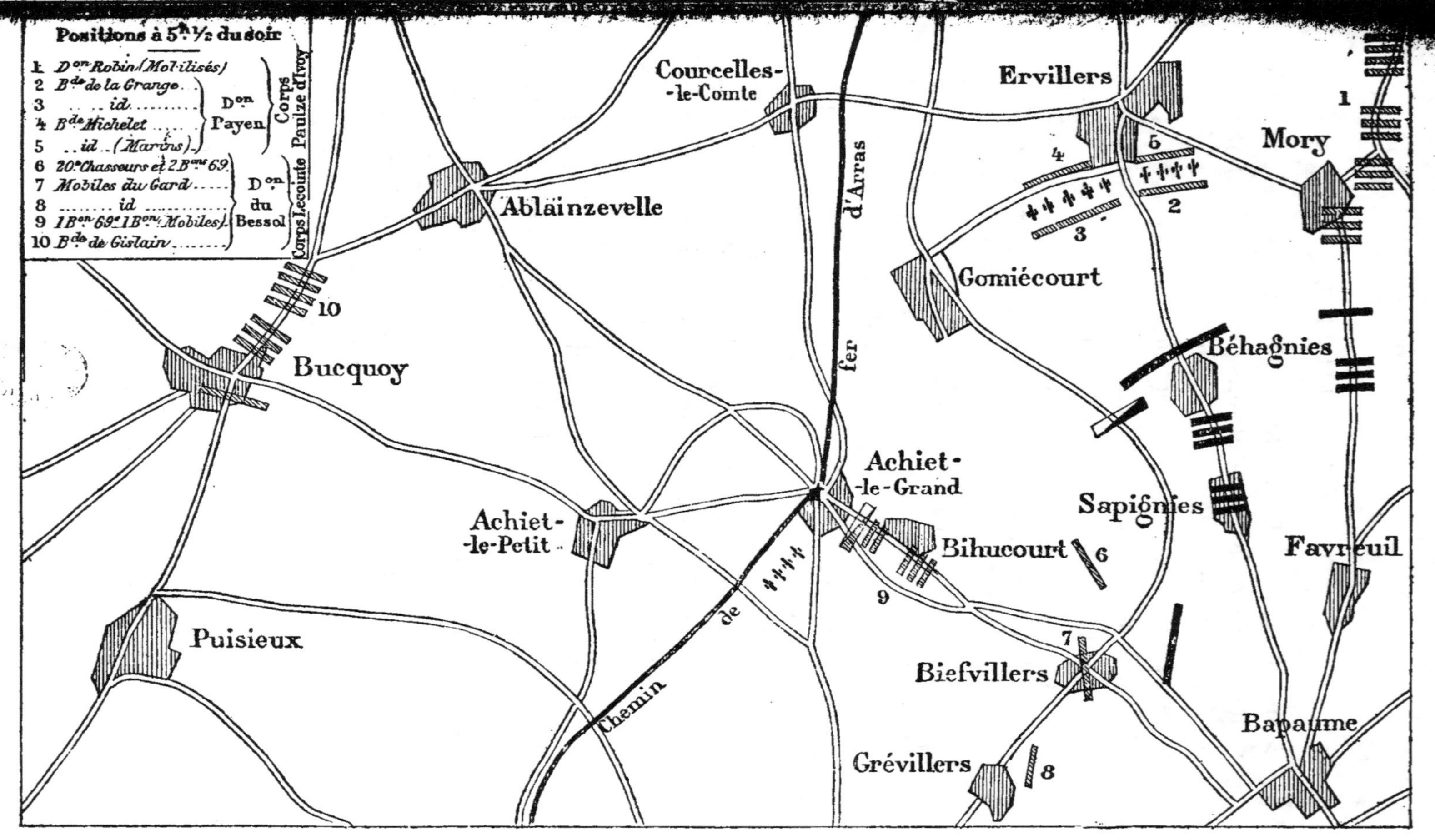

Positions à 5h ½ du soir
1 Don Robin (Mobilisés)
2 Bde de la Grange
3 id.
4 Bde Michelet
5 id. (Marins)
6 20e Chasseurs et 2 Bons 69.
7 Mobiles du Gard
8 id.
9 1 Bon 69-1 Bon. Mobiles)
10 Bde de Gislain
Don Payen
Don du Bessol
Corps Lecointe Paulze d'Ivoy
Ervillers
Mory
Courcelles-le-Comte
Ablaïnzevelle
Gomiécourt
Béhagnies
Sapignies
Favreuil
Bucquoy
Achiet-le-Grand
Achiet-le-Petit
Bihucourt
Biefvillers
Bapaume
Puisieux
Grévillers
Chemin de fer d'Arras

du village, plusieurs balles vinrent s'aplatir sur un mur à quelques pas d'eux. « Maladroits, vous tirez sur votre général ! » s'écria-t-il, en se retournant vers un bataillon de mobilisés, qui le suivait de près. Il croyait que les coups venaient de là ; mais une vive fusillade partit soudain du bouquet de bois en face. Le bataillon de mobilisés se mit aussitôt sur le ventre, et il fut impossible de le faire se relever. Le général Robin accourut au galop, et, en s'exposant beaucoup, il essaya à coups de plat de sabre de mettre debout officiers et soldats. Il n'y parvint pas ; ses troupes affolées se mirent à tirer en l'air, sans lever la tête, et la plupart dans une direction opposée à l'ennemi [1] ». Mais pendant ce temps le bataillon d'avant-garde ayant occupé le village « empêchait toute autre tentative des Prussiens ».

Le froid, la neige, toutes les rigueurs d'un impitoyable hiver assombrirent la nuit du 2 au 3 janvier, qui précéda la journée de Bapaume. Au point du jour, toutes les troupes étaient sous les armes.

L'armée prussienne occupait une ligne formée des villages de Grévillers, Biefvillers, Favreuil et Beugnâtre ; elle couvrait les abords de Bapaume. Le plan du général prussien consistait, selon sa tactique ordinaire, à résister au centre, tandis qu'il s'efforcerait de nous tourner par les deux ailes.

Quant à Faidherbe, il avait réuni ses troupes sur un front de 8 kilomètres. « Il n'était pas tombé dans ce défaut si commun d'embrasser plus qu'on ne peut étreindre. » (F. Bonnet.)

Chaque division avait disposé ses brigades en éche-

1. *Opérations de l'armée française du Nord*, XXX. (Tranera, éditeur.)

lons, prêtes à se soutenir l'une l'autre. A droite, Derroja, ayant pour objectif Grévillers, s'étendait le long du chemin de fer et sur la route de Bapaume. Au centre, du Bessol, sur le plateau d'Achiet et Sapignies, faisait face à la colline de Biefvillers. A gauche, Payen, maître de Béhagnies, que les Prussiens avaient évacué pendant la nuit, avait rangé ses forces à l'est de Sapignies. A l'extrême droite se plaça la division des mobilisés devant Favreuil, sous le général Robin.

L'attaque partit du centre. Battu par l'artillerie, harcelé par les tirailleurs, l'ennemi, dérobant sa cavalerie dans les fonds, se concentre sur Biefvillers. La position était formidable. Nos soldats l'abordent avec vigueur, l'escaladent malgré les balles qui partaient des maisons, converties en forteresses, s'en emparent, s'y maintiennent en dépit de tous les efforts. L'artillerie suit l'infanterie et couronne la crête du plateau, d'où elle menace Bapaume. Ce succès était d'un bon augure : il honorait singulièrement nos armes.

Le général en chef en fut témoin. Il put admirer l'élan de ses troupes non moins que la résistance de l'ennemi. Posté à l'angle nord-ouest du village, il s'entretenait avec deux officiers de son état-major. A côté de lui, dans un verger, des soldats installaient une ambulance sous un hangar. L'endroit semblait entièrement abandonné de l'ennemi. Tout à coup un Prussien bondit d'un fossé où il se tenait blotti et tira à 40 mètres sur le général. La balle atteignit Faidherbe, troua son caban, déchirant une carte d'état-major, sans lui faire de blessure. Faidherbe se contenta de dire : « Mes cabans n'ont pas de chance, celui-ci était tout neuf ! » Il se porta à l'est du village. Là un obus en éclatant abattit huit hommes sous ses yeux. « Je ne

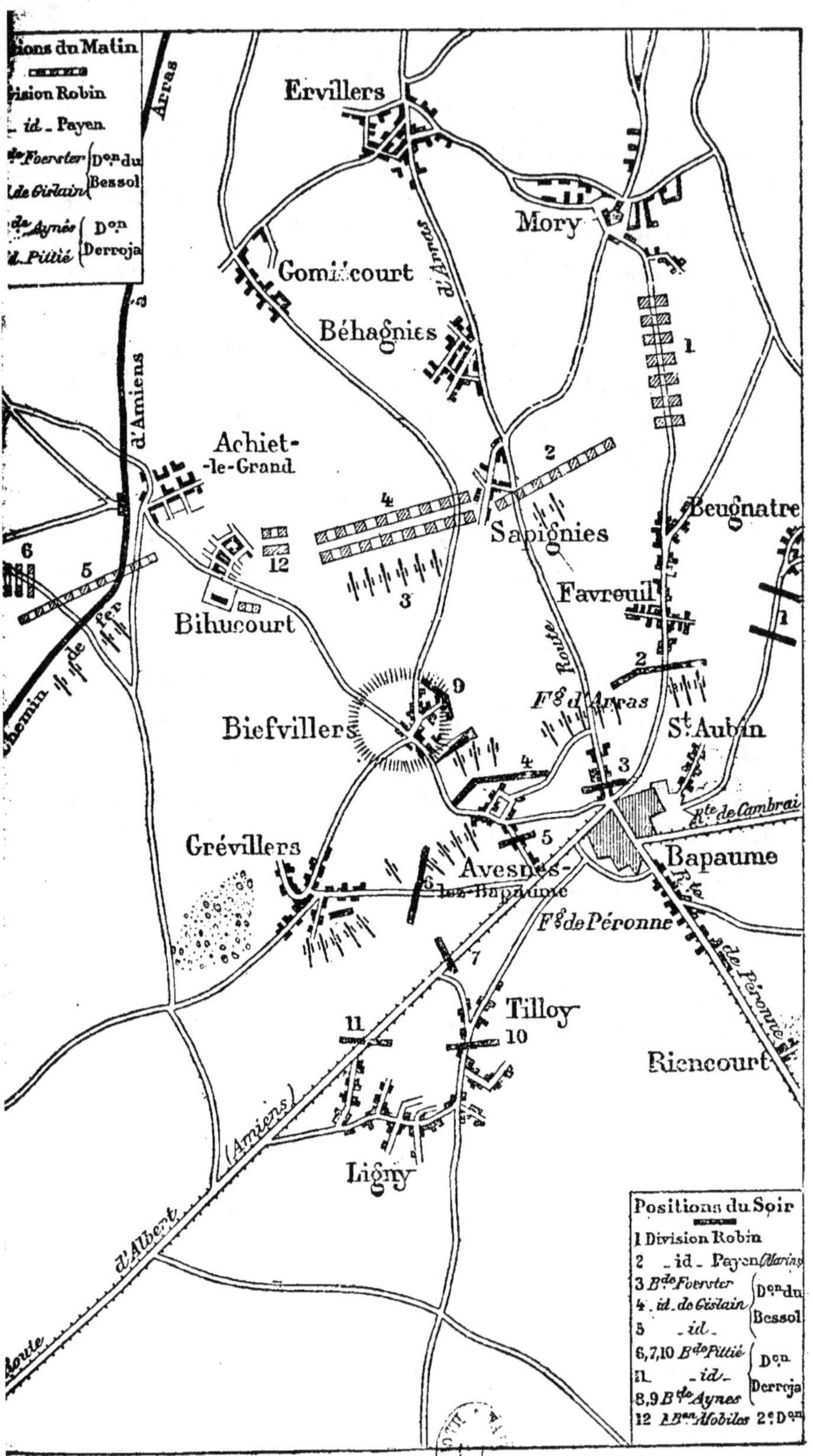
Positions du Matin
Division Robin
id. Payen
Foerster
de Gislain
Don du Bessol
de Aynès
Pittié
Don Derroja
Arras
Ervillers
Mory
Gomiécourt
Béhagnies
d'Amiens
Achiet-le-Grand
Beugnatre
6
5
12
Sapignies
3
Favreuil
Bihucourt
chemin de fer
Biefvillers
9
Fg d'Arras
St Aubin
Route
2
4
3
Rte de Cambrai
Grévillers
Avesnes-lez-Bapaume
Bapaume
5
6
Fg de Péronne
Rte de Péronne
7
11
Tilloy
10
Riencourt
(Amiens)
d'Albert
Route
Ligny
Positions du Soir
1 Division Robin
2 id. Payen (Marine)
3 Bde Foerster
4 id. de Gislain
Don du Bessol
5 id.
6,7,10 Bde Pittié
Don Derroja
11 id.
8,9 Bde Aynès
12 Bon Mobiles 2e Don

croyais pas, s'écria-t-il, que l'artillerie fût capable de pareils effets ! » Puis comme on lui reprochait sa témérité, il répondit familièrement : « Plus on en perd, moins on y tient. » Il parlait *de sa peau.*

En même temps, le général Derroja, à la suite d'un violent combat d'artillerie, enlevait à la baïonnette le village de Grévillers. Bientôt après, secondé par les meilleurs tireurs de la 2ᵉ division, il s'emparait au pas de course d'Avesnes-lez-Bapaume. Les Prussiens battaient en retraite sur toute la ligne devant le 22ᵉ corps.

A droite, Payen se maintenait par des prodiges de valeur. Mais les mobilisés lâchèrent pied devant Favreuil, sans combat, au premier coup de canon. Seul, le 48ᵉ régiment de mobiles supporta un moment le feu sans faiblir. Le bataillon de voltigeurs du Nord, formé d'anciens soldats et de Belges volontaires, concourut avec les troupes de la 1ʳᵉ division à la prise du village, opération d'ailleurs peu pénible et peu meurtrière.

Le moment décisif approchait. Il était environ deux heures. Les troupes de la 2ᵉ division du 22ᵉ corps occupaient le plateau de Bapaume. Delà, tandis que l'artillerie envoyait sès obus par-dessus la ville, l'infanterie se précipitait sur le faubourg d'Arras, où elle pénétrait au prix de grandes pertes. Un dernier effort et Bapaume était emporté. Les Prussiens le sentaient si bien qu'ils se hâtèrent de sortir de la ville, ne laissant derrière eux qu'un rideau de troupes pour masquer leur retraite. On a même dit qu'il aurait suffi d'un peu de cavalerie pour enlever les pièces que l'ennemi avait mises en batterie derrière les tranchées du chemin de fer alors en construction. Pourquoi le général en chef résista-t-il aux instances de ses généraux ?

Pourquoi refusa-t-il l'ordre de pénétrer dans Bapaume ? Craignait-il une surprise, un retour offensif ? Il a donné lui-même le motif de sa détermination extraordinaire. « Une vaste esplanade irrégulière, avec des fossés à moitié comblés, remplaçait les anciens remparts de la place, présentant des obstacles sérieux à la marche de l'assaillant, qui restait exposé aux feux des murs et des maisons crénelées par l'ennemi. Il eût fallu, pour le déloger, détruire avec l'artillerie les abris où il s'était établi, extrémité bien dure quand il s'agit d'une ville française et à laquelle le général en chef ne put se décider, ne tenant pas essentiellement à la possession de Bapaume. »

Pendant ce temps, à droite, pour prévenir le mouvement tournant des Prussiens, le général Lecointe donna l'ordre à la 1re division d'enlever Tilloy et Ligny. Le colonel Pittié, chargé de ce soin, s'en acquitta avec sa vigueur ordinaire. Les villages furent pris ; mais le soir, devant l'arrivée de nouvelles forces allemandes, nous dûmes nous retirer.

En somme, à la tombée de la nuit, nous avions conquis sept villages, nous étions aux portes de Bapaume, maîtres de cette ville, si nous l'avions voulu : les Prussiens reculaient sur toute la ligne, traînant leurs canons, se préparant même à lever le siège de Péronne.

« Le général Faidherbe avait vigoureusement conduit ses troupes. Sur tout son front il avait repoussé l'ennemi, et s'il avait eu la constance de rester sur le champ de bataille, il aurait eu la joie de voir l'ennemi lui abandonner Bapaume et la ligne de la Somme. » (Félix Bonnet.)

On évacua le faubourg d'Arras et Avesnes-lez-Bapaume. De leur côté, les Prussiens réoccupèrent Saint-

Aubin. Mais l'armée du Nord coucha sur les positions qu'elle avait conquises. « Le général Faidherbe aurait pu y établir les troupes pour quelques jours, mais ces villages étaient encombrés de morts et de blessés. Des retours offensifs étaient possibles à si petite distance d'Amiens où l'ennemi avait encore des forces ; on apprenait d'ailleurs que l'attaque de Péronne avait été suspendue..... Alors, prenant en considération la fatigue des troupes et le froid extrêmement rigoureux qu'elles avaient supporté, le général en chef résolut de reprendre ses cantonnements, à quelques kilomètres en arrière, remettant à quelques jours la marche sur Péronne, si elle redevenait nécessaire. » (Faidherbe.)

Le lendemain, 4 janvier, le général en chef adressa en ces termes des félicitations à l'armée : « A la bataille de Pont-Noyelles, vous avez gardé victorieusement vos positions. A la bataille de Bapaume, vous avez enlevé toutes les positions de l'ennemi ; j'espère que cette fois il ne vous contestera pas la victoire.

« Par votre valeur sur le champ de bataille, par votre constance à supporter les fatigues de la guerre, dans une saison aussi rigoureuse, vous avez bien mérité de la patrie. »

Dans l'ordre du jour qui suivit, il exprime ainsi sa reconnaissance : « Tous les corps de l'armée du Nord qui ont combattu à la bataille de Bapaume ont noblement fait leur devoir. Parmi les mobiles et les mobilisés, sont mis à l'ordre de l'armée pour leur belle conduite dans des circonstances exceptionnelles: le 48ᵉ de mobiles, le bataillon de voltigeurs et le 2ᵉ bataillon du 1ᵉʳ régiment des mobilisés du Nord. Le 48ᵉ mobiles a eu 17 officiers tués ou blessés et des sous-officiers ou soldats en proportion ; il a montré la solidité d'une vieille troupe. »

Les Prussiens nous ont contesté la victoire de Bapaume. Les faits démentent leur prétention. L'histoire dira avec vérité qu'ils ont perdu la bataille, mais elle dira non moins justement que, si Faidherbe a su vaincre, il n'a pas su profiter de sa victoire.

Le lendemain de la bataille, l'armée reprit ses cantonnements autour de Boisleux, première station du chemin de fer d'Arras à Amiens. Sa retraite fut signalée par un fait d'armes que les Allemands, dans leurs récits, ont arrangé à leur avantage, mais qui, en réalité, fut tout à l'honneur des Français. Nous laissons parler Faidherbe :

« Deux escadrons de cuirassiers prussiens ayant eu l'idée d'attaquer l'arrière-garde d'une brigade de la division du Bessol, cette arrière-garde, composée de chasseurs à pied, les attendit à 50 pas, détruisit presque complètement un des deux escadrons, et l'autre prit la fuite.

« Le général von Goeben n'admet pas cette version et il en donne une tout autre. Il dit d'abord que l'escadron qui attaqua était d'un faible effectif, et que l'autre fut arrêté dans sa charge par des obstacles de terrain ; que le capitaine qui commandait le premier de ces escadrons rompit complètement un carré français, et que, ne pouvant rompre le second, parce qu'ils se trouvaient désunis par le succès même, les cuirassiers se retirèrent tranquillement, emmenant 30 prisonniers et leur chef grièvement blessé.

« Nous allons donner en détail le rapport de cette affaire et on verra comme tout y est naturel, vrai autant que vraisemblable et combien la réalité ressemble peu à la version du général von Goeben.

« La division du Bessol suivait le chemin creux de Biefvillers à Bihucourt. Son arrière-garde était composée du 20° bataillon de chasseurs de marche, fort de 450 hommes au plus et commandé par le chef de bataillon Hecquet. Le commandant aperçut à 1500 mètres de distance, sur sa droite, une forte colonne de cavalerie prussienne suivant la route de Bapaume à Arras. Il vit deux escadrons s'en détacher, puis se séparer comme pour venir l'attaquer, l'un en tête, l'autre en queue. Il y avait pour extrême arrière-garde 20 chasseurs avec un officier. Le commandant leur donne l'ordre d'envoyer quelques coups de fusil à l'escadron qui se dirigeait vers eux, quand il serait à 500 mètres et puis de rallier vivement le bataillon. Cela fut fait exactement et sans difficulté. Pendant ce temps, M. Hecquet avait sorti son bataillon du chemin creux, en gravissant le talus de gauche, et il s'était formé en carré dans les champs à 50 mètres du chemin creux ; les faces menacées de tête et de queue étaient renfoncées et les premiers rangs à genoux. L'escadron qui avait reçu le feu de l'extrême arrière-garde avait continué sa marche et traversé le chemin creux à l'endroit même d'où on avait tiré sur lui, mais où il n'y avait plus personne (c'est ce que le rapport prussien appelle : rompre un premier carré) ; se trouvant alors de plain-pied avec le bataillon de chasseurs formé en carré, il avait bravement chargé à fond. Les chasseurs, sans broncher, ouvrirent le feu à bonne distance ; le commandant de l'escadron fut abattu le premier à 80 mètres, puis hommes et chevaux tombèrent et roulèrent sous les balles. Ceux qui vinrent tomber le plus près du carré étaient encore à plus de 10 mètres. Ceux, en petit nombre, qui ne furent pas abattus, passèrent entre le carré et le chemin creux, franchirent celui-ci et s'enfuirent, qui à pied, qui à cheval, dans la direction de la colonne de cavalerie. Un jeune lieutenant, non blessé, resta engagé sous son cheval auprès du carré ; c'était le neveu du général comte de Goeben, commandant la division de cavalerie prussienne. Il refusa de se rendre à un sapeur du bataillon et remit avec beaucoup de dignité son sabre au commandant Hecquet.

« Pendant que cela se passait, l'autre escadron avait aussi dessiné une charge, mais trouvant, déjà sous le feu du bataillon, le chemin creux qui l'arrêta, et voyant l'autre escadron, déconfit, il fit demi-tour et s'éloigna. Alors le 20⁰ bataillon de chasseurs reprit sa marche en carré, pour le cas où une plus grande force de cavalerie prussienne viendrait l'attaquer, ce qui n'arriva pas, parce que le général du Bessol, à 1000 mètres de là, voyant ce qui se passait, avait déjà déployé ses troupes en bataille pour secourir son arrière-garde, s'il en eût été besoin. Un seul chasseur avait été légèrement blessé d'une balle de pistolet. Pas un, comme on le comprend bien, ne fut pris par l'ennemi. Si les cuirassiers prussiens ont ramassé dans les environs quelques traînards, cela n'a aucun rapport avec l'attaque du 20⁰ bataillon. Les pertes de l'escadron montent, d'après le récit prussien, à 32 hommes dont 5 prisonniers et 57 chevaux ; et ce qui prouve combien le rapport du commandant Hecquet était exact, c'est qu'il évalue les pertes de l'ennemi à 25 ou 30 hommes et 60 chevaux.... Cette mésaventure des cuirassiers prussiens, ajoute Faidherbe, n'a peut-être pas été sans influence sur ce fait que, à la bataille de Saint-Quentin, les 52 escadrons de l'armée prussienne n'ont pas tenté sérieusement de couper la retraite à l'armée française [1]. » Le rapport entre les deux événements est peut-être un peu forcé, mais il ne faut pas oublier l'opinion de Faidherbe sur la cavalerie, pas plus que la rigueur habituelle de son raisonnement.

L'armée du Nord laissa sur le champ de bataille de Bapaume 183 tués, 1136 blessés, 50 officiers mis hors de combat. Les Allemands n'avouent qu'une perte de 51 officiers et 698 hommes, mais leurs chiffres paraissent être au-dessous de la réalité.

Cependant aux maux de la guerre, de l'invasion, de l'hiver, correspondait une charité aussi universelle qu'inépuisable. Le service médical, dirigé par le médecin-inspecteur Laveran, prodigue sa science, son activité, son dévouement. L'initiative individuelle, si prompte à se réveiller en France quand il s'agit de faire le bien, accomplit des merveilles. On aime à rappeler la visite toute privée du Dr Houzé de l'Aulnoit à Faidherbe pendant la bataille de Pont-Noyelles, visite dont il employa les loisirs à opérer des blessés, à soigner des malades. Ce n'est pas sans raison que Faidherbe a lui-même signalé à la reconnaissance du pays tant de dévouements volontaires. Toutes les classes de la société apportèrent leur concours à l'œuvre de soulagement. Faidherbe vante « la grandeur du patriotisme, de la générosité des villes de Saint-Quentin, d'Arras, de Cambrai, de Corbie, d'Avesnes, de Lille et la plupart des villes et des villages occupés par nos troupes. Les noms des personnes qui se montrèrent dévouées et charitables composent une liste aussi longue

. Faidherbe, *Réponse à la relation du général von Goeben.*

qu'honorable pour le pays. A la tête de cette liste se placent : M. Léopold Lebé, de Saint-Quentin, Mgr l'archevêque de Cambrai et l'évêque d'Arras, M. Galle, receveur des domaines à Corbie, les sœurs de l'hospice de la même ville. Les villes, les sociétés, les établissements, les simples particuliers rivalisèrent d'ardeur pour venir en aide à nos malheureux soldats ; les directeurs de la Société de secours de Douai, MM. Léonard Danel, Auguste Longhaye et Arnoux, de Lille. Les membres de l'Université ont rivalisé de zèle avec le clergé, et il y aurait ingratitude à oublier de mentionner parmi eux M. le principal du collège d'Arras [1]. »

C'est dans une lumière éclatante qu'il faut mettre ces souvenirs pour honorer ceux qu'ils concernent, pour venger l'humanité outragée, la civilisation compromise par la férocité d'une guerre barbare. Ils sont comme ces rayons de soleil qui, traversant les nuées d'orage, empêchent, dans la tourmente, de désespérer de la nature.

Les mêmes sentiments de compassion nous amenèrent des secours de l'étranger. La Société internationale belge, les Sociétés anglaises, la Société de Londres prouvèrent que pour le bien il n'y a pas de frontières, que dans la souffrance la fraternité des peuples n'est pas un vain mot.

Un exemple entre beaucoup d'autres : Une ambulance du service belge composée de 5 médecins belges, 2 français, 2 norvégiens, sous la direction du Dr Smet van Aelsert (de Bruxelles), après avoir été attachée à l'armée du Rhin, suivit les opérations de l'armée du

---

1. Faidherbe, *Campagne de l'armée du Nord*. Note.

Nord. Elle se distingua particulièrement à Bapaume. « La moitié du personnel, dit le docteur Smet, a été sur le champ de bataille dans la journée d'hier. J'y suis allé aujourd'hui avec l'autre moitié ; nous fonctionnons jour et nuit pour secourir les malheureux blessés, car le carnage a été terrible ; mais à l'aspect des flots de sang que nous voyons couler, notre courage et notre dévouement compriment nos fatigues..... Nous comptons aujourd'hui 150 blessés français et prussiens. » Ce n'est qu'un exemple : on pourrait en citer d'autres.

Les grands hôpitaux et les ambulances de l'armée du Nord comprirent jusqu'à 12 000 places. Mais les résultats trompèrent trop souvent les efforts de la science. La mortalité par suite des blessures fut considérable. Les maladies, conséquence d'une campagne d'hiver où le soldat était exposé à des épreuves au-dessus de ses forces et dans les conditions les plus déplorables, causèrent plus de ravages encore. Le martyrologe de l'armée du Nord n'est pas moins que sa résistance à l'ennemi un titre de gloire devant la postérité.

Parmi ces héros obscurs du dévouement et de la charité, le clergé figura avec honneur. Il remplit dignement sa mission consolatrice. Répandus sur les champs de bataille, dans les ambulances, les hôpitaux, prêtres, religieux, religieuses se prodiguèrent partout où il y avait des plaies à guérir, des souffrances à calmer, des cœurs à munir de courage et de résignation. Le prince de Ligne répondait à des propos d'esprits forts : « Tout cela est très joli quand on n'entend pas les cloches des agonisants. » Ainsi, le soldat dans les vicissitudes de la guerre, comme le marin dans les hasards de l'Océan, cherche au-dessus de lui le secours invisible que lui révèle son instinct. On devient grave dans les épreuves où l'on joue à chaque heure son existence. Que de fois, nous disait un officier de l'armée du Nord, dans les instants de repos que nous laissaient les soins du service, au bivouac, dans les cantonnements, aux repas, que de fois notre pensée s'est arrêtée au redoutable problème de la vie! Les préjugés, l'indifférence, la gloriole s'évanouissent devant le grand inconnu. L'obscurité pèse, on voudrait la clarté. On voudrait quelque chose de certain qui console, qui rassure, qui fortifie. On voudrait percer le dernier voile, discerner si, au delà, la lampe éteinte se rallume encore. Revendication éternelle de l'esprit contre la matière, de l'espérance contre le néant.

« Plusieurs ecclésiastiques, a écrit Faidherbe, principalement des dominicains, suivaient l'armée comme aumôniers; parmi eux, le père Mercier reçut quatre blessures à la bataille d'Amiens, où il montra un courage remarquable. » L'abbé Toudre, supérieur des maristes, à Valenciennes, prit part à la campagne à la suite d'un régiment de mobiles « et parmi ceux mêmes que leur foi philosophique tenait le plus éloignés de ses croyances, il éveilla les sympathies que lui méritait son dévouement [1]. »

Quelques ecclésiastiques firent preuve d'un ardent patriotisme en défendant les populations contre les outrages des vainqueurs, en sauvant des captifs au péril de leur liberté, sinon de leur vie.

Après la bataille de Saint-Quentin une colonne de prisonniers traversait les lignes allemandes sous l'escorte de quelques uhlans et soldats de la landwehr. On

---

1. Alfred Girard, *Carnet d'étapes.*

les dirigeait sur Amiens, d'où ils devaient être dispersés dans les forteresses de l'Allemagne. Le voyage fut
affreux. Pieds nus, les habits en lambeaux, sans pain,
accablés de fatigue, ils se traînaient dans des chemins
défoncés ou glacés, en butte, par surcroît, aux mauvais
traitements, aux coups, aux injures de leurs gardiens.
De temps en temps un malheureux s'affaissait pour ne
plus se relever. A Foucaucourt, où ils campèrent sur
les ruines du village, un ecclésiastique, dont nous re-
grettons de ne pas connaître le nom, se glissant dans
leurs rangs, apporta quelque soulagement à leur misère : ils purent par son entremise faire parvenir des
lettres à leurs parents. Le troisième jour ils atteignirent Villers-Bretonneux, où ils furent partagés en trois
groupes. L'un de ces groupes était cantonné dans une
ferme. Le curé qui vint les visiter leur indiqua d'un
signe une échelle apposée au mur en ajoutant à voix
basse : « Cette échelle n'est pas là par hasard, pas plus
que celle qui est placée dans le jardin de l'autre côté
du mur. » Les prisonniers comprirent et trois cents s'é-
vadèrent. Ce curé s'appelait Deleplanque. Il fut in-
quiété, arrêté. Que lui importait ? Il avait rempli son
devoir de Français. Ajoutons que dans cette localité,
malgré les menaces des Prussiens d'incendier toute
maison qui recélerait un prisonnier, les femmes emportées d'un élan patriotique fournirent en foule des
vêtements destinés à faciliter la fuite des captifs.

De tous ces faits nous voulons tirer une leçon. Dans
notre grand naufrage, deux choses ont surnagé, l'honneur et la patrie : l'honneur, puisque avec des rassem-
blements sans cohésion, sans discipline, sans esprit
militaire, nous nous sommes battus, contre toute espérance, jusqu'à l'épuisement ; la patrie, puisqu'elle

est sortie de luttes inégales vivante, quoique mutilée.
Eh bien! ces résultats, qui réparent en quelque sorte
la défaite, nous les devons à l'union de tous les Français. Le patriotisme, étouffant les discordes et les haines, a confondu toutes les âmes dans la même foi,
l'amour de la France, dans la même action, la résistance à l'envahisseur. L'union! voilà la source de notre force dans le passé, voilà le gage de notre indépendance nationale, sinon de nos victoires dans l'avenir.
Il vaudrait mieux pourtant ne pas attendre l'étranger
pour la fixer parmi nous.

Après quelques jours de repos, Faidherbe mit de
nouveau son armée en mouvement « dans le but d'aller reconnaître la situation de la ville de Péronne ».
Le 10, elle se cantonna autour d'Ervillers. Les francs-
tireurs du capitaine Delaporte surprirent dans une
ferme 43 uhlans, en tuèrent quelques-uns, firent les autres prisonniers. Le village paya cher cette aventure.
Revenus plus tard, les Prussiens le ruinèrent de fond
en comble.

Les généraux von Kummer et von den Groeben
avaient abandonné Bapaume. La division Derroja y
entra le 11. Hélas! c'était pour apprendre la capitulation de Péronne. Ainsi l'armée du Nord avait manœu-
vré pendant dix jours, affronté les rigueurs d'une température glaciale, accompli des marches forcées dans
la boue et la neige, en proie aux privations de toutes
sortes ; elle avait vaillamment combattu à Bapaume,
remporté une victoire certaine : et le prix offert à ses
efforts lui échappait ; le but de la campagne était man-
qué ! Par la prise de Péronne, les Prussiens restaient
maîtres de la ligne de la Somme !

Voyons ce qui s'était passé dans la malheureuse

ville. Les fortifications de Péronne étaient insuffisantes contre les pièces à longue portée. Ni les murailles bastionnées, ni les inondations ne pouvaient tenir l'ennemi à distance, empêcher le bombardement. Les hauteurs dont la ville est entourée n'étant pas défendues, les Prussiens espéraient bien se rendre maîtres de la forteresse sans recourir à un siège régulier. D'ailleurs la place était mal approvisionnée ; sa garnison d'à peine 3 000 hommes, composée en grande partie de mobiles, offrait peu de consistance.

Le général de Manteufel comprit l'importance de Péronne. Cette place coupait les communications de l'armée allemande entre Amiens et la Fère ; elle donnait accès sur l'investissement de Paris. Au contraire la prise de Péronne achevait l'isolement de l'armée du Nord, stérilisait ses efforts.

Le 26 et le 27 décembre, aussitôt après la bataille de l'Hallue, 11 bataillons, 16 escadrons, une compagnie de pionniers et 58 bouches à feu prirent position devant Péronne ; les troupes étaient commandées par le général de Senden, qui ne tarda pas à être remplacé par le général von Barnekow. Les Prussiens, dans leur présomption, cherchèrent à enlever la place sans coup férir. Par une ruse contraire aux règles de la guerre, un officier accompagné d'un trompette se présenta, sans mandat, en qualité de parlementaire (30 novembre). On eut la faiblesse de le recevoir, la faiblesse plus grande encore de le laisser partir. Une seconde tentative se termina moins naïvement (4 décembre). Le prétendu parlementaire, dont la démarche dissimulait une opération d'espionnage, paya son audace de sa liberté : les réclamations de l'état-major prussien ne purent le faire élargir. Enfin un troisième parlementaire, revêtu cette fois d'un caractère officiel, introduit auprès du commandant Garnier, chef supérieur de Péronne, le somma de rendre la forteresse. Garnier répondit comme il convenait : « Le gouvernement de mon pays m'a confié la place de Péronne, je la défendrai jusqu'à la dernière extrémité. »

Le mercredi 28 décembre, vers deux heures de l'après-midi, les Prussiens commencèrent le bombardement. Les effets en furent tout de suite désastreux ; car, suivant l'usage, les projectiles ennemis frappaient non les remparts, mais les maisons. En quelques instants tout fut écrasé sous les obus. La ville se remplit de flammes. Les édifices s'écroulaient. Les rues offraient le plus lamentable encombrement d'objets mobiliers arrachés à l'incendie. Les caves, les casemates, lieux malsains, abritèrent un grand nombre d'habitants : mais plusieurs, des vieillards, des enfants, des femmes périrent dans le trajet ou sous les ruines de leurs demeures.

L'hôpital brûlé, malgré la croix de Genève, vit se dérouler les scènes les plus terribles de désespoir et d'héroïsme. Le grondement du canon, l'éclatement des obus, les crépitements de la flamme, les gémissements des malades, des blessés, semblaient redoubler le dévouement des sauveteurs, sœurs de Saint-Vincent, soldats, citoyens. Les bâtiments s'effondrèrent, mais les malades, les médicaments, le linge furent sauvés. Ce fut un épisode sublime de ce terrible drame. L'église paroissiale, premier objectif de l'ennemi, s'abîma dans les flammes avec ses richesses artistiques. « Péronne est en ce moment, a écrit un témoin, un immense brasier ravivé de minute en minute par les obus prussiens lancés à dessein au milieu des flammes et fournissant ainsi un nouvel aliment au fléau destructeur [1]. »

Cet effroyable écrasement poursuivi, suspendu, repris avec une rage calculée, allait durer treize jours et treize nuits.

Puis, comme si tous les tourments de la terre devaient s'abattre sur la malheureuse cité, la petite vérole y exerçait ses ravages. Enfin, profitant du trouble universel, des soldats sans aveu, fuyards de toutes les batailles, maraudeurs de métier, vinrent par leurs crimes ajouter encore à la détresse publique.

La constance de la population ne put tenir contre tant de maux. Deux fois le commandant Garnier fut assailli de pétitions ardentes, l'une émanant de l'initiative privée, l'autre de la commission municipale, lui demandant au nom de l'humanité de rendre la place à l'ennemi. Un moment l'agitation devint menaçante ; on dut étouffer par l'intimidation l'effervescence populaire. D'ailleurs les vivres ne manquaient pas ; dans les accalmies d'obus, on voyait les femmes et les enfants courir aux provisions, envahir les boutiques de boulangers et de bouchers où l'on continuait à débiter des vivres. Un troupeau de vaches fournissaient du lait aux personnes faibles et aux convalescents.

Cependant la garnison répondait résolument à l'artillerie ennemie. Malgré l'insuccès de notre tir, on ne signalait aucune défaillance parmi les défenseurs. Les marins se distinguaient, comme toujours, par la patience, la bravoure. Ils s'attelaient eux-mêmes aux obusiers, les traînaient sur la neige. Rien ne ralentissait leur feu. Ils accomplirent des exploits héroïques.

____

1. Achille Caraby, *Histoire du bombardement de Péronne.*

Un jour un obus tombant auprès d'une pièce renverse les dix servants. Le sergent Jacquin s'écrie : « Debout, mes garçons ! que ceux qui ne sont pas morts se relèvent » ; et les blessés, après un court pansement, reprennent leur rang dans la batterie. De pareils traits consolent de bien des faiblesses !

La ville tenait depuis six jours quand on entendit le canon de Bapaume. L'espoir ranima toutes les âmes. On allait être secouru : l'armée de Faidherbe approchait, les obus faisaient trêve ; les Prussiens levaient le siège ; des colonnes ennemies remontaient vers le Nord. C'était la fin, une fin triomphale. Puis ce fut la retraite. L'ennemi s'éloignait dans une autre direction, laissant derrière lui aux défenseurs de Péronne la délivrance. La joie fut de courte durée : les Français suspendirent leur marche et les Prussiens revinrent avec de nouveaux canons, des canons français tirés des arsenaux de la Fère, d'Amiens.

Le bombardement reprit avec une nouvelle fureur. Mais la situation s'était aggravée de toutes les déceptions, de tout le désespoir. La discipline se relâchait : la lâcheté s'étalait sans honte. Les sorties qui devaient imposer le respect à l'ennemi furent de vaines démonstrations ou échouèrent avant l'entreprise. On ne put tenter aucun effort sérieux pour le salut commun. Le général prussien avait par deux fois repoussé impitoyablement la demande de laisser sortir les bouches inutiles, cet élément de faiblesse chez les assiégés ajoutant à la force des assiégeants. En effet, la population confinée dans des casemates sans lumière et sans air, minée par la peur, la souffrance, victime promise à la maladie ou à la mort, s'irritait, traduisait ses colères par la révolte, par des cris de capitulation. Il fallait se rendre sous peine de périr tous, jusqu'au dernier, sans profit pour la place, sans profit pour la patrie. On avait assez fait pour l'honneur, il était temps de songer à l'humanité. Et c'est ainsi que, cédant à la pression publique, ému de tant de sang, de ruines et de larmes, le commandant Garnier, après avoir pris l'avis d'un conseil de guerre, livra la place et son matériel à l'ennemi, le 10 janvier 1871, aux conditions de Sedan et de Metz.

« En présence de cette capitulation inattendue et d'une protestation qui lui parvint de la part d'un certain nombre d'officiers de la garnison, entre autres de M. Poitevin, lieutenant de vaisseau, commandant des marins canonniers, le général en chef demanda au ministre de la guerre d'ordonner une enquête sur la conduite du commandant de Péronne. » (Faidherbe.)

Cette question passionna l'opinion publique, donna lieu à des polémiques ardentes. Aujourd'hui que l'événement, vu de plus loin, peut être apprécié dans le calme de la raison, il paraît que Faidherbe aurait pu, poursuivant sa marche victorieuse, délivrer la place assiégée, mais que le commandant Garnier, fidèle à sa promesse, insensible aux clameurs de la foule, préoccupé surtout de son devoir sévère, aurait dû prolonger la résistance jusqu'à l'arrivée de l'armée de secours. « Car, comme le disait justement le commandant Peyre, un des officiers de Péronne, nos défenses sont intactes ; nous n'avons pas une pièce démontée. Le bombardement ne peut plus causer de grands dégâts ; le mal est fait, qu'il soit profitable ! »

IV. — Saint-Quentin

Faidherbe se décide à marcher sur Amiens. — Personne ne l'a influencé. — Son indépendance absolue. — Von Goeben remplace Manteufel. — Nécessité pour Faiherbe de se diriger sur Saint-Quentin. — Plan de campagne. — Marche pénible les 16 et 17 janvier. — Von Goeben devine le plan de Faidherbe : ses dispositions. — L'armée allemande talonne les Français. — Escarmouches le 18 : combat de Vermand ou Tertry. — Nécessité d'accepter la bataille devant Saint-Quentin. — Confidences de Faidherbe. — Vicissitudes de Saint-Quentin pendant la guerre ; patriotisme de la population. — Positions des divers corps français et allemands. — Le 19 janvier, bataille de Saint-Quentin — Énergie de Faidherbe. — L'armée du Nord recule sur Saint-Quentin. — Combats héroïques aux faubourgs d'Isle et Saint-Martin. — Les généraux Lecointe et Paulze d'Ivoy. — Énergie du commandant Richard. — L'attitude ferme du général Pauly protège la ligne de retraite. — Faidherbe quitte Saint-Quentin l'un des derniers. — Retraite de l'armée du Nord. — La prudence empêche les Prussiens de la troubler.

Comment les Allemands rendent compte de la bataille de Saint-Quentin. — Pourquoi ils n'ont pas poursuivi l'armée du Nord. — Réponse de Faidherbe.

A Cambrai, décision de Faidherbe relative à la défense. — A Douai, ordre du jour à l'armée du Nord sur la bataille de Saint-Quentin. — A Lille, conférence avec Gambetta ; opinion de Faidherbe sur la continuation de la guerre. — Il refait son armée. — Armistice. — Licenciement de l'armée du Nord. —

Proclamations de Faidherbe aux 22e et 23e corps. — Lettre
du ministre de la guerre à Faidherbe. — Jugement sur Faidherbe en tant que général en chef de l'armée du Nord.

Le 11 janvier, Faidherbe était à Bapaume. A la suite
d'une consultation de ses généraux, il décida un changement de front et la marche sur Amiens.

Dans les conseils de guerre, où il appelait ses principaux officiers, tout se passait très simplement. On y
causait, comme on dit, sous le manteau de la che-
minée. Le général en chef exposait la question ; chacun donnait librement son avis selon son tempérament,
son caractère. Le général écoutait, ne gênait personne. La discussion épuisée, il prenait une décision
éloignée également de l'extrême prudence et de
l'extrême hardiesse.

Ses rapports avec le commissaire de la Défense nationale, la plupart verbaux, « ont toujours été em-
preints de la plus grande confiance, de la plus grande
cordialité » ; mais il a « formellement déclaré en toute
occasion que jamais personne n'avait cherché à l'in-
fluencer dans son plan de campagne, et qu'on lui avait
toujours laissé l'indépendance la plus entière à cet
égard [1] ». « Je faisais ce que je voulais, j'avais une autorité absolue.... je n'ai jamais été gêné par personne,
ni par la délégation, ni par les autorités locales [2]. »

« Faidherbe ne faisait connaître ses projets, même
à son chef d'état-major, qu'au dernier moment. Les
mouvements de l'armée du Nord étaient toujours tenus
tout à fait secrets et exécutés à l'improviste. Cela avait
bien des inconvénients au point de vue des approvi-

1. Lettre à M. Testelin, inédite.
2. Déposition à la Commission d'enquête parlementaire.

sionnements et des ambulances; mais c'était nécessaire en face d'un ennemi redoutable qu'il fallait tromper, harceler, sans lui permettre de combiner des opérations qui eussent compromis le sort de notre armée [1]. »

Le 14 janvier, la 2ᵉ division du 22ᵉ corps entra dans Albert, d'où elle avait chassé les Prussiens. Toutes les divisions bordèrent bientôt les rives de la Somme et de l'Hallue.

Dès le 7 janvier, Manteufel, appelé à diriger les opérations de l'armée du Sud, laissa le commandement du 8ᵉ corps au général von Goeben. Celui-ci se concentra derrière les deux rivières, appela des secours de Paris et de Normandie, se tint sur la défensive, fortifia ses approches, prêt à agir où l'attaque se porterait.

Faidherbe n'eut pas de peine à reconnaître impraticable l'idée « de forcer le passage de la Somme sous Amiens, en présence d'une armée au moins aussi nombreuse que la nôtre, retranchée comme elle l'était et qui avait la faculté de recevoir très facilement des renforts ».

Cependant il fallait agir. Le gouvernement de Bordeaux annonçait une grande sortie, suprême tentative des Parisiens. Il appartenait à l'armée du Nord de la seconder par une action énergique. « Le moment de se dévouer était venu. » Le général en chef donna l'ordre à la brigade des mobilisés du Pas-de-Calais, commandant Pauly, de rejoindre l'armée à Achiet-le-Petit, à la brigade Isnard de se rapprocher de Saint-Quentin. Lui-même trace un plan, qui, s'il ne put être suivi, dénote autant de génie que d'audace. Trompant l'ennemi sur ses intentions par de fortes reconnaissances

1. Faidherbe, *Réponse au général von Goeben.*

du côté de Corbie et d'Amiens, l'armée du Nord quitterait Albert le 16, atteindrait par une marche forcée, le 17, les rives de l'Oise à Moy et Mézières, et là, maîtresse du canal de Saint-Quentin, de l'Escaut, de la route de Cambrai, elle lancerait des colonnes volantes sur les chemins de fer de la Fère, d'Amiens, des Ardennes, de façon à fermer à l'ennemi ses communications avec l'Allemagne. Puis, si c'était possible ou nécessaire, elle se rabattrait sur Paris, pour prendre à dos l'armée du siège. L'exécution de ce plan pouvait changer la face des choses. Mais il faut reconnaître qu'il était trop ambitieux pour l'armée du Nord qui, déjà si faible en effectif de combat, manquait des ressources essentielles. Du reste les circonstances obligèrent à le modifier au point de le réduire à une simple marche sur Saint-Quentin.

Malgré l'ordre de se mettre en route à 6 heures, on ne put partir d'Albert qu'assez tard dans la matinée. La marche fut contrariée par un verglas obstiné contre lequel on avait négligé de prendre les précautions nécessaires. Les troupes, souffrant du froid, avançaient péniblement sur des routes glissantes. Le grand convoi de l'armée, dont les chevaux n'étaient pas ferrés à glace, resta en détresse dans un chemin montant. Il fallut qu'un bataillon de mobiles du Gard, officiers en tête, s'attelât aux voitures pour les tirer d'embarras. Ce jour-là on n'atteignit pas l'étape.

Le lendemain, le 22e corps se dirigea sur Vermand ; le 23e avec le grand convoi de l'armée sur Saint-Quentin. Faidherbe avec la cavalerie tenait la tête des colonnes. Cette marche de flanc était dangereuse; le 22e corps surtout pouvait la payer cher. A Templeux-la-Fosse, l'avant-garde de Derroja échangea quelques coups de fusil avec une troupe ennemie. A Brusles on échappa, comme par miracle, à une embuscade formée d'un bataillon et de 12 canons que le général de Barnekow avait placée sur la route. Un dégel subit avait transformé les chemins en fondrières, de sorte que les soldats, ayant de l'eau jusqu'au ventre, devaient traverser de véritables lacs de neige fondue. Ce fut au prix des plus terribles souffrances qu'on arriva, à la nuit, dans les cantonnements. Mais les convois étaient éloignés. On ne put se procurer des vivres qu'avec beaucoup de peine ; quelques brigades même durent recourir à l'habitant. Le grand quartier général s'installa à Vermand, que les Prussiens venaient d'abandonner.

Cependant, après des hésitations suivies de quelques fausses manœuvres, le général von Goeben avait deviné le plan de Faidherbe, auquel la prise de Saint-Quentin par le colonel Isnard donnait une clarté nouvelle. Les avis reçus de la Fère, de Laon, Amiens où les garnisons étaient dans un grand émoi, ne lui laissaient plus aucun doute sur la direction prise par l'armée du Nord. Pour le 18, il donna l'ordre à la 15e division d'infanterie et au général von den Groeben de s'avancer sur Saint-Quentin par Étreillers et Vermand. La 12e division de cavalerie devait s'établir à Moy et Vendeuil, à droite. La 16e division et la 3e division de réserve resteraient à Jussy et Ham. Von Goeben transporta son quartier général de Nesle à Ham.

Quant aux Français, ils occupaient les emplacements suivants : la division Derroja, Caulaincourt et Vermand ; la division du Bessol, Peuilly, Haucourt et Bernes ; la division Payen, Vendelles ; la division Robin, Epehy. La brigade Pauly était à Bertincourt ; la brigade Isnard à Saint-Quentin.

Le 18, Faidherbe donne l'ordre à l'armée [d'aller prendre ses cantonnements sur l'Oise, à Moy, Mézières, Sery-Mézières. La 2ᵉ division du 23ᵉ corps et la brigade Pauly (mobilisés) étaient chargées de défendre les ponts du canal au nord de Saint-Quentin, c'est-à-dire la route de Cambrai, notre ligne de retraite. Les convois devaient voyager à part, les voitures être réduites au strict nécessaire, afin de diminuer l'embarras des divisions. L'ordre était de ne pas s'éparpiller dans la marche, de manière à pouvoir se concentrer rapidement sur le point où l'on serait attaqué.

La division Derroja passa sans être inquiétée. La queue de la division du Bessol fut chargée le matin par un parti de cavalerie de von den Groeben, à midi par l'avant-garde de Kummer, qui lui fit éprouver des pertes sensibles. Le convoi violemment attaqué perdit quelques voitures. Le reste gagna Saint-Quentin sous la protection énergique du commandant Perrier du 69ᵉ régiment de marche. De son côté, le colonel Fœrster, par d'habiles manœuvres d'infanterie et d'artillerie, disputant pied à pied le terrain, échappait à l'ennemi sans autre perte que celle d'un canon noyé dans un abreuvoir. Les Prussiens repêchèrent ce canon dont ils se firent un trophée. Enfin, après un retour offensif du général du Bessol, la division reprit sa marche pour sa destination.

Mais au bruit du canon le général Paulze d'Ivoy était venu au secours du 22ᵉ corps. Sa présence renouvela le combat. Il suspendit le mouvement du chef de bataillon Perrier qui commandait l'arrière-garde du convoi et lui ordonna de prendre position en avant de Caulaincourt, où il attendrait l'arrivée du 23ᵉ corps. Les deux brigades Michelet et de Lagrange ne tardèrent pas à paraître, l'une appuyant l'autre. L'engagement s'étendit de Vermand aux villages voisins, Caulaincourt, Tertry, Peuilly. Il prit des proportions d'autant plus grandes que le général von den Groeben accourut aussi au canon. Criblés par l'artillerie dans le ravin de Tertry, nos soldats se défendirent mieux sur les crêtes du Moulin-le-Doux. Ils furent obligés enfin de se retirer devant les batteries que les Prussiens avaient établies à Peuilly et Soyécourt. La batterie Dieudonné et le 33ᵉ de marche couvrirent la retraite : leur résistance dura jusqu'à la nuit. A 5 heures, le combat auquel les Allemands ont donné le nom de *Tertry* et les Français celui de *Vermand*, se termina par une vive fusillade dans laquelle fut blessé le général allemand de Mémerty.

Faidherbe, croyant un moment à une attaque générale de l'ennemi, ordonna à la division Derroja de se reporter en arrière. Ce mouvement intempestif n'eut d'autre effet que de fatiguer inutilement les troupes à la veille d'une bataille décisive.

« Le combat de Vermand, dit Faidherbe, nous coûta peut-être 500 hommes tués ou blessés. De fortes pertes de l'ennemi peuvent seules expliquer qu'il n'ait pas fait d'effort plus vigoureux pour nous enlever nos positions devant Vermand ; mais l'enseignement que le général en chef tira de cette journée fut que la concentration des forces prussiennes était déjà trop complète pour qu'il fût possible de tenter une marche vers le Nord, afin d'aller s'appuyer aux places fortes : on était obligé d'accepter la bataille autour de Saint-Quentin. »

Le 18 au soir, Faidherbe, descendu dans un hôtel de Saint-Quentin, *le Cornet d'or*, reçut la visite de M. Malézieux, président de la commission municipale. M. Malézieux l'informa de l'intention qu'on avait de lui faire une réception officielle, de lui préparer une sorte d'entrée triomphale. « Ne faites pas cela, lui répondit-il, car je viens ici, non pas en triomphateur, mais en victime. J'ai reçu l'ordre de faire une diversion, je la fais; et j'espère attirer sur moi, et par conséquent détourner de Paris, une partie assez considérable de l'armée allemande.. Seulement, si j'étais à la place des Allemands, l'armée française ne tiendrait pas vingt minutes. Heureusement les Allemands sont très prudents, ils ne confient rien au hasard; ils veulent jouer à coup sûr; ils prendront toutes leurs précautions, et comme, en ce moment de l'année, les journées sont fort courtes, j'espère que je pourrai tenir jusqu'au coucher du soleil, jusque dans la nuit même, et que je remplirai ainsi d'une façon complète le rôle qui m'a été confié. Pour atteindre ce résultat, j'ai donné des ordres pour que mon armée soit disposée un peu à la manière des décorations d'opéra. Je ferai exactement le contraire de ce que font les Prussiens. Ils ont l'habitude de tenir en réserve leurs meilleures troupes, de façon à pouvoir les faire intervenir au moment décisif, alors que le dernier coup est assuré de donner la victoire, et même de mettre l'ennemi en déroute. J'ai quelque chose comme 70 000 hommes sur le papier, mais je m'estimerais heureux si j'en avais une grosse dizaine de mille en état de tenir bon devant une armée aussi bien équipée, aussi bien habituée à la manœuvre que l'armée prussienne. Je ne peux engager à fond que ces 10 000 hommes et c'est sur eux que je compte pour tenir en respect les Allemands pendant une forte partie de la journée. En même temps que j'engagerai à fond ces 10 000 hommes, j'aurai mes autres troupes à 5, 6,

8, même à 10 kilomètres de distance, sur les hauteurs de Bellicourt et de Mauroy, sur la ligne de retraite dont je compte profiter pour me retirer le soir vers les places fortes du Nord. Ces troupes composées de mobilisés, qu'il est absolument impossible de mettre en ligne, je les déploierai en vue des généraux allemands, avec l'ordre de ne pas bouger, mais de se faire voir le plus possible. Les Allemands, me mesurant à leur aune, s'imagineront que cette partie de mon armée est une réserve ; ils prendront leurs précautions en conséquence ; ils ne s'engageront qu'avec prudence : de la sorte je pourrai les tenir en échec la meilleure partie de la journée [1]. »

Ainsi la virile cité de Saint-Quentin par suite de sa position, de son patriotisme, des événements, allait être, pour la quatrième fois dans cette guerre, le théâtre d'une sanglante action. Le 8 octobre 1870, des gardes nationaux et des pompiers avec le préfet, M. Anatole de la Forge, postés derrière des barricades, avaient, exemple mémorable, arrêté, dispersé une colonne prussienne composée de 2 compagnies de landwehr et de 400 dragons de Luxembourg en lui infligeant des pertes sérieuses. Cette résistance d'une ville ouverte eut un grand retentissement : elle a formé autour du nom de Saint-Quentin comme une légende d'héroïsme.

Le 20 octobre, le colonel de Khalden, commandant de Laon, prit sa revanche. Trois obus envoyés sans sommation annoncèrent aux habitants sa présence et sa volonté. Il eut soin, d'ailleurs, de renouveler cet avis de temps en temps. La ville était sans garnison, la po-

1. Nous n'avons rien changé à ces paroles que nous a rapportées M. Malézieux.

pulation atterrée. Il fallut se soumettre aux conditions du vainqueur :

1° Payer une amende de 600 000 francs « par suite de la proclamation du 18 septembre 1870, signée par M. Anatole de la Forge, ainsi que de plusieurs articles dans le *Courrier de Saint-Quentin*, contenant des sentiments calculés d'exciter la population à lui faire prendre les armes et à exprimer des sentiments hostiles à Sa Majesté le roi de Prusse » ;

2° Payer une autre amende de 300 000 francs et subir une réquisition de 20 chevaux de selle « pour avoir, dans la journée du 8 octobre 1870, tiré sur une compagnie d'infanterie et 3 escadrons qui étaient envoyés à la ville sans aucune intention hostile, afin de lui remettre des proclamations, et pour avoir détruit les ponts et moyens de communiquer avec la ville, et avoir empêché les troupes de remplir leur mission ».

Ces hardiesses d'imagination furent complétées par l'affiche suivante qu'on placarda sur les murs de la ville :

« Si après le départ des troupes allemandes, *des nouvelles* manifestations déloyales, si des désordres quelconques ont lieu de manière à nécessiter le retour des troupes, il sera procédé contre la ville avec la plus grande rigueur. Des contributions fort élevées devront être payées, et chaque individu compromis ou soupçonné sera puni de mort [1]. »

Le 16 janvier 1871, le colonel Isnard, à la tête d'une brigade d'infanterie, parut à la pointe du jour devant Saint-Quentin. Il laissa le corps franc des *zouaves du Nord* dans le faubourg d'Isle, espérant surprendre la petite garnison prussienne. Mais le comte de Lippe, averti dans la nuit par l'état-major prussien de l'appro-

---

1. Ernest Lavisse, *l'Invasion dans le département de l'Aisne.*

che de l'armée française, était sur ses gardes ; il refusa le combat, puis s'échappa en lâchant une bordée d'obus sur la ville. Isnard resta ainsi maître de Saint-Quentin sans coup férir.

Enfin, le 19 janvier, ce fut autour des murs et dans les rues de Saint-Quentin que l'armée du Nord livra sa dernière bataille.

Le général Lecointe avec le 22° corps s'établit au sud, à Gauchy et Grugis, jusqu'à la route de Paris d'une part, la route de la Fère de l'autre. Le général Paulze d'Ivoy plaça le 23° corps, renforcé de la brigade Isnard, à l'ouest de la ville, faisant face à l'ennemi, du moulin de Rocourt au village de Fayet. La brigade de Pauly (mobilisés du Pas-de-Calais) occupait Bellicourt pour protéger les lignes de retraite.

Quant aux Prussiens : leur aile droite tenait les rives de la Somme à Ham et Jussy ; leur aile gauche s'étendait à l'ouest de la ville, de Haucourt à Beauvois et Ham. Comme à Pont-Noyelles et à Bapaume, en nous attaquant au centre, les Prussiens allaient s'efforcer de nous tourner par les deux ailes.

« La situation n'était du reste pas mauvaise : avec toutes les ressources d'une grande ville à portée, nous trouvions, dans les hauteurs qui entourent Saint-Quentin à 3 ou 4 kilomètres d'excellentes positions de combat. » (Faidherbe.)

La bataille commença par le 22° corps. Il avait devant lui les 3 divisions de Barnekow, prince Albert de Prusse, comte de Lippe et une brigade de cavalerie de la garde, comte de Hesse. Les deux brigades de la 2° division du Bessol, qui occupaient Grugis et Castres, ayant reçu sans broncher le choc de la cavalerie et de l'infanterie ennemies, couvrirent de leurs obus les positions allemandes. Le colonel de Gislain faillit être enlevé, victime de sa témérité ; le colonel Fœrster chargea à la tête de ses troupes. Pendant toute la matinée ce coin du champ de bataille, vivement disputé par les deux partis, fut le théâtre de luttes sanglantes. Le général du Bessol, frappé d'un éclat d'obus au ventre, tomba grièvement blessé. C'était sa troisième blessure depuis le commencement de la guerre.

Cependant le mouvement tournant des Prussiens se dessinait sur notre gauche : on voyait une forte colonne de hussards s'avançant vers les villages de Neuville-Saint-Amand, Mesnil-Saint-Laurent. Heureusement la 1re division entrait en ligne. Le colonel Pittié se plaçait près du moulin à tout vent, d'où il dirigeait les coups de son artillerie sur les batteries prussiennes d'Urvillers. De ce côté, le combat ne fut pas moins vif qu'à la droite. La brigade Aynès, qui avait passé la nuit à Saint-Quentin, parut enfin sur le champ de bataille, tandis que 3 bataillons de la 2e division, égarés la veille à Vermand, se portaient à sa suite, à l'extrême gauche, sur la route de la Fère. Comme on peut s'en rendre compte, tandis que la division du Bessol était trop à l'étroit pour se développer, la division Derroja était obligée de trop s'étendre. En arrière du 22e corps se tenaient les 200 zouaves du Nord et une batterie de réserve de 6 pièces de 12.

On ne tarda pas à s'apercevoir que les Prussiens recevaient des renforts importants par le chemin de fer. Il en venait de Laon, de la Fère, de l'armée de la Meuse qui était sous Paris, d'Amiens. Néanmoins les Français, malgré quelques échecs partiels, tenaient avec opiniâtreté. Faidherbe était convaincu que le 22e corps conserverait ses positions lorsque, dans l'après-midi, il se transporta au milieu du 23e corps.

Mais l'effort des Prussiens devint terrible. Ils éteignaient nos batteries du moulin à tout vent, ils brisaient à coups de mitraille le 24e régiment de marche que les officiers avaient de la peine à ramener, ils arrêtaient la brigade Aynès devant Essigny et Urvillers, ils refoulaient de Castres, après quatre assauts furieux, la brigade Gislain en couvrant sa retraite d'obus. Serrées l'une contre l'autre, les deux brigades Fœrster et Gislain, soutenues par une puissante artillerie, réussirent à les arrêter un moment, à les empêcher de se glisser le long du canal et des marais. Derroja eut même un moment la joie de voir les Prussiens, vers la ferme du Pontchu, reculer sous son feu écrasant. Elle fut de courte durée. De nouvelles masses ennemies refluaient vers notre gauche. Nous combattions depuis le matin, mais à chaque instant nous avions affaire à de nouvelles troupes fraîches.

Deux colonnes prussiennes, commandées par les généraux de Barnekow et von der Groeben, s'étaient portées contre le 23e corps. Pendant la matinée on se battit mollement ; mais, vers 1 heure, le village de Fayet, la position la plus importante du champ de bataille, fut enlevé aux mobilisés. Aussi bien la perte de Fayet, c'était la perte de notre ligne de retraite, c'était peut-être un désastre épouvantable à ajouter aux désastres de cette affreuse guerre. Faidherbe vit le danger. Tandis qu'une batterie foudroie le village pour empêcher les Prussiens de s'y établir et d'y recevoir des secours, il lance à l'assaut toute la brigade Michelet. Chasseurs, fusiliers marins, comprenant la sublimité de leur rôle, se précipitent avec furie, atteignent l'ennemi, le culbutent, reprennent le village. Ces vaillants soldats se por-

tent aussitôt après à l'extrême droite, où l'on voyait
s'avancer de nouvelles forces ; le 48ᵉ mobiles reste
chargé de la défense du village contre un retour de
l'ennemi.

Les Prussiens, essayant, d'un autre côté, de débou-
cher du bois d'Holnon, rencontrèrent une résistance
acharnée dans les brigades de Lagrange et Isnard. Une
batterie, qui tirait des projectiles Treuil de Beaulieu,
les tint longtemps en respect. Mais il était bien évident
que le 23ᵉ corps réduit, pour ainsi dire, à une division,
serait bientôt incapable de prolonger la résistance.
Une nouvelle division d'infanterie prussienne, sous le
commandement du général de Mémerty, entrait en
ligne vers 4 heures. Les brigades Isnard et Lagrange
accueillirent ces nouveaux arrivants du feu de toute
leur artillerie ; les tirailleurs d'Isnard les empêchèrent
d'occuper Savy. Mais la brigade Lagrange, vigoureusement pressée au moulin de Rocourt, commença à
plier. Elle demanda au général en chef des secours :
Faidherbe lui envoya son seul bataillon de réserve !

« Calme, mais l'œil fixé sur l'horizon, sans s'inquiéter
le moins du monde des obus qui pleuvaient autour de
lui, le général Faidherbe suivait les progrès des Prussiens sur sa droite. La formidable ligne des batteries
françaises continuait à faire des efforts surhumains ;
mais l'ennemi ne cessait de s'avancer de ce côté, en
portant toujours en avant ses nombreuses bouches à
feu [1]. » Une angoisse poignante étreignait Faidherbe ;
sans doute il entrevoyait les conséquences possibles
d'un suprême désastre : la retraite empêchée, l'armée
en désordre refoulée dans les murs de Saint-Quentin,

1. *Opérations de l'armée du Nord* (Tanera, éditeur).

la ville infortunée accablée sous le fer et le feu, et lui, Faidherbe, responsable de ces extrémités atroces devant ses concitoyens, devant l'histoire, réduit à percer, au prix de flots de sang, les lignes ennemies, ou à s'ensevelir sous les ruines de la cité. Car il ne capitulerait pas, il ne capitulerait jamais. A l'idée de capitulation, tous les officiers de l'armée du Nord frémissaient d'horreur, le général en chef plus que tout autre.

Sur ces entrefaites, le chef d'état-major du 23ᵉ corps arriva au galop près du général Faidherbe. « Jusqu'ici, lui dit-il, nous avons arrêté l'ennemi, mais cela ne peut durer longtemps, que faut-il faire? — Réapprovisionner les cartouchières et les caissons et tenir bon. — Mais nous serons refoulés sur Saint-Quentin ! — Je le sais bien. — Et que ferons-nous après? — Nous recommencerons la lutte. — Mais, mon général, alors c'est Sedan. — Pas du tout : nous brûlerons toutes nos cartouches, nous ferons sauter le matériel, et quand nous n'aurons plus de munitions, nous nous défendrons à la baïonnette. Ceux qui pourront se sauver se sauveront, ceux qui seront cernés ou n'auront plus la force de se battre ou de se sauver, se laisseront prendre ; néanmoins on ne se rendra pas. — Est-ce votre dernier mot, mon général ? — Oui ; les journaux se moquent de nous et disent que nous nous replions toujours. Eh bien ! cette fois nous ne nous replierons pas [1] ! »

Cependant, à la tombée de la nuit, le 23ᵉ corps accusait nettement sa retraite ; malgré des retours offensifs exécutés avec une rare intrépidité, il était refoulé

1. M. Charles Louandre qui reproduit cet entretien (*La France du Nord: Revue des deux Mondes*, 1875) affirme que les paroles en « sont textuelles: mais par une modestie qui l'honore, le général Faidherbe n'en parle pas dans sa brochure ».

sur la ville, où il pénétra en désordre par le faubourg Saint-Martin.

De son côté, le 22ᵉ corps se repliait lentement. Le général Lecointe, laissé à ses inspirations, défendait le terrain pied à pied, sans perdre de vue ce qui se passait à la droite de la bataille. Jusqu'à 3 heures les Prussiens ne purent déborder son extrême gauche; ils n'avançaient pas non plus au sud de la position, à Essigny-le-Grand, Urvillers, Haucourt. Mais, à partir de ce moment, la situation changea. Deux colonnes prussiennes s'étant emparées de Neuville-Saint-Amand et de Mesnil-Saint-Laurent, s'abattirent sur la ligne française avec toutes leurs forces. La ferme de la Patte fut le théâtre d'un brillant combat. Le colonel Aynès, commandant la 2ᵉ brigade de la division Derroja, s'y était établi lui-même avec le 67ᵉ régiment de marche. Il considérait la position comme très importante, car elle pouvait arrêter les Prussiens dans leur mouvement tournant. Il s'y défendit avec obstination, repoussa deux fois les attaques furieuses de l'ennemi. Ce fut en vain. Une balle le tua raide. Malgré l'héroïsme du commandant Tramont, nous perdîmes la ferme de la Patte à 5 heures du soir.

Pendant ce temps, « les hauteurs avancées de Gauchy furent assaillies six fois par des troupes fraîches qui se renouvelaient sans cesse ; six fois, nos soldats, animés par le courage et l'intrépidité du colonel Pittié, repoussèrent ces assauts. Dans ces attaques, nos soldats se rapprochèrent plusieurs fois jusqu'à vingt pas de l'ennemi, jonchant le terrain de ses morts. La cavalerie prussienne ne fut pas plus heureuse devant l'élan et la solidité de notre infanterie. Une charge faite par un régiment de hussards fut, en peu de temps, arrêtée et brisée par des feux d'ensemble bien dirigés par le colonel Cottin. Dans cette lutte, les mobiles du 91e et du 46e, malgré l'infériorité de leur armement, rivalisèrent de courage avec les troupes de ligne. »

Le 22e corps était capable néanmoins de résister encore sur les hauteurs qui avoisinent Saint-Quentin. Mais la retraite s'imposait. On recevait de mauvaises nouvelles du 23e corps : les routes du Nord pouvaient être interceptées d'un moment à l'autre, l'armée cernée dans Saint-Quentin. Il fallait prévenir ce malheur. Le général Lecointe semble avoir pris de lui-même la décision de se replier, décision opportune, à laquelle une partie de l'armée dut son salut. Le mouvement s'accomplit sous la protection d'une ligne de batteries et de trois bataillons disposés en arrière-garde. A 5 heures les troupes, avec leurs canons, défilant sur le pont du faubourg d'Isle, commencèrent à pénétrer dans la ville. Grâce à l'énergie des officiers et au bon esprit des troupes, l'opération s'effectua régulièrement. Le seul incident fâcheux fut une panique qui se produisit sur les hauteurs du faubourg dans un rassemblement de soldats débandés. L'exemple, de nature contagieuse, pouvait avoir de funestes conséquences. Le commandant Zédé, chef d'état-major du général du Bessol, se précipite dans le groupe ; il cherche à le ramener à la raison. Un coup de fusil lui répond. Le commandant est obligé de se servir de ses armes. Le général Faidherbe, qui se trouvait à 200 mètres, accourt à ce bruit. Son autorité est méconnue ; les fusils partent à côté de lui. Ce fut avec la plus grande peine que les officiers apaisèrent ces furieux, dont le danger comme la peur étaient imaginaires. Il est à remarquer, d'ailleurs, que les paniques furent assez rares dans l'armée

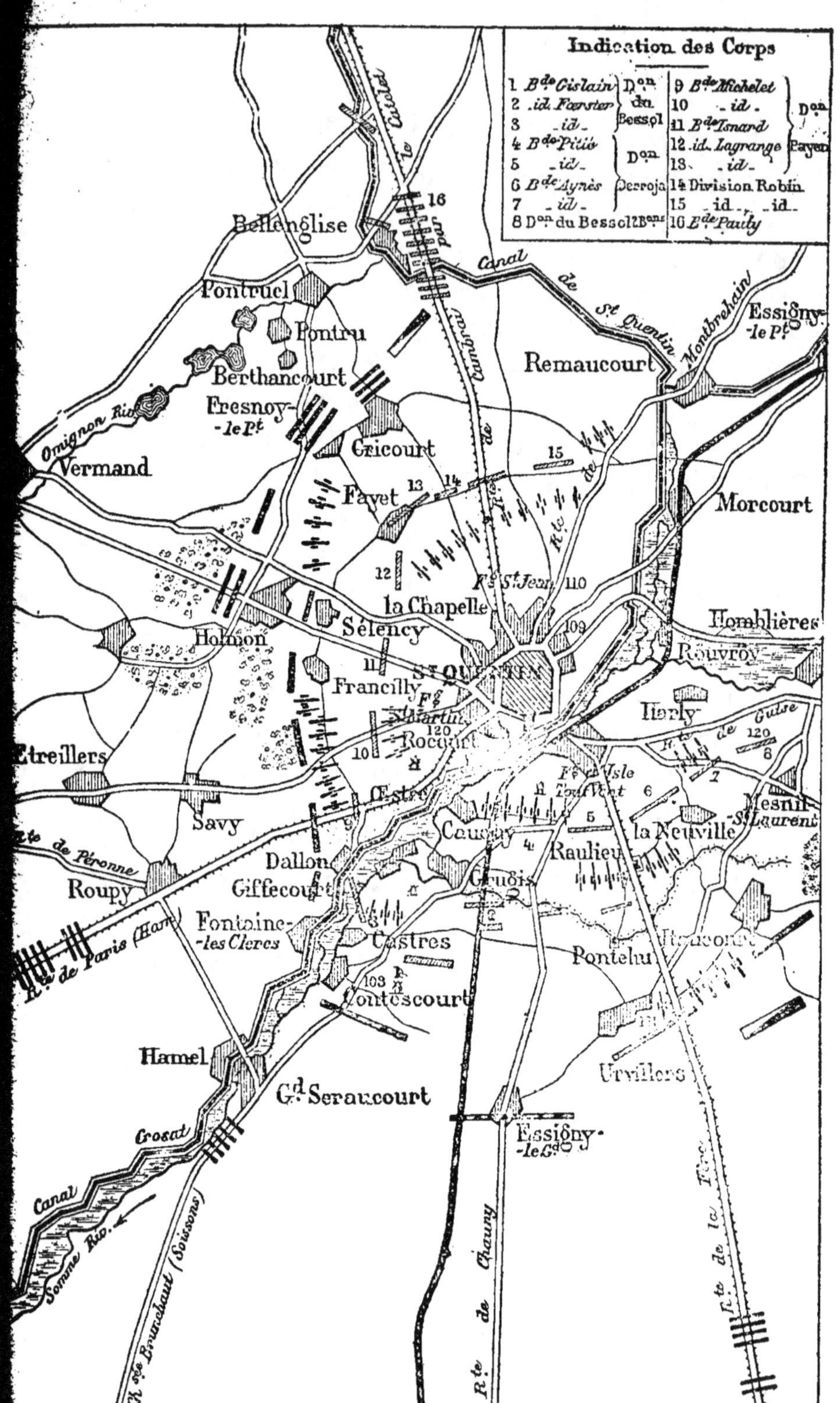

BATAILLE DE SAINT-QUENTIN

du Nord, malgré les prédispositions que laissaient supposer son origine et sa composition.

Peu à peu les rues et les places s'emplirent de troupes, de pièces d'artillerie, de fourgons, de voitures s'écoulant comme un torrent par le faubourg Saint-Jean vers les routes de Cambrai et du Catelet. A ce fracas d'une armée vaincue, en retraite, la population mêlait son agitation, ses cris, ses terreurs. Cette poussée humaine s'accomplissait dans une nuit d'hiver, traversée par les obus, les crépitements de la fusillade, le son des clairons, les clameurs des combattants, des blessés, des mourants.

Car, tandis que l'armée s'éloignait, les arrière-gardes des 23e et 22e corps livraient à l'ennemi aux faubourgs Saint-Martin et d'Isle le dernier combat.

La commission municipale siégeait à l'hôtel de ville, elle n'en sortit que prisonnière des Prussiens. La population qu'on avait vue, le matin, stimuler les soldats, traînait, le soir, des chariots, du bois, des pierres, des balles de coton pour construire des barricades. Dans cette sombre journée, le patriotisme de Saint-Quentin fut au-dessus de tout éloge.

Faidherbe parut un instant au faubourg Saint-Martin, répétant toujours sa maxime favorite : « Quand un général veut vaincre, il faut qu'il se mette lui-même à la tête de ses troupes. Les officiers se préoccupent de savoir si le général s'expose avec eux. » Et suivant ce principe, Faidherbe s'était exposé toute la journée, tellement qu'au moulin à tout vent un éclat d'obus ou une balle avait renversé son képi. Au faubourg Saint-Martin il avisa un sapeur. « Qui vous commande? » lui dit il. Un jeune officier répond et se nomme. « Monsieur, savez-vous ce que c'est que protéger la retraite?... C'est se faire tuer! — Oui, mon général. »

Le chef de bataillon Richard, aide de camp de Faidherbe, qui s'était mis à la tête de la défense du faubourg, déploya autant de présence d'esprit que d'énergie. Ralliant les soldats, il faisait sonner le clairon, leur parlait de victoire, ranimait la flamme du combat. L'ennemi, arrêté par des feux de salve, était contraint de se porter à gauche pour envahir le faubourg. La lutte fut effroyable; bientôt la barricade se couvrit de morts.

Au faubourg d'Isle, le général Derroja, derrière des barricades dressées dans la rue, sur la place, à la gare, opposant un feu d'enfer aux progrès de l'ennemi, ne lui abandonna la gare que lorsqu'il fut certain que la retraite de l'armée du Nord était assurée.

Mais l'infanterie du prince Albert de Prusse, à la suite du 22e corps, pénétra dans la ville. Les défenseurs du faubourg Saint-Martin, pris à revers, se trouvèrent comme enfermés dans un vaste filet. Les Prussiens ramassèrent des milliers de prisonniers. Le général Paulze d'Ivoy et son état-major ne durent leur salut qu'au dévouement des habitants, qui leur ouvrirent une issue par les jardins. Le commandant Richard tomba plusieurs fois dans des partis ennemis: il s'en dégagea heureusement à coups de revolver, à force d'audace et de courage.

Cependant l'armée disparaissait dans la nuit : les routes de Cambrai et de Bohain étaient libres. Par quel miracle? Les mobilisés du Pas-de-Calais formaient un corps assez considérable, plus nombreux que solide. Du reste ils n'avaient pris part à aucun engagement pendant la guerre. On se souvient que Faidherbe

leur avait donné pour mission de protéger la route de
Cambrai. Ils avaient pour chef un vieil officier du
génie, M. Pauly, que le danger national avait tiré de
sa retraite. Dans cette époque de jactance et de galons,
il accepta avec une rare modestie le commandement
qu'on lui offrit sous le titre de commandant supérieur
des mobilisés du Pas-de-Calais. Or, le général Pauly,
comme on l'appelle, apercevant les masses prussiennes
devant lui, soit obéissance à des ordres reçus, soit ins-
piration, comprit que le salut de l'armée était dans ses
mains. Il fallait à tout prix arrêter la marche de l'ennemi par une manifestation décisive. Alors il déploya
ses troupes avec ostentation, derrière le canal, sur les
hauteurs; il *les montra*. Pour appuyer sa démonstration, il plaça en avant ses obusiers dont les coups répétés ne portaient pas, mais dont les détonations
étaient entendues au loin. Les Prussiens s'y trompèrent: leur prudence laissa échapper l'occasion d'a-
néantir l'armée du Nord.

Les Allemands ont rendu compte ainsi de la fin de
la bataille: « Le général Faidherbe, qui avait assisté
au combat livré dans la matinée sur la rive sud de la
Somme, était persuadé à midi encore que le 22ᵉ corps
maintiendrait ses positions. Il se rendait alors auprès
du 23ᵉ corps où, entre 3 et 4 heures, il était amené à
reconnaître que, selon toute apparence, son aile droite
serait culbutée. Une retraite de nuit avec des troupes
harassées ne pouvait être assurément que fort dangereuse; mais une plus longue attente exposait l'armée
au danger d'être bloquée dans Saint-Quentin. Vers
4 h. 1/2, le général en chef rentrait dans la ville sans
avoir pris une résolution définitive; il y rencontrait le
général Lecointe. Celui-ci avait renoncé à lutter plus

longtemps sur la rive sud, et comme par ailleurs le général Paulze d'Ivoy tenait vigoureusement dans le faubourg ouest, il se trouvait à même de replier ses troupes en bon ordre sur le Cateau. Le général Faidherbe prescrivait en conséquence au 22ᵉ corps de continuer sa retraite dans cette direction et au 23ᵉ de rompre sur Cambrai.

« Mais il était 6 heures du soir quand le général Paulze d'Ivoy recevait cet ordre et la nouvelle que la ville avait été évacuée sur ces entrefaites par le corps voisin. A ce moment de la journée, les brigades Pauly et Michelet, qui formaient son aile droite, avaient déjà abandonné la lutte et s'étaient mises en marche sur Cambrai, de sorte que quand le général comte von den Groeben se portait alors de Selency sur le village en flammes de Fayet, il n'y trouvait plus que des traînards. Dès lors, plus la résistance était opiniâtre dans le faubourg Saint-Martin, plus aussi elle devait être fatale pour les fractions du 23ᵉ corps qui y luttaient encore. Attaquées au dos par l'aile droite allemande, ces troupes sont faites prisonnières presque en totalité. Le général en chef lui-même ne parvenait à s'échapper que grâce à l'aide des habitants. »

« Cette victoire péniblement acquise coûtait aux Allemands 96 officiers et 2504 hommes. Le général Faidherbe accuse en chiffres ronds une perte de 3000 hommes et de 700 à 800 disparus. Cependant, en blessés seulement, on relevait plus de 3000 hommes dans Saint-Quentin et dans les localités voisines, et le nombre des prisonniers non blessés dépassait 9000. 6 bouches à feu restaient dans les mains du vainqueur [1]. » — Mais ce

1. *Guerre franço-allemande* (État-major). (Traduction de E. Costa da Serda.)

que le vainqueur ne dit pas, c'est que ces 6 canons appartenaient à la petite colonne auxiliaire entrée l'avant-veille à Saint-Quentin et que « les 15 batteries de campagne de l'armée du Nord furent ramenées intactes à Cambrai avec leurs caissons et notre convoi ». (Faidherbe.)

A ce récit, exact en partie, Faidherbe a répondu :

« Qui voudrait donner une juste idée de cette bataille dirait : Le 19 janvier se rencontrèrent autour de Saint-Quentin, d'une part, une armée allemande forte de 38 bataillons d'infanterie prussienne, de 52 escadrons de cavalerie et de 161 pièces d'artillerie, toutes troupes aguerries formant 5 divisions et une réserve, et auxquelles arriva dans l'après-midi et dans la nuit un renfort de 10 000 hommes de Paris (du 4ᵉ corps) par le chemin de fer de Soissons, Laon et la Fère ; et, d'autre part, une armée française improvisée dans des circonstances désastreuses, formée de 24 bataillons de marche, et 18 bataillons de garde nationale mobilisée, en partie armée de simples fusils à percussion : total illusoire de 56 bataillons ; plus 5 escadrons de dragons employés principalement à former les escortes des officiers généraux et à rallier les hommes débandés ; plus enfin 98 pièces d'artillerie.

« Après une lutte qui dura toute la journée, et où les pertes prussiennes furent au moins égales à celles de l'armée française, celle-ci, à bout de forces, à l'arrivée de renforts considérables à l'ennemi, abandonna le champ de bataille et la ville de Saint-Quentin, emmenant ses batteries de campagne et son convoi, malgré la présence de 52 escadrons de cavalerie, qui, du reste, ne cherchèrent pas très vigoureusement à l'en empêcher. Quelques compagnies cernées le soir dans la

ville, en soutenant la retraite avec le général Paulze
d'Ivoy et tous les hommes débandés depuis la veille au
soir (4000 à 5000) et dispersés dans la ville, dans les
faubourgs, dans les villages et les fermes des environs,
ceux enfin qui ne purent pas suivre la retraite pour
cause de faiblesse, de fatigue ou de manque de chaussures, tombèrent entre les mains des Prussiens au
nombre de 7000 à 8000 hommes [1]. »

L'ordre de marche indiquait comme but au 22e corps
la ville du Cateau, au 23e celle de Cambrai. On a dit
que « ce fut une véritable retraite de Moscou, en pleine
France! » N'exagérons rien, ni nos maux ni nos faiblesses. S'il est vrai que le 23e corps, broyé, disloqué
dans la bataille, pris à dos et mis en déroute par les
Prussiens dans les rues de Saint-Quentin, fit une
retraite tumultueuse ; le 22e corps se replia en bon
ordre, dans l'attitude de vaincus à qui le nombre seul
a fait défaut pour vaincre. Le général Faidherbe s'était
placé à un poste d'observation près du faubourg
Saint-Jean. Là, devant son état-major, il assista
comme pendant une revue au défilé des troupes. Les
soldats passaient régiment par régiment, saluant de
leurs armes. Ils gagnèrent la campagne, sans trouble,
sans impatience ; et, leur marche n'ayant pas été inquiétée, ils ne perdirent pas un seul instant leur bonne
contenance, malgré les fatigues de la journée, malgré
la température glaciale d'une nuit d'hiver. — Voilà la
vérité sur la retraite de l'armée du Nord à la suite de la
bataille de Saint-Quentin.

Le général von Goeben n'ordonna la poursuite que
le lendemain. Nos troupes remises de leurs émotions

1. Faidherbe, *Réponse à la relation du général von Goeben.*

étaient hors d'atteinte. Une attaque sur Cambrai et une autre sur Landrecies ayant échoué, le général prussien se bornait à garder la ligne de la Somme. « Le manque de matériel de siège, dit l'état-major allemand, interdisait aux troupes allemandes toute tentative contre les places elles-mêmes, et d'ailleurs la possession de l'une ou de l'autre d'entre elles n'avait pas grand intérêt, car il n'entrait pas dans la mission de la première armée d'occuper d'une façon suivie la région du Nord et de la Somme. » Cette déclaration est-elle bien sincère ? A défaut d'utilité militaire immédiate, il y avait le butin, le butin d'une des plus riches contrées de la France. Etant donnés les appétits allemands, peut-on dire que le dédain fut volontaire ? Quoi qu'il en soit, avec une prévoyance où se révèle l'estime que lui inspirait l'armée du Nord, von Goeben traçait à ses lieutenants les lignes de retraite vers Péronne et Amiens, « dans le cas où ils seraient pressés par l'armée française ».

Faidherbe sortit un des derniers de Saint-Quentin, quand il apprit que les obus tombaient sur l'Hôtel de ville. Il suivit le 22ᵉ corps avec son état-major jusqu'à Bohain. Là, épuisé de fatigue, malade, il monta dans un cabriolet qu'un officier, originaire du pays, conduisit à Cambrai par la route de Montbrehain. Il arriva à Cambrai à 4 heures du matin, où il se reposa quelques instants.

A 8 heures, il appela le général Farre et quelques officiers. « Les Prussiens, leur dit-il, ne nous ont pas poursuivis parce que leur but est de nous rejeter dans une place forte, de nous y bloquer. Nous éviterons ce danger en répartissant nos troupes dans les 21 places du Nord. Ils n'entreprendront pas 21 sièges en présence d'armées de secours. » Il défendit l'entrée de Cambrai aux soldats de l'armée du Nord ; à partir de 9 heures, il n'y pénétra plus un homme. Grâce au dévouement de l'administration du chemin de fer et des employés de la gare, de nombreux trains enlevèrent rapidement les troupes, si bien que la retraite ne parut qu'un funèbre accident, sans conséquences irrémédiables. L'armée campa autour des villes de Cambrai Douai, Valenciennes, Arras et Lille.

A 1 heure de l'après-midi, le 29 janvier, Faidherbe partit pour Douai. C'est de cette ville qu'il data l'ordre du jour à ses troupes au sujet de la bataille de Saint-Quentin :

« Soldats ! C'est un devoir impérieux pour votre général de vous rendre justice devant vos concitoyens. Vous pouvez être fiers de vous-mêmes et vous avez bien mérité du pays.

« Ce que vous avez souffert, ceux qui ne l'ont pas vu ne pourront jamais se l'imaginer ; il n'y a personne à accuser de ces souffrances, les circonstances seules les ont causées...

« En moins d'un mois vous avez livré trois batailles et plusieurs combats à un ennemi dont l'Europe entière a peur. Vous lui avez tenu tête ; vous l'avez vu maintes fois reculer devant vous; vous avez prouvé qu'il n'est pas invincible et que la défaite de la France n'est qu'une surprise amenée par l'ineptie d'un gouvernement absolu.

« Les Prussiens ont trouvé dans de jeunes soldats à peine habillés et dans des gardes nationaux des adversaires capables de les vaincre. Qu'ils ramassent vos traînards et qu'ils s'en vantent dans leurs bulletins, peu importe ! Ces fameux preneurs de canons n'ont pas encore touché une de vos batteries·

« Honneur à vous !

« Quelques jours de repos, et ceux qui ont juré la ruine de la France nous retrouveront debout devant eux.

« FAIDHERBE. »

Le 21, le général se rendit à Lille. Gambetta venait d'y arriver. Nous empruntons à la déposition de Faidherbe devant la commission d'enquête le récit de son entrevue avec le ministre.

« J'ai eu une conférence avec Gambetta. Nous avons parlé de la situation politique et surtout de la situation militaire. M. Gambetta était persuadé qu'il fallait continuer la guerre et qu'on arriverait à de bons résultats. Je lui ai dit : « Je suis d'un avis opposé ; l'hon-
« neur exigeait qu'après Sedan on continuât la lutte,
« mais aujourd'hui je ne vois aucun salut dans la ré-
« sistance. Il me semble que la France ne peut être
« sauvée que par une complication européenne.

« — Eh bien, dit-il, il ne s'agit que de tenir jusqu'au
« printemps.

« — Sans doute la France est assez grande pour
« prolonger la lutte, mais Paris va succomber dans
« quelques jours et nous ne sommes qu'à la fin de
« janvier.

« — Je crois, disait-il, que Paris peut tenir encore
« un mois à six semaines.

« — Je ne crois pas que Paris puisse tenir longtemps,
« et une fois Paris tombé, il n'y a pas de résistance
« possible. Dans le Nord, nous serions écrasés en un
« mois, et dans le Midi quelle résistance espérer ? Les
« populations n'y sont pas portées à la défense, et le
« pays ne s'y prête pas. Les guérillas sont possibles

« dans des pays de montagnes, ou couverts de forêts ;
« mais dans un pays riche comme la France, où tout
« le monde est habitué au bien-être, est-ce que cette
« guerre de guérillas est possible ?

« — Mais si vous n'espérez pas le succès, comment
« ferez-vous ?

« — Je ferai mon métier de soldat. Jusqu'à ce que
« je reçoive de mon gouvernement l'ordre de déposer
« les armes, je me battrai. »

« Je lui demandai quinze jours pour entrer en campagne avec une armée égale à celle que j'avais d'abord. Il insista pour je fusse prêt en huit jours.

« Après discussion, je dis que je serais prêt en dix jours. »

Quelques jours après, pendant l'armistice, le gouvernement lui ayant posé cette question : « Peut-on continuer la guerre ? » Faidherbe répondit par un mémoire où, sans se prononcer absolument pour la paix, 1 s'efforçait de montrer les difficultés sinon l'impossibilité de la lutte. L'armée du Nord ne pourra, en raison de sa faiblesse numérique, garder à la fois les places fortes et tenir la campagne. Les Prussiens augmentant leurs forces viendront avec une armée de 100 000 hommes et des parcs de siège bombarder les villes, les prendre, suivant leur usage, par l'intimidation. La résistance, dans l'éventualité la plus favorable, ne durerait pas plus d'un mois à six semaines.

Faidherbe n'imprimait pas moins la plus grande activité à la réorganisation de l'armée ; il a pu se rendre ce témoignage que « vingt jours après la bataille de Saint-Quentin elle était prête à reprendre ses opérations ». — « Une revue de la division Derroja, dit-il, passée vers le 15 février sur les glacis d'Arras, par un beau soleil et un froid de 10 degrés, laissera des souvenirs qui ne s'effaceront jamais dans l'esprit de ceux qui y ont assisté : car c'était un spectacle bien réjouissant pour le cœur d'un militaire que la vue de jeunes et vaillantes troupes qui avaient livré quatre batailles en deux mois, et qui, leurs vides comblés pour la quatrième fois, se trouvaient ravitaillées, reposées, réconfortées, grâce à l'activité de leur général de division. » (Faidherbe.)

Les conditions de l'armistice furent débattues à Amiens entre le général von Goeben et le colonel de Villenoisy. Faidherbe avait voulu conserver Abbeville à cause de sa belle résistance aux Prussiens. Un ordre supérieur l'obligea de la livrer, mais il obtint qu'elle ne pût être frappée d'aucune contribution de guerre.

Le 15 février, le ministre de la guerre prescrivit à Faidherbe d'embarquer à Dunkerque pour Cherbourg le 22e corps, et de disperser dans les places fortes le 23e, pour le cas où la guerre reprendrait après l'armistice.

A ses compagnons d'armes il adressa ces paroles :

« Au 23e corps :

« A l'occasion de la revue qu'il vient de passer, le général en chef charge M. le général de la division Lecointe d'exprimer à ses troupes toute sa satisfaction pour les éminents services qu'elles ont rendus à la cause de la Défense nationale, pendant les deux mois d'opérations de guerre, en luttant vaillamment dans des conditions d'infériorité matérielle incroyables.

« Aujourd'hui, dans les circonstances douloureuses où se trouve le pays, il nous faut redoubler de dévouement, pour être prêts à tout, soit contre l'étranger soit en prévision des difficultés intérieures.

« Nous avons à sauvegarder la liberté et la dignité nationale : le pays dont la volonté va être exprimée par la majorité de ses mandataires, doit être maître de ses destinées.

« Le devoir des citoyens armés est de faire respecter sa volonté et je compte sur l'armée du Nord. »

Cambrai, 2 février 1871.

« Aux gardes nationaux mobilisés :

« Gardes nationaux mobilisés de la région du Nord, vous êtes licenciés par ordre du gouvernement. Je ne veux pas vous laisser partir sans vous adresser mes adieux. Vous qui avez rempli, du premier jour au dernier, les dures obligations que vous imposait la défense du pays, vous allez rentrer dans vos familles, le cœur plein de satisfaction que donne à l'honnête homme le devoir accompli. Vous serez honorés par vos compatriotes, et ce sera la légitime récompense de tout ce que vous avez fait et supporté depuis six mois ; je vous ai bien souvent plaints dans les souffrances que vous occasionnait une organisation insuffisante, et j'ai reconnu qu'il y avait en vous les éléments d'une troupe d'élite, dont une nouvelle constitution de l'armée saura, je l'espère, tirer parti.

« Quant à ceux qui se sont soustraits à l'accomplissement de leur devoir par des moyens coupables, et que n'atteindraient pas les rigueurs de la loi, c'est à l'opinion publique à en faire justice ; ils ont, dans leur vie, une tache qui ne doit pas s'effacer de longtemps.

« Je termine en remerciant les officiers du zèle et du

dévouement qu'ils ont apportés dans leurs fonctions et grâce auxquels la plupart des légions avaient fait des progrès remarquables. »

A l'occasion du licenciement de l'armée du Nord, le ministre de la guerre adressa au général Faidherbe la lettre suivante :

« Mon cher général, l'arrêté en date du 7 de ce mois a prononcé le licenciement des armées actives et de leurs états-majors ; je vous invite à en assurer l'exécution pour les troupes placées sous vos ordres.

« Au moment où vous quittez votre commandement, je vous prie d'accepter tous les remerciements du gouvernement pour le concours que vous lui avez prêté dans des circonstances aussi difficiles et pour le dévouement dont vous n'avez cessé de donner des preuves.

« Veuillez bien être auprès de vos officiers généraux, officiers de tous grades, sous-officiers et soldats, l'interprète de la reconnaissance du pays pour la constance et les efforts qu'ils ont déployés dans cette campagne, et grâce auxquels il est permis de dire que nos armes, en cessant d'être heureuses, n'ont pas cessé de le mériter. On a pu épuiser leurs forces, mais non leur courage, et la nation compte qu'ils ne failliront pas aux nouveaux devoirs qui les attendent.

« Cette lettre sera mise à l'ordre du jour de l'armée.

« Le ministre de la Guerre,

« Signé : Général Le Flô. »

M. de Freycinet s'exprime ainsi sur le général Faidherbe : « L'honneur de cette lutte lui revient tout entier : car, coupé dans ses communications avec le

reste de la France, il dut se suffire à lui-même. A la
fois bon administrateur et capitaine, il organisa et entretint l'armée du Nord. Il fit, d'ailleurs, de ses forces
restreintes un emploi tel que ses coups eurent le même
retentissement que s'ils avaient été portés par des armées plus nombreuses[1]. »

Aussi bien Faidherbe était le seul général de la République qui pût se flatter d'avoir arrêté nos vainqueurs. Par des alternatives de combats et de repos
rapprochés, il s'était proposé d'aguerrir son armée ;
par une menace constante et des coups imprévus, de
tenir l'ennemi en haleine. Sa stratégie immobilisa en
quelque sorte devant lui une armée allemande, la fixa
dans la défensive, l'empêcha de concourir directement
au siège de Paris ou à la conquête de la Normandie. Il
a livré aux Prussiens trois batailles : la première fut
indécise ; la deuxième fut une victoire dont il ne profita pas ; la troisième une défaite honorable, dont il
sortit mutilé, mais prêt à la riposte. Mais il fatigua l'armée ennemie en lui infligeant des pertes énormes. S'il
ne réussit pas à sauver, puis à percer la ligne de la
Somme, s'il échoua dans son grand dessein de tomber
sur les derrières des Allemands pour couper leurs communications et secourir Paris, du moins il préserva de
l'invasion une partie du Pas-de-Calais et le département du Nord, dont les Prussiens, quoi qu'ils disent,
convoitaient les immenses richesses. Enfin on lui saura
toujours gré d'avoir projeté sur nos revers un rayon
de victoire. L'œuvre du Sénégal, savante, féconde,
durable, restera son titre le plus solide à l'admiration
des hommes ; mais la campagne du Nord a fondé sa
popularité.

1. Freycinet, *la Guerre en province.*

CHAPITRE V

APRÈS LA GUERRE. — LES DERNIÈRES ANNÉES

Faidherbe refuse d'être député. — Attitude de Faidherbe pendant la Commune : l'obéissance aux lois. — La maladie l'oblige à demander son remplacement. — 2 juillet 1871, élu député par trois départements ; démission. — Il écrit l'histoire de la campagne de l'armée du Nord, qu'il dédie à Gambetta. — Le patriotisme de Gambetta. — Projet d'organisation d'une armée nationale. — Mission en Égypte. — En janvier 1876 il est élu sénateur du Nord. — L'expulsion des princes prétendants. — L'aventure Boulanger. — Travaux sur les langues sénégalaises. — Grand chancelier de la Légion d'honneur : réforme de l'administration ; réforme des maisons d'éducation de la Légion d'honneur. — Faidherbe s'occupe du Sénégal : son grand ouvrage sur le Sénégal ; sa lettre au ministre de la marine pour recommander l'exécution du chemin de fer du Niger. — Entrevue avec un matelot de la canonnière *le Niger*. — Maladie et mort de Faidherbe. — Funérailles à Paris et à Lille. — Jugement sur Faidherbe. — La reconnaissance publique.

A peine Faidherbe avait-il remis l'épée au fourreau, que la politique essaya de le saisir. On lui offrit une candidature aux élections législatives du 8 février 1871.

Élu spontanément par la Somme, il refusa le mandat de député en disant « que sa place n'était pas là ».

Le 5 mars, il reçut une dépêche du général Le Flô lui annonçant l'insurrection de Paris et lui prescrivant les mesures à prendre. Faidherbe répondit de l'ordre : il avait ses troupes dans la main ; il comptait sur le bon sens de ses concitoyens. Au surplus, il était prêt à occuper Lille militairement si les circonstances l'exigeaient. Il n'en eut pas besoin. Le département du Nord resta tranquille. Dans cette région où l'on aime plus la liberté que l'égalité, où l'on conserve le respect de l'autorité et de la loi, où la vie se passe dans le travail, on a peu de penchant aux révolutions. Les émotions politiques n'y sont ni profondes ni durables. L'opinion flotte un peu au gré des affaires. Or, après la guerre, il s'agissait de panser les plaies, de restaurer l'agriculture, le commerce, l'industrie. La Commune ne trouva pas même d'écho dans les grands centres. Elle eût empêché le pays de revenir à ses chères habitudes laborieuses, à ses usines, à ses profits. Le pays, de lui-même, par son esprit pratique, par sa sagesse, se préserva de toute agitation.

Le gouvernement de M. Thiers appela Faidherbe à Versailles pour lui demander quelles forces il avait à mettre à sa disposition et lui dire d'en presser l'envoi. Le fait est qu'il resta au poste que le gouvernement lui avait assigné, qu'il y remplit tout son devoir. « Un militaire va où le ministre de la guerre lui dit d'aller, et non pas où il veut... Un général qui, ayant un commandement, resterait neutre entre le gouvernement et une insurrection armée, commettrait un crime capital. » (Faidherbe.)

Deux mois après, M. Thiers le nommait grand officier de la Légion d'honneur.

Mais, suite des fatigues de la guerre, ses souffrances physiques devenaient intolérables. Pendant la campagne, ses maux ordinaires s'étaient aggravés d'une toux opiniâtre. Il dormait peu et mal, de sorte que la nuit ne lui apportait aucun repos. Il se levait au point du jour pour reprendre le train de sa vie brûlante. L'âme seule soutenait le corps. Il vint un moment où la nature matérielle reprit ses droits. Un accès d'hépatite acheva de l'abattre. Il obtint d'être remplacé dans son commandement. La nouvelle de sa mort se répandit même dans le public avec tant de persistance que le général de Fénelon, son successeur, n'hésita pas à y ajouter foi.

Désormais la vie militaire de Faidherbe était terminée. La politique, la réorganisation de la Légion d'honneur, l'étude, la famille allaient se partager ses dernières années.

Aux élections complémentaires du 2 juillet 1871, il fut élu député par plus de 400.000 suffrages dans les trois départements du Nord, de la Somme et du Pas-de-Calais. Il opta pour le Nord. A la Chambre il siégea à gauche. Mais après le vote « sur le pouvoir constituant » il donna sa démission, sous le prétexte que l'Assemblée s'attribuait d'autres pouvoirs que ceux qu'elle avait reçus des électeurs.

Il employa ses loisirs à écrire l'histoire de la *Campagne du Nord* et un *Projet de réorganisation d'une armée nationale*. Il dédia le premier de ces livres à Gambetta, « à qui il devait l'honneur d'avoir commandé une armée française devant l'ennemi ». Ses ennemis politiques ont voulu voir dans cet acte une flatterie à l'adresse des puissants du jour: car « il était particulièrement sensible à l'estime que les hommes du pouvoir lui témoignaient et à l'emploi qu'ils savaient faire de ses facultés ». Mais on oublie qu'à ce moment, malgré une popularité immense, Gambetta n'était plus au Capitole. L'hommage de Faidherbe s'adressait à un vaincu, presque à un proscrit. Sa reconnaissance semble, au contraire, avoir le mérite de l'indépendance, du désintéressement. Il s'y mêle quelque admiration. Aussi bien, Faidherbe dégageait le patriotisme héroïque de Gambetta des sophismes d'amour-propre ou d'intérêt dont on se plaisait alors à l'altérer. On sait bien aujourd'hui que la paix conclue au lendemain de Sedan ne nous aurait conservé ni l'Alsace ni la Lorraine ; on sait que Gambetta, dans sa foi, n'a pas espéré contre le désespoir, qu'en armant la nation il a pu croire sincèrement à un de ces miracles d'énergie et de bonheur dont notre histoire offre plus d'un exemple ; on sait qu'en dépit de l'issue des événements, il a sauvé l'honneur de la France, l'honneur qui vaut mieux que deux provinces, car les provinces, on les reprend un jour, mais l'honneur perdu ne se retrouve plus : voilà ce que Faidherbe sentait bien ; voilà le motif de cette dédicace à laquelle le cœur a pris autant de part que la raison.

Quant à son projet de réorganisation d'une armée nationale, Faidherbe, tout en se montrant favorable au service universel et obligatoire, faisait une exception au profit « des jeunes gens se consacrant à l'instruction publique ou aux cultes reconnus par l'État ». Il réduisait le service militaire à deux ans. « La morale et le respect de la liberté individuelle, dit-il, interdisent à la loi militaire d'apporter aucune entrave au mariage de tout citoyen adulte, qu'il soit ou non sous les drapeaux ; mais l'état de mariage n'amène aucune dispense ni aucun privilège en ce qui concerne le service militaire. » Les revenus d'un impôt sur les célibataires âgés de plus de vingt-cinq ans devaient servir à accorder des subventions aux familles nécessiteuses des militaires sous les armes. Faidherbe dispensait l'armée nationale de la police ; supprimait même la gendarmerie de l'État. La police appartiendrait à une gendarmerie départementale, à des gardes urbaines, à des corps de police soldés. Les colonies entretiendraient à leurs frais des corps spéciaux : l'artillerie et l'infanterie de marine seraient versées dans l'armée. On sait que cette partie du projet de Faidherbe attire en ce moment l'attention du gouvernement et qu'il est question de créer des troupes exclusivement coloniales.

Maintenant que la loi militaire est faite, le projet importe peu ; mais il peut servir à l'histoire des idées et du caractère de Faidherbe ; à ce titre, il nous a paru utile d'en exposer les principes généraux. On y remarquera avec quelle sollicitude Faidherbe se préoccccupe des besoins de la société, de l'intérêt de la morale, de la dignité de l'armée.

Affranchi momentanément de la politique et mis en disponibilité sur sa demande, Faidherbe fut chargé d'une mission scientifique dans la haute Égypte, à l'effet d'y étudier les inscriptions libyques. Dans ce voyage, où il trouva quelque soulagement à ses souffrances, il visita l'île de Philæ, Jérusalem, l'Italie. A son retour, il publia successivement divers mémoires sur les dolmens d'Afrique, les inscriptions numidiques de Sidi-Arrath, l'anthropologie de l'Algérie.

Quelques années se passèrent ainsi. La ville de Lille l'avait choisi pour représenter un de ses cantons au conseil général. Les populations de la région du Nord lui avaient offert une épée d'honneur en reconnaissance de ses services.

Au mois de janvier 1876, il se présenta comme candidat aux élections sénatoriales. Mais le département du Nord, suivant le cours de ses variations politiques, lui refusa le mandat. Le vainqueur de Bapaume, le député de 1871, n'obtint que 373 voix sur 810 votants.

Aux élections sénatoriales du 5 janvier 1879, il se remit sur les rangs. La lutte fut très vive. L'arme des passions politiques est perfide : pourvu qu'elle frappe l'adversaire, peu lui importe la justesse de ses coups. Elle déchire, elle empoisonne, elle tue selon son intérêt : elle ne se reconnaît pas d'autre devoir. L'éclat des succès de Faidherbe ne le garantit pas. On lui reprocha d'avoir gardé une neutralité prudente dans la guerre civile (on sait la fausseté de cette accusation), d'avoir affiché de l'attachement à l'Empire tant que l'Empire fut prospère, d'avoir sollicité des faveurs impériales. On remua sa vie publique et privée pour y trouver des faiblesses de nature à le déconsidérer ; on pressa ses actes, ses paroles, pour en tirer des arguments contre sa dignité, on n'y réussit pas, parce que rien chez lui ne se prêtait à cette odieuse besogne.

Il a servi l'Empire avec loyauté : c'était le gouvernement de son pays ; mais il ne l'a jamais flatté. Il n'a reçu de l'Empire que ce qui lui était dû. Sa conscience n'a jamais transigé avec son intérêt. Où il n'y avait pas bienfait, il ne pouvait y avoir ingratitude, contre laquelle d'ailleurs aurait protesté son noble caractère.

Malgré ces calomnies Faidherbe fut élu, mais fréquenta peu le Sénat. La paralysie dont il était atteint lui ôtait toute activité physique. Puis, il se renferma dans les fonctions de grand chancelier de la Légion d'honneur où la confiance du gouvernement l'appela en 1880. Il prit part toutefois à la séance du 22 juin 1886, où il vota l'expulsion des princes prétendants. Cet acte parut aux uns un scandale, aux autres un acte presque sublime. Les jugements des partis ont de tels écarts. En vérité, Faidherbe ne visait pas à jouer un rôle; obéissant à sa conscience et à sa raison, il vint ; sans affectation, remplir son devoir civique comme il l'entendait. Qu'on le blâme ou qu'on le loue, il convient de ne pas dénaturer ses intentions, de réduire le fait à sa juste mesure : le vote libre d'un homme libre.

Plus tard, Faidherbe eut encore l'occasion de sortir du repos politique auquel le condamnaient son état de santé et peut-être ses goûts. Un général, échappé de la discipline, tentait la conquête des pouvoirs publics. La nation toujours légère et mobile, oublieuse de récents souvenirs, séduite aux apparences, glissait encore une fois volontairement sur la pente de la servitude. Jamais la patrie, jamais la liberté n'avaient couru de plus sérieux danger. Au lendemain de l'élection du Nord, rougissant pour son département de cette élection, Faidherbe flétrissait en termes indignés la conduite de l'aventurier qu'il qualifiait de charlatan de patriotisme. « La première République, disait-il, faisait fusiller les généraux qui osaient se révolter contre le pouvoir civil. Elle avait raison : aucune indulgence, aucune pitié n'est possible en pareil cas. Où irions-nous si nous tolérions de semblables écarts? Il n'y aurait plus ni armée ni patrie. »

Il regretta de ne pouvoir présider la séance où le conseil de l'Ordre raya des cadres de la Légion d'honneur le général conspirateur condamné par la Haute Cour.

Il n'est pas sans intérêt de relater ces choses; elles montrent une fois plus que Faidherbe ne fut jamais que le soldat de la loi.

Toujours occupé de questions scientifiques, Faidherbe avait publié en 1873 un *Essai sur la langue peul* et en 1878 une étude sur le *Zénaga*. L'Académie des inscriptions et belles-lettres lui ouvrit ses portes en 1884.

L'administration de la Légion d'honneur l'occupa sérieusement. Pour répondre aux justes critiques de la Chambre sur l'organisation financière de la grande chancellerie et des maisons d'éducation de la Légion d'honneur, il obtint du garde des sceaux la nomination d'une commission chargée d'élaborer un règlement administratif et financier destiné à assurer le fonctionnement normal des divers services. Le décret du 1er décembre 1881 et l'arrêté du garde des sceaux de même date en furent la conséquence.

En rétablissant l'ordre dans l'administration, il réduisit les dépenses; ce qui lui valut un témoignage flatteur de la Chambre. Le rapporteur du budget de 1884 s'exprime ainsi :

« Il est juste de reconnaître que si, autrefois, la grande chancellerie a pu donner lieu au reproche de ne pas tenir compte des observations des Chambres et de ne pas s'attacher à la stricte économie, M. le grand chancelier et M. le secrétaire général actuels ont mis tous leurs soins à rentrer dans la règle et à ramener les dépenses dans de plus justes limites. »

Les maisons d'éducation de la Légion d'honneur, Saint-Denis, Écouen, les Loges, étaient l'objet de critiques nombreuses. A Saint-Denis, où n'entraient que les filles de légionnaires depuis le grade de capitaine, on reprochait, à tort ou à raison, la faiblesse et la frivolité des études ; à Écouen, où l'on recevait les filles des officiers inférieurs, et aux Loges, maison réservée aux filles des sous-officiers et soldats, une éducation étroite, une instruction sans but pratique, préparant mal ou ne préparant pas du tout les élèves aux fonctions sociales. Il en résultait que le plus souvent les pensionnaires, en quittant l'établissement, étaient livrées sans défense et sans ressources aux hasards de l'existence. Saint-Denis avait un personnel laïque, Écouen et les Loges un personnel congréganiste appartenant aux religieuses de *la Mère de Dieu*. On se plaignait aussi des dépenses qu'entraînaient les trois maisons. De là à conclure à leur suppression, il n'y avait pas loin. Quelques-uns proposaient de verser les élèves dans les lycées, collèges, écoles supérieures de jeunes filles ; d'autres, de rattacher simplement ces établissements au ministère de l'instruction publique. Pour tous, une réforme radicale était urgente.

Faidherbe y mit, selon son habitude, toute son application. Il étudia la question à fond et sous toutes ses faces, préoccupé à la fois de servir les intérêts de l'État et ceux des pupilles de la Légion d'honneur. Le but de l'éducation, les moyens pédagogiques, les moyens financiers, il envisagea tout avec une subtile pénétration. Avec le concours d'un des plus illustres maîtres de la pédagogie moderne, M. Gréard, il opéra d'une main sûre et délicate les modifications que réclamaient les besoins de l'époque, autant que l'opinion publique. Avant toutes choses, il exigea que les religieuses d'Écouen et des Loges, qui devaient céder la place à des laïques, fussent dédommagées par une indemnité convenable. Aux adversaires de cette mesure il opposa les droits de la justice, les devoirs de la reconnaissance. Il alla-même jusqu'à offrir sa démission de grand chancelier si sa proposition n'était pas écoutée. On lui donna raison et les religieuses sortirent avec les égards qui leur étaient dus.

Le projet de réorganisation qu'il prépara reçut sa consécration dans le statut de 1881. Désormais les filles d'officiers de tout grade sont réparties, selon le principe égalitaire, dans les trois maisons. L'effectif des Loges est composé pour un cinquième de filles d'officiers.

Aucune maîtresse nouvelle ne peut exercer sans posséder les grades universitaires exigés pour l'enseignement public. C'est la garantie d'un personnel supérieur au point de vue de l'instruction. Dans les trois maisons, l'éducation a pour base les études primaires poussées jusqu'au brevet élémentaire et l'économie domestique.

A Saint-Denis, une classe spéciale, où sont admises les élèves les mieux douées des trois maisons, prépare au brevet supérieur, aux diplômes de l'enseignement secondaire. C'est là que se forment les stagiaires qui fourniront plus tard des fonctionnaires à l'établissement.

Si toutes les pensionnaires sont astreintes à suivre les cours de couture, de coupe, d'assemblage, si toutes sont initiées aux soins du ménage, à la préparation des aliments, si toutes apprennent ce qui peut être nécessaire ou utile à une mère de famille, on leur donne encore un enseignement professionnel conforme à leurs aptitudes, de façon à ce que, à leur sortie, elles possèdent un métier ou un art qui les mette à l'abri des dangers de la misère. Aux Loges, les travaux manuels, la confection, la tapisserie, la broderie, l'ornementation ; à Saint-Denis, les études artistiques, le dessin, la peinture, la musique sont l'objet de cours spéciaux.

Les réformes accomplies par Faidherbe ne tardèrent pas à porter les meilleurs fruits. Le 11 décembre 1884, M. de Hérédia disait, aux applaudissements de la Chambre : « Je suis bien aise de pouvoir rendre justice à l'homme éminent qui a fait depuis trois ans des efforts considérables en vue d'étendre l'enseignement pratique et professionnel dans les trois établissements de la Légion d'honneur ; il s'y est attaché de la façon la plus constante et la plus persévérante... Les améliorations réalisées par le général Faidherbe sont excellentes [1]. »

Dans les derniers temps de sa vie, Faidherbe revint avec une sorte de prédilection aux études sénégalaises. Il dicta d'après ses notes et ses précédents écrits le grand ouvrage intitulé : *le Sénégal : la France dans l'Afrique occidentale,* qui parut en 1889, l'année même de sa mort. Le Sénégal fut sa dernière préoccupation, tellement que sa mémoire défaillante en garda les sou-

1. Nous avons tiré tous ces renseignements de l'excellent travail de M. Delarbre, conseiller d'État honoraire : *la Légion d'honneur, histoire, organisation, administration,* qui a paru dans la *Revue maritime et coloniale,* années 1886 et 1887.

venirs jusqu'à la fin. Il s'intéressait d'une façon active à *sa colonie.* C'est ainsi qu'au mois de décembre 1883, ne pouvant prendre la parole au Sénat, il insista, dans une lettre à son collègue le ministre de la marine, pour que le gouvernement, malgré de nombreux mécomptes, ne renonçât pas à continuer la voie ferrée entre Médine et le Niger, commencée jusqu'à Bafoulabé. « Ce serait mériter les reproches d'inconstance, de légèreté, d'incapacité à coloniser qu'on a l'habitude de nous adresser. Comme cela entraînerait probablement l'abandon de nos postes au-dessus de Médine, les conséquences politiques d'une pareille reculade pourraient être désastreuses pour notre domination au Sénégal, et mettraient à néant notre prestige dans toutes nos possessions africaines. Enfin, cela serait justifier les paroles du voyageur autrichien Lenz, qui, après son retour par le Sénégal de son voyage à Tombouctou, a écrit et dit dans ses diverses conférences en Europe et à moi-même : « L'idée de la construction d'une voie « ferrée du Sénégal au Niger est grandiose : les résul- « tats en seraient magnifiques ; mais il y a de grandes « difficultés à vaincre ; et les Français auront-ils assez « de persévérance et d'esprit de suite pour mener à « bonne fin une pareille entreprise ? »

« L'œuvre du général Faidherbe, dit une correspondance particulière insérée dans le *Bulletin de la Société de géographie de Lille,* se complétait dans sa pensée par l'extension de notre influence au Niger.

« Il me souvient que lors du voyage de la canonnière *le Niger* jusqu'à Diafoulabé, un matelot rentra en France avant le commandant et le reste de l'équipage. On le présenta au général. Celui-ci le considéra longuement, en silence ; le matelot interloqué, tournant son bonnet dans ses mains pour se donner une contenance, ne comprenait rien à l'émotion du vieux soldat. Enfin, avec des larmes dans la voix, avec un accent dans lequel on sentait vibrer toutes les aspirations d'un passé regretté, d'un présent qu'il ne pouvait diriger que de loin, d'un avenir qu'il rêvait plus merveilleux encore, le général lui dit : « Alors vous avez navigué sur le Niger ? — Oui, mon général. » Puis après un silence assez long : « Vous êtes bien heureux, vous avez ac-« compli le rêve de toute ma vie ! »

« Et son attention se détachant des personnes présentes, son regard s'immobilisa, sembla suivre au loin le vol de sa pensée qui le transportait par delà les mers vers ces régions où son génie avait su si glorieusement fixer au sol le drapeau de la France [1]. »

Cependant les forces du général Faidherbe s'affaiblissaient. « En 1875, dit M. Brosselard-Faidherbe, son gendre, la maladie prit un caractère plus aigu et il perdit peu à peu l'usage de ses jambes. Il subissait de temps à autre, surtout aux changements de saison, des crises douloureuses. Enfin, il y a trois mois, à la suite d'une crise plus violente, l'état intellectuel du grand chancelier subit un certain affaiblissement. Sous l'influence d'attaques réitérées d'œdème cérébral, qui furent la conséquence de cette rechute, le général avait perdu la notion du temps, la mémoire lui faisait complètement défaut. Sous l'influence des insomnies qui hâtaient son affaiblissement, il restait le jour poursuivi par des hallucinations de la vue et de l'ouïe

1. Faidherbe était président d'honneur de la Société de Géographie de Lille, qu'il appelait sa *chère Société*. Il lui a communiqué différentes études sur le Sénégal.

et soutenait difficilement la conversation avec les personnes de son entourage.

« Son ataxie locomotrice, qui durait depuis quarante-trois ans, fait sans précédent dans les annales médicales, s'est alors compliquée d'hydropisie généralisée, qui amena une paralysie progressive dans l'accomplissement des fonctions. Et, dans ses derniers jours, l'illustre malade est entré dans un état comateux qui a amené l'engourdissement rapide de toutes ses facultés. »

Enfin, le 29 septembre 1889, Faidherbe rendit à Dieu sa belle âme, au milieu de sa famille éplorée.

L'État lui a fait des funérailles nationales. Dans un imposant appareil de forces militaires, à travers une foule qui, par une singulière fortune, renfermait des représentants des races africaines, le cercueil fut conduit au son du canon à la chapelle des Invalides : le cardinal Richard, archevêque de Paris, entouré de ses grands vicaires, célébra la messe. Dans la cour d'honneur de l'hôtel, M. de Freycinet, ministre de la guerre, prononça au nom du gouvernement un grand discours dans lequel, après avoir retracé la vie militaire du général, il rendait un solennel hommage à ses vertus civiques et guerrières.

Mais la ville de Lille réclamait l'honneur de recueillir les restes de son illustre enfant. Du consentement de la famille, le corps de Faidherbe y fut transporté. Il arriva le mercredi 2 octobre. Le lendemain, un jeudi, fixé pour les obsèques, le temps fut beau : les rayons du soleil traversaient affaiblis les vapeurs légères d'un ciel d'automne. Les ateliers chômaient, toute la population était sortie de ses demeures ; les chemins de fer versaient des flots d'étrangers dans la ville. Plus de 300 000 personnes, garnissant les fenêtres et les rues, témoignaient moins d'une curiosité empressée que d'une sympathie patriotique. Le cortège officiel, grossi des délégués des départements voisins, des Sociétés du Nord, des anciens compagnons d'armes du général, partit de la cour de la mairie. Le cercueil enveloppé d'un drapeau tricolore était posé sur l'affût d'un canon, que traînaient quatre chevaux d'artillerie. L'église déploya toutes ses pompes dans la cérémonie religieuse.

A la porte du cimetière, les représentants du gouvernement, de l'armée, de la Légion d'honneur, de Saint-Quentin, de Bapaume, de l'armée du Nord, des Sociétés savantes, prononcèrent, chacun en ce qui le concernait, l'éloge funèbre du général. L'amitié apporta son tribut de regrets. L'émotion était universelle, comme si chacun eût perdu quelque chose de soi-même. C'était l'hommage des cœurs débordant d'estime, d'affection, de reconnaissance pour l'homme qui avait sauvé le pays aux jours sombres de l'invasion.

Puis le canon retentit, les Sociétés avec leurs bannières voilées d'un crêpe, les troupes de la garnison avec leurs drapeaux défilèrent devant le corps.

Enfin, on descendit Faidherbe dans un caveau provisoire pour y attendre le tombeau qu'on se proposait de lui offrir et où maintenant il repose.

Faidherbe était de grande taille, bien proportionné, fort, vigoureux. Il réalisait jusqu'à un certain point ce type anglo-saxon que présentent les jeunes Anglais formés à l'entraînement physique des universités de Cambridge et d'Oxford, type pour lequel il professait, personnalité à part, une véritable admiration.

Ses traits accentués annonçaient l'énergie, la fermeté. Sous son large front, on devinait l'habitude de la pensée. Ses yeux clairs, doux et rêveurs exprimaient l'intelligence plus que la passion. Mais quand la passion l'animait, sa physionomie prenait une force singulière. Un grand air, une dignité froide appelaient le respect, donnaient la vision du commandement. Sous cette apparence sévère, il cachait une sensibilité et une délicatesse incomparables.

Il n'y eut pas d'homme meilleur dans la vie privée.

« Ceux qui l'ont vu dans son cabinet oublieront difficilement le regard froid et troublant de l'homme officiel ; mais, dans son intérieur, le père de famille avait une tout autre physionomie. Il se plaisait dans la société des siens ; il aimait à connaître les moindres détails de leur existence, il leur prodiguait ses conseils, mais avec un tact et des ménagements qui dénotaient sa profonde connaissance du cœur humain [1]. »

Dans les relations sociales, deux qualités prévenaient en sa faveur et détruisaient bien vite l'effet qu'avait produit d'abord sa gravité un peu froide. C'étaient sa simplicité et sa politesse. Par l'une il mettait à l'aise ; par l'autre, il attirait. Il porta la simplicité parfois si loin qu'elle aurait suffi à le déguiser, s'il l'eût voulu. Quant à sa politesse, lorsqu'elle manquait d'effusion, elle restait encore parfaitement correcte à l'égard de tout le monde. Où il ne pouvait mettre l'affabilité il mettait toujours l'urbanité.

Sous ces formes réservées se cachait un fond de bienveillance naturelle qui se fortifia encore au contact des hommes. La médisance lui était inconnue ;

---

1. Brosselard-Faidherbe.

son esprit ne s'exerçait jamais aux dépens des autres ;
avec un soin scrupuleux il ménageait les amours-
propres, évitait les froissements. Ce tact exquis prove-
nait moins de sa pratique du monde que de son penchant à la confiance et au respect. Car il avait et
montrait une véritable estime pour l'humanité. De là
une indulgence de bon aloi, qui ne prêtait pourtant
ni à la faiblesse ni à la partialité. De là aussi une tolé-
rance en matière d'opinion qui n'excluait en aucune
façon la fixité, la fermeté des principes. Faidherbe
était homme dans la belle acception du mot.

Sa conversation reflétait son caractère : elle s'appli-
quait de préférence aux sujets sérieux. Il aimait à parler des choses qu'il connaissait, qu'il avait vues, faites
ou écrites. Dans sa vieillesse, il rappelait volontiers
les incidents de son enfance, avec plus de complaisance
encore ses souvenirs du Sénégal. On l'écoutait avec
intérêt à cause de sa sincérité et du charme qui res
sort dans les récits des impressions personnelles, surtout quand ce sont les impressions d'un homme supérieur.

C'est dans l'intimité surtout, au milieu de ses amis,
qu'il lui plaisait de s'épancher. Sa bonne humeur s'y
transformait facilement en gaieté, gaieté mesurée
comme le tempérament du Nord, gaieté sans bruit,
non sans rire, cordiale, franche : la gaieté des *Gaulois
de Lille*, selon le mot d'un ami de Faidherbe.

Dans la liberté des relations amicales, il apparaissait
bon, sensible, serviable, généreux. La distance et le
temps n'ont jamais relâché les liens qu'il a formés sur
la terre natale : les amis des premiers jours ont été
ceux des dernières années. Lui-même inspira des affections solides dont il éprouva plus d'une fois les réels

effets. Ces affections, en s'ajoutant aux traditions de famille, ont exalté le patriotisme local de Faidherbe. Il fut heureux de servir le département du Nord en servant la France : il a choisi Lille pour s'y reposer dans les loisirs de sa vie, pour y dormir dans la mort.

D'une susceptibilité ombrageuse à l'égard de l'opinion, il supportait mal la contradiction, s'irritait de la critique. Ses ripostes ont témoigné plus d'une fois de son aigreur, sinon de son emportement. Les jugements de la presse l'impressionnaient au delà de la mesure, témoin ce jour où il coupa subitement sa barbe, parce qu'un rédacteur du *Pall Mall Gazette* révéla au monde qu'il ressemblait plus à un sage qu'à un soldat. On aurait dit que Faidherbe aspirait à l'approbation universelle. Est-ce amour-propre? Un peu sans doute. Mais il y a ici un autre sentiment en jeu. Il souffrait comme d'une injustice de ce que la droiture de ses intentions ne l'emportait pas sur les faits dans les jugements du public, de ce qu'on lui tenait moins de compte de ses efforts que des résultats. Sans doute, c'est une vue étroite des choses, honorable pourtant, parce qu'elle provient d'un besoin de justice qui, pour être trop absolu, n'en est pas moins légitime.

Faidherbe possédait une instruction solide et variée. D'un bout à l'autre de sa vie, il ne perdit aucune occasion de l'élever et de l'étendre, de sorte que, de spécialiste qu'il était au début, il devint presque universel. Il était servi par un esprit vigoureux autant que vaste. Si sa logique inflexible l'a entraîné quelquefois à méconnaître la contingence des affaires humaines, elle a donné à son caractère une décision, une fermeté extraordinaires. Elle eut d'ailleurs pour correctif un jugement droit et l'expérience. Faidherbe ne précipitait pas ses résolutions. Avant de prendre un parti, il s'entourait de renseignements, écoutait les avis, les comparait entre eux de façon à ne rien livrer au hasard. Ce n'était pas l'homme des inspirations soudaines ; l'exécution procédait chez lui de l'examen. Mais hardi de sa nature et doué de l'imagination scientifique qui devine ou suppose, Faidherbe est quelquefois parti de l'hypothèse au lieu de l'observation. C'est encore un procédé mathématique. C'est par hypothèse, il semble, qu'il a conçu les projets de conquérir le Soudan, de relier le Sénégal au Niger, d'exploiter l'or du Bambouck ; c'est par hypothèse qu'il a conclu au peuplement récent et éphémère du Sahara ; c'est sur l'hypothèse que les Prussiens ne le poursuivraient pas dans la retraite, qu'il a livré la bataille perdue d'avance de Saint-Quentin. Ces conceptions manquaient de base expérimentale, mais il s'est trouvé le plus souvent que Faidherbe a deviné juste. L'expérience a justifié la théorie préconçue.

Il porta dans la pratique la méthode qu'il employait dans la spéculation. Tirant du principe qui domine la vie morale toutes les conséquences qu'il contient, il mit à les suivre toute sa volonté. C'est ainsi qu'il fut surtout un homme de devoir, autant par raison que par instinct. Les devoirs, tous les devoirs, il s'efforça de les remplir non seulement avec une scrupuleuse exactitude, mais encore avec dévouement ; car il pensait qu'on ne doit rien entreprendre qu'avec le désir sincère de faire le mieux possible, et que rien ne doit arrêter quand on marche sous l'œil de la conscience vers un but déterminé ; son activité dans ses manifestations variées ne fut pour ainsi dire que le rayonnement de ce principe. Sa bravoure dégénérait en témérité, parce qu'il était brave naturellement, mais aussi parce que l'officier doit l'exemple à ses soldats. Calme et fougueux, suivant les circonstances, toujours maître de lui, il fit la guerre avec énergie, mais après la victoire il s'appliqua à se concilier les vaincus par l'humanité, par la justice, qui lui semblaient le meilleur moyen de gouvernement.

Les dignités et la puissance n'ont pas modifié ses habitudes de simplicité. Il a dédaigné l'artifice et l'apparence, se faisant justement honneur d'être naturel et vrai.

Son désintéressement, son intégrité résistèrent à toutes les tentations. Loin de s'enrichir, il se dépouilla pour les autres du peu qu'il avait, et le soin de sa renommée à laquelle il tenait, ne l'empêcha jamais de respecter la renommée des autres, qu'il se plaisait à mettre en lumière sans crainte de porter ombrage à la sienne. Son intérêt personnel n'était pas de force à étouffer son équité.

Mais quelque brillantes qu'aient été ses vertus morales, aucune n'eut plus d'éclat que son patriotisme. On sait comment il servit la France. Il l'aima d'une ardeur passionnée. Il serait mort pour elle avec le même enthousiasme qu'un martyr meurt pour son Dieu. Ce fut un héros, taillé à l'image des Marceau, des Desaix, des Kléber.

On lui a reproché d'avoir varié dans ses opinions politiques. C'est une erreur ou une calomnie. Dans le Nord, tous ceux qui l'ont connu de près, amis ou adversaires, proclament la fermeté, la constance de ses convictions. Dès l'École polytechnique, il était républicain : il l'est resté toute sa vie. Le gouvernement impérial le savait ; ce fut un motif d'injustes défiances. Sous les régimes monarchiques, il s'est gardé de toute manifestation : il n'a été qu'un soldat loyal. Sous la République, il s'est déclaré parce que la constitution autorisait sa profession de foi. Son honneur politique ne peut pas plus être entaché que son honneur militaire.

Sa vie, au contraire, offre à tous égards une remarquable unité : ce qui la caractérise, c'est le respect absolu de la loi, le dévouement invariable au devoir.

Les Sénégalais ont élevé une statue à Faidherbe, de son vivant, sur une des places de Saint-Louis. Avec le produit d'une souscription ouverte dans la région que protégea l'épée de Faidherbe, souscription à laquelle les écoles primaires publiques du département du Nord ont patriotiquement contribué pour une somme de *vingt-deux mille francs*, la ville de Lille se propose de consacrer au général de l'armée du Nord un monument digne d'elle et de lui. La cité de Saint-Quentin, dans sa pieuse reconnaissance, a déjà fixé dans le bronze les traits et la mémoire de Faidherbe. A l'entrée de la ville se dresse un groupe dû au ciseau du sculpteur Barrias. Une femme au port noble et majestueux, à la physionomie douloureuse, indignée et fière, le regard tendu vers l'horizon, porte d'une main les attributs de l'industrie locale, tandis que de l'autre elle soutient un soldat défaillant, blessé à mort. A ses pieds, un enfant cherche à saisir le fusil que va lâcher le moribond, comme pour signifier qu'on se passe de main en main la vengeance. Un médaillon reproduit la figure ravagée du général. Un bas-relief le représente à cheval, entouré de son état-major, montrant du doigt le but à atteindre, calme dans le fracas de la bataille, refoulant au fond de son cœur les pensées qui le dévorent.

On a dédié le monument : *A l'armée du Nord, au général Faidherbe, son vaillant chef;* et on a gravé sur le piédestal ces vers de Victor Hugo, rayonnement d'aurore sur un déclin :

> Aux martyrs, aux vaillants, aux forts,
> A ceux qu'enflamme leur exemple,
> Qui veulent place dans le temple,
> Et qui mourront comme ils sont morts.

FIN

TABLE DES MATIÈRES

CHAPITRE PREMIER
Avant le Sénégal.

Naissance de Faidherbe. — Courage de son père. — Éducation de Faidherbe : son aptitudes aux sciences mathématiques. — Aux écoles. — Lieutenant du génie. — En Afrique. — A la Guadeloupe : question de l'esclavage. — Retour en Algérie : construction du fort de Bou-Saïda ; campagnes de 1851 et 1852 ; courage et dévouement de Faidherbe : il contracte une maladie incurable...   1

CHAPITRE II
Au Sénégal.

§ 1. — GÉOGRAPHIE ET HISTORIQUE

Le Soudan français. — Rivages. — Relief du sol. — Les fleuves : le Sénégal et sa barre ; opinion de Faidherbe ; la Gambie ; la Casamance. — Le climat d'après Faidherbe ; acclimatation ; flore. — L'arachide. — Richesses minérales. — Population et races du Soudan. Origines de la colonie. — André Bruë et Faidherbe. — Vicissitudes des compagnies de commerce et de la colonie au xviiie siècle, sous la Révolution, l'Empire et la Restauration. Situation de la colonie en 1854 ; Bouet, Raffenel. — Le capitaine Faidherbe bâtit le fort de Podor. — Pétitions des habitants de Saint-Louis. — Faidherbe est nommé gouverneur. — Instructions du ministre. — Conduite héroïque de Faidherbe à Bakel.   9

§ II. — Guerres du Oualo et des Trarzas

Les Ouolofs. — Le Oualo en 1854. — Expédition du gouverneur dans le Oualo contre les tribus trarzas. — Tentatives de paix avec le Oualo. — Les captifs de la
couronne. — Campagne contre le Oualo ; prise de
Nider, de Dagana. — Seconde campagne du Oualo. —
Politique de Faidherbe. — Le Oualo déclaré pays français.
Guerre contre les Maures. — Les Berbères Zénagas ; les
Arabes. — État social et politique des Maures ; leur
manière de combattre d'après Faidherbe. — Rupture
avec le roi des Trarzas Mohammed. — Héroïsme du
sergent Brunier à Leybar. — Campagne dans le Oualo.
— Coalition des Maures. — Première expédition de
Faidherbe au lac Cayar ; trait de bravoure. — Paix des
marabouts. — La guerre recommence ; échec de nos
alliés. — Deuxième expédition au lac Cayar. — Excursion des Maures dans le Oualo : le sergent Valette.
— Faidherbe frappe des coups répétés. — Paix avec
les Trarzas ; le traité de paix.......................   33

§ III. — Guerre contre El-Hadj-Omar et les musulmans

Populations du haut fleuve : les Malinkés, Soninkés ; les
Foulas ou Peuls ; les Toucouleurs. — El-Hadj-Omar :
il attaque nos postes ; sa lettre aux musulmans de
Saint-Louis. — Gravité de cette guerre. — Soulèvement
général. — Les Français détruisent le village de Bakel.
— Faidherbe ravitaille le fort de Bakel. — Prise du
camp de Maunaël. — Succès et insolence d'Omar. —
Faidherbe fonde le poste de Médine ; alliances. — Siège
et délivrance de Médine : Paul Holl et Faidherbe. —
Faidherbe poursuit les débris de l'armée d'Omar. —
Prise de Somson-Tata. — Prise et destruction de Khana-
Makounou. — Retour offensif d'Omar. — Expédition de
Faidherbe dans le Bambouk où il fonde le poste de
Kénébia. — Traités de paix avec le Bambouk et le
Bondou. — Dernière campagne de Faidherbe. — Omar
abandonne le Sénégal et fait la paix avec la France.
— Traités avec les chefs du Fouta..................   61

§ IV. — Expéditions diverses

Ouolofs et Sérères. — Les Tiédos. — État de guerre permanent. — Expéditions de *Nguik;* trait de bravoure de Faidherbe. — Expéditions de *Niomré* et de *Sine,* contre les *Djobas;* fort de Thiès construit. — Expédition de la Casamance ; populations. — Brillante attaque et prise de Caronne et de Thioncq ; défaite des Balantes ; traité de paix.

Guerre du Cayor. — État du Cayor. — Grande expédition contre le damel Macodou ; traité de paix. — Seconde expédition de Faidherbe. — Troisième expédition ; Macodou remplacé par Madiodio ; celui-ci est renversé par Lat-Dior. — Plan de Faidherbe ; nouvelle campagne ; la guerre s'éternise ; deux faits d'armes ; mort du capitaine Lorans ; combat de Liro. — Réorganisation du Cayor. — Conditions de durée des œuvres coloniales.

Guerre contre Maba. — Défense héroïque de Kaolak par le sergent Burg. — Traité avec Maba.

Résultats comparés aux forces......................... 86

§ V. — Voyages d'explorations

Voyages d'explorations ordonnés par Faidherbe. — Nécessité de grands débouchés pour la colonie. — Le Sahara et le Soudan : opinion de Faidherbe. — La voie du bas Niger. — La conduite à suivre dans la pénétration. — Le major Vincent dans l'Adrar. — Voyage de Bou-el-Moghdad, de Bourrel, d'Alioun-Sal, de Pascal. — Le lieutenant Lambert dans le Fouta-Djallon. — Ambassade de Mage et Quentin auprès du roi de Ségou : instructions de Faidherbe ; résultats... 109

§ VI. — Gouvernement et Administration

Principes de gouvernement. — L'armée : composition ; sollicitude pour le soldat ; les transports. — Transformation de la ville de Saint-Louis : ponts ; quais ; eau potable. — Intérêts économiques : banque ; routes ; télégraphe. — Port de Dakar. — Chemin de fer. — Inquiétudes du commerce. — Agriculture ; les nègres indifférents aux innovations ; culture maraîchère. —

Aptitude des nègres à l'agriculture. — Culture de l'arachide. — Tentative d'extraction de l'or. — Intérêts intellectuels ; publications. — Instruction publique. — Écoles. — Langue à créer. — École des otages. — Missions. — L'immigration ; indignation de Faidherbe qui y voit le renouvellement de la traite des noirs. — Trait de justice de Faidherbe.
Départ de Faidherbe. — Résumé et jugement..........   122

CHAPITRE III

Entre le Sénégal et la campagne du Nord.

Mariage de Faidherbe. — Commandant de Sidi-Bel-Abbès. — Juste revendication. — Retour en Algérie. — Commandant de la subdivision de Bône. — Président de l'Académie d'Hippone. — Ses idées morales. — Travaux d'érudition : fouilles ; mémoires ; inscriptions numidiques ; études sur les populations du Nord de l'Afrique ; sur la langue berbère ; plan de vocabulaire. — Services rendus à l'Académie d'Hippone, bibliothèque, musée. — Essais d'acclimatation. — Membre laborieux de nombreuses sociétés savantes, il publie un grand nombre de notices sur des sujets divers. — Faidherbe écrivain. — Proclamation de Faidherbe à ses troupes après les désastres des armées du Rhin : il aurait mieux fait de se taire......................   145

CHAPITRE IV

La campagne de l'armée du Nord.

§ I. — PRÉLIMINAIRES

Caractère de la guerre de 1870. — L'opinion publique. — Dans le Nord. — État du pays après les premiers désastres. — Agitations et mouvements à Lille. — Salutaire influence de M. Testelin. — Il est nommé successivement préfet et commissaire de la Défense nationale. — Son rôle et ses services — Découragement de l'autorité militaire. — Efforts pour constituer la défense. — L'opinion de Faidherbe sur le commissaire de la Défense nationale. — Bourbaki commandant de

l'armée du Nord. — Formation de l'armée. — Le général Farre et le colonel de Villenoisy. — Effectif disponible. — L'armée allemande se porte sur Amiens. —
Bataille d'Amiens ou de Villers-Bretonneux. — Prise
d'Amiens.. 159

§ II. — Faidherbe commandant de l'armée du Nord. — Premières
opérations. — Réorganisation de l'armée

Faidherbe nommé commandant de l'armée du Nord. —
Son entrevue avec Gambetta à Tours. — Confiance
qu'il inspire dans le Nord. — Composition du 22ᵉ corps.
— Les Prussiens fortifient la ligne importante de la
Somme. — Faidherbe songe à la leur disputer. — Pointe
des Prussiens vers Arras. — Leurs excès à Albert. —
Leur service d'éclaireurs. — Utilité morale qu'il y a à
rappeler les excès des Prussiens et les souffrances des
populations envahies. — Système de progression des
armées allemandes. — Proclamation de Faidherbe à ses
troupes. — Il commence les opérations. — Impression que
produit Faidherbe sur son entourage. — Ses officiers
d'ordonnance. — Il enlève Ham. — A Saint-Quentin :
d'après quelques indications il trace le plan de la Fère.
— Il ne peut enlever cette place. — Escarmouche à
Tergnier. — Manteufel rappelle ses troupes de Normandie
et se concentre à Amiens que menace Faidherbe. —
Rigueurs du commandant prussien d'Amiens. — Faidherbe réorganise l'armée du Nord. — Les chefs. —
Nature et valeur des troupes : chasseurs, régiments de
ligne, fusiliers marins, mobiles ; déplorables conditions où se trouvent les mobilisés. — La cavalerie.
— L'artillerie ; historique de la batterie Dupuich. —
Jugement de Faidherbe sur son armée. — Son opinion
sur l'armée et le soldat allemands ; sur le soldat
français. — Manière d'être de Faidherbe avec ses soldats. — Le patriotisme de la France en 1870 apprécié
par Gambetta...................................... 174

§ III. — Pont-Noyelles et Bapaume

Position de l'armée française sur l'Hallue. — Plan
de bataille. — Dispositions du général Manteufel. —
Combat de Querrieux. — Bataille de Pont-Noyelles ;

Faidherbe sur le champ de bataille : audace, courage. — Ses opinions sur la conduite du général en chef. — Ses relations avec le soldat. — Les émotions du champ de bataille. — Jugement de l'état-major prussien sur la bataille de Pont-Noyelles. — Où est la vérité ? — Critiques. — La nuit qui suivit la bataille. — Le lendemain : la retraite. — Proclamation de Faidherbe à ses troupes.

Nouvelles positions de l'armée entre Arras et Douai. — Les Prussiens la suivent. — Ils enlèvent un bataillon de mobilisés du Pas-de-Calais à Souchez. — Exactions et cruautés des Prussiens dans diverses localités du Pas-de-Calais, Aubigny, Foucaucourt, Ayette, Souastre, Beugnatre, etc. — Ce qu'on trouve sur un uhlan.

Faiblesse morale des populations rurales : quel sera le remède ? — Souffrances des soldats français, sollicitude de Faidherbe : elle est impuissante à conjurer les maux qui résultent des éléments et de la situation. — Plaintes des mobilisés. — Accusations contre l'intendance : Faidherbe la défend. — Mécanisme de l'approvisionnement. — La discipline. — Cours martiales. — Rôle de Faidherbe. — Quelques anecdotes.

Les Prussiens assiègent Péronne. — Faidherbe reprend la campagne. — Ses ordres du jour. — Marche sur Bucquoy et Bapaume. — Combats d'Achiet-le-Grand ; — de Béhagnies ; — de Mory. — Position des deux armées. — Bataille de Bapaume. — Sang-froid et courage de Faidherbe. — Faidherbe s'arrête dans sa victoire. — Appréciation. — Proclamation de Faidherbe à ses troupes.

La retraite. — Combat de Gomiécourt où un bataillon de chasseurs repousse l'attaque de deux escadrons de cuirassiers : relation de Faidherbe. — Pertes des deux armées.

Faidherbe rend hommage au dévouement qui éclate dans toutes les classes de la société pour soulager les misères. — Médecins et ambulances. — Secours de l'étranger : une ambulance belge. — Hôpitaux : mortalité. — Charité et dévouement du clergé. — Idées sérieuses qu'inspire la guerre. — Patriotisme du clergé : le curé

Deleplanque sauve un convoi de prisonniers. — Effets
de l'union.

Faidherbe marche sur Péronne. — Il apprend à Bapaume
la capitulation de cette place. — Situation de Péronne.
— Forces assiégantes. — Tentatives pour surprendre
la place. — Le bombardement et ses effets effroyables.
— Traits de courage et de dévouement. — Défaillances de la population. — Énergie de la défense. — On
entend le canon de Bapaume : les Prussiens se mettent
en mesure de lever le siège. — Le siège et le bombardement recommencent. — Découragement : capitulation. — Faidherbe juge sévèrement le commandant
Garnier. — Les torts sont partagés................ 198

§ IV. — Saint-Quentin

Faidherbe se décide à marcher sur Amiens. — Personne
ne l'a influencé. — Son indépendance absolue. — Von
Goeben remplace Manteufel. — Nécessité pour Faidherbe de se diriger sur Saint-Quentin. — Plan de cam-
pagne. — Marche pénible les 16 et 17 janvier. — Von
Goeben devine le plan de Faidherbe : ses dispositions. — L'armée allemande talonne les Français. —
Escarmouches le 18 : combat de Vermand ou Tertry.
— Nécessité d'accepter la bataille devant Saint-Quentin.
— Confidences de Faidherbe. — Vicissitudes de Saint-
Quentin pendant la guerre ; patriotisme de la population. — Positions des divers corps français et allemands. — Le 19 janvier, bataille de Saint-Quentin.
— Énergie de Faidherbe. — L'armée du Nord recule
sur Saint-Quentin. — Combats héroïques aux faubourgs
d'Isle et Saint-Martin. — Les généraux Lecointe et
Paulze d'Ivoy. — Énergie du commandant Richard. —
L'attitude ferme du général Pauly protège la ligne de
retraite. — Faidherbe quitte Saint-Quentin l'un des
derniers. — Retraite de l'armée du Nord. — La prudence empêche les Prussiens de la troubler.

Comment les Allemands rendent compte de la bataille de
Saint-Quentin. — Pourquoi ils n'ont pas poursuivi
l'armée du Nord. — Réponse de Faidherbe.

A Cambrai, décision de Faidherbe relative à la défense.

— A Douai, ordre du jour à l'armée du Nord sur la bataille de Saint-Quentin. — A Lille, conférence avec Gambetta ; opinion de Faidherbe sur la continuation de la guerre. — Il refait son armée. — Armistice. — Licenciement de l'armée du Nord. — Proclamations de Faidherbe aux 22e et 23e corps. — Lettre du ministre de la guerre à Faidherbe. — Jugement sur Faidherbe en tant que général en chef de l'armée du Nord.........

CHAPITRE V

Après la guerre. — Les dernières années.

Faidherbe refuse d'être député. — Attitude de Faidherbe pendant la Commune : l'obéissance aux lois. — La maladie l'oblige à demander son remplacement. — 2 juillet 1871, élu député par trois départements : démission. — Il écrit l'histoire de la campagne de l'armée du Nord, qu'il dédie à Gambetta. — Le patriotisme de Gambetta. — Projet d'organisation d'une armée nationale. — Mission en Égypte. — En janvier 1876 il est élu sénateur du Nord. — L'expulsion des princes prétendants. — L'aventure Boulanger. — Travaux sur les langues sénégalaises. — Grand chancelier de la Légion d'honneur : réforme de l'administration ; réforme des maisons d'éducation de la Légion d'honneur. — Faidherbe s'occupe du Sénégal : son grand ouvrage sur le Sénégal ; sa lettre au ministre de la marine pour recommander l'exécution du chemin de fer du Niger. — Entrevue avec un matelot de la canonnière *le Niger*. — Maladie et mort de Faidherbe. — Funérailles à Paris et à Lille. — Jugement sur Faidherbe. — La reconnaissance publique...

www.ingramcontent.com/pod-product-compliance
Lightning Source LLC
LaVergne TN
LVHW021522170726
843501LV00004B/915